编写指导单位

中华人民共和国人力资源和社会保障部人力资源流动管理司

编写组织单位

北京大学人力资源开发与管理研究中心

中国人力资源服务业蓝皮书

中国人力资源服务业发展研究报告（2023）

萧鸣政 等 著

Blue Paper
for Human Resources Service
Industry in China

人民出版社

《中国人力资源服务业蓝皮书：
中国人力资源服务业发展研究报告（2023）》
组 织 委 员 会

目　　录

第二部分　专题报告篇

第三部分　成果篇

CONTENTS

Part Ⅲ Results Report

前　言

　　人才是富国之本、兴邦大计。习近平总书记在党的二十大报告中强调,必须坚持"人才是第一资源",深入实施"人才强国战略",坚持"人才引领驱动",加快建设人才强国。人力资源服务业作为人才发挥作用的重要支撑,日益发挥了其推动促进就业创业和优化人才配置的重要作用。截至2022年底,全国共有各类人力资源服务机构6.3万家,从业人员104万人,全年为3.1亿人次劳动者提供就业、择业和流动服务,同比增长3.2%;服务用人单位5268万家次,同比增长3.3%。总体来看,人力资源服务业表现出较好发展韧性和活力,保持了稳健增长,为中国式现代化的实现提供坚强的人力支撑和智力保障。

　　为了进一步推动人力资源服务业的高质量发展,更好发挥人力资源服务业对实施人才强国战略、建设世界重要人才中心和创新高地的助推作用,在国家人力资源和社会保障部人力资源流动管理司大力支持与指导下,北京大学继续推出《中国人力资源服务业蓝皮书:中国人力资源服务业发展研究报告(2023)》。我们秉承推动中国人力资源服务业更好更快发展的初心与使命,对2022年8月1日至2023年7月31日中国人力资源服务业的发展状况进行了深入调查、系统梳理,并结合专业前沿理论对年度内行业实践的状况进行了包括主要政策法规概述、发展与创新、先进经验介绍,对于全国各地人力资源服务业发展的政治环境、社会环境、经济环境与实际发展水平进行了量化评价与分析,进行年度十大事件评选,尤其是对于中外人才高地比较与评价、国外人力资源服务业的发展与趋势做了初步探索与总结,力图更加宏观全面地展现当前中国人力资源服务业的发展现状、重点、亮点、问题和最新进展。

　　《中国人力资源服务业蓝皮书:中国人力资源服务业发展研究报告(2023)》与往年相比,对于结构进行了创新性的调整,并对内容进行了全面的更新、丰富和创新,主要表现在以下几个方面。

第一,对于所有章节与内容进行了全面的更新与丰富。

第二,持续关注我国人力资源服务业政策法规发展的新内容、业态发展的新特点、新亮点、新机遇与先进经验,比较全面系统地展示了中国2022年8月至2023年7月在人力资源服务业方面所取得的相关学术成果。

第三,对于中国各地人力资源服务业发展环境、发展水平的量化评价指标体系进行了创新修订,并且依据相关数据进行了评价;继续从公众、政府、非政府组织三个视角出发,通过大数据方法和文本分析方法对主流社交媒介、纸质媒介、网站、各省政府工作报告以及相关政策法规、规划文件进行数量统计和内容分析,揭示我国各省区市对于人力资源服务业重视程度及发展情况。在保留2022年蓝皮书所使用的评价工具(百度指数、微信指数等)的基础上,增加了通过社会组织数量、注册企业数量等视角透视重视度与关注度。

第四,持续关注人力资源服务业十大事件评选。

第五,对国外人力资源服务业发展情况分析与启示进行了比较系统的介绍与分析。

蓝皮书共分为三个部分,具体结构如下:

第一部分为年度报告篇,共分为三章。第一章主要展示和分析了2022年8月至2023年7月中国人力资源服务业有重大影响的法律法规政策及其新变化。本章创新比例为100%,揭示了我国人力资源服务业有重大影响的法律法规政策及其新变化,并对重要政策对人力资源服务业的影响进行解读。本章的亮点主要在于对政策背景的阐释及对政策的解读,使读者能够深刻理解并及时把握人力资源服务业的发展变化的新趋势和新动向。

第二章人力资源服务业发展与创新,更新度为100%。本章以人力资源服务业的新发展、新技术与新理念为考察视角,分析了2022—2023年度全国人力资源服务行业整体发展态势。

第三章更新率达100%。自2019年开始,我们先后选取了一些具有改革创新亮点的地方政府与先进的人力资源服务机构进行介绍,本次选取荣获湖北省2023年度人力资源服务业创新创业大赛特等奖的湖北省兴鸿翔人力资源开发有限公司。该企业地处湖北省地级市襄阳市,具有超前的

"人力资源开发"理念与"诚信胜金、服务至上"的核心价值观,是一个靠着自己努力、土生土长发展起来的杰出地方性人力资源服务业机构,具有一定的典型性与代表性。

第二部分为专题报告篇,一共包括五章。第一章是人力资源服务业各省区市重视度与关注度分析。本章从公众、政府、媒体和社会组织等不同群体的视角出发,通过大数据方法和文本分析方法对主流社交媒介、纸质媒介、网站、各省政府工作报告以及相关政策法规、规划文件进行数量统计和内容分析,来阐述人力资源服务业在我国各省区市受到的重视程度及发展情况。增加了各省区市人力资源服务业创新大赛的内容,行业关注度部分增加了新注册较大规模行业企业的分省区统计内容。整个章节的更新度在85%以上。

第二章是人力资源服务业发展环境指数与各省区市水平排名。本章在充分吸收借鉴往年指数体系以及最新研究及实践成果的基础上,基于科学性与系统性、客观性与引领性、全面性与简约性等原则对指数体系进行了修订,形成了包括政治维度、经济维度、社会维度、技术维度、人才维度共计14个指标在内的指数评价体系。与上一年度指标体系相比,本年度新增、更新了7项指标,并将第一章的部分重视度与关注度指标也纳入其中。与上一年度相比,本章内容更新比例约为80%。

第三章是各省区市人力资源服务业发展水平评价与排名。本章主要论述了全国各省区市人力资源服务业发展、竞争力评价指标体系及评价结果分析,并在总结分析的基础上提出了促进人力资源服务业发展的政策建议。创新部分集中体现在:积极对接当前国家战略和党的二十大精神,对指标内部结构进行了优化,并有新增指标,从更多维度解读了评价结果,对重点地区、排名浮动较大地区进行了较往年更为全面而细致的原因分析。与2022年蓝皮书相比,本章更新比例约有70%。

第四章是年度十大事件评选。本章较好地覆盖了人力资源服务业发展的各个维度,与2022年蓝皮书相比,本章既有延续,又有创新。"延续"体现在评选方法、流程、标准、述评框架;"创新"体现在事件及其述评内容上。本年度事件完全更新,因此本章的内容更新率为100%。

第五章是国外人力资源服务业发展情况分析与启示。与2022年蓝皮书相比,本章减少了全球人力资源服务业发展的细节情况,增加美国、日本、英国的人力资源服务业发展历程部分,呈现了具体国家在历史沿革、法规政策、行业主体发展等方面的具体情况,更新了具体国家重点业态近5年的数据变化情况,并增加了中国人力资源服务业发展情况,全面更新了中外对比后的发展启示部分的内容。本章整体更新比例约在70%左右。

第三部分为2022年8月至2023年7月中国大陆出版发表的有关中国人力资源服务业方面的研究成果名录,其中还专门收集了有关人力资源服务业研究方面的博士、硕士论文。

蓝皮书由北京大学人力资源开发与管理研究中心负责组织编写,萧鸣政教授担任全书内容与各章节标题设计、指导各章节的编写,全书文字修改与审改,同时负责了第一部分第三章与第三部分的编写。孙宏教授协助萧鸣政教授完成了大量的综合协调与统稿工作。

孙宏、应验同志参与了第一部分的编写工作,其中孙宏具体负责第一部分第一章内容的编写,应验负责第一部分第二章内容的编写,萧鸣政负责第一部分第三章内容的编写。史洪阳、张睿超、楼政杰、欧阳帆、张可安等同志参与了第二部分的编写工作,其中史洪阳负责第二部分第一章内容的编写,张睿超负责第二部分第二章内容的编写,楼政杰负责第二部分第三章内容的编写,欧阳帆负责第二部分第四章内容的编写,张可安负责第二部分第五章内容的编写。萧鸣政与藤明慧负责第三部分年度研究成果的收集与整理工作。

特别感谢国家人力资源和社会保障部人力资源流动管理司张文森司长等领导一直以来对北京大学在中国人力资源服务业方面研究的关注与大力支持,尤其对于本书以及未来研究提出的一系列指导性意见。

我们将不忘初心、牢记使命,继续秉承蓝(白)皮书客观反映、系统展示、趋势分析、引领创新的宗旨,希望《中国人力资源服务业蓝皮书:中国人力资源服务业发展研究报告(2023)》能够对中国人力资源服务业的发展起到一定的促进和推动作用,助力人才强国战略的实施与中国社会经济的高质量发展。

北京大学人力资源开发与管理研究中心主任

萧鸣政

2023年9月

Preface

Talent is the foundation of a rich country and the key to revitalizing the country. As an important support for the role of talents, the human resource service industry has increasingly played an important role in promoting employment andentrepreneurship and optimizing the allocation of talents. By the end of 2022, there would be 63,000 human resources service organizations of various types in China, employing 1.04 million people and providing employment, job-hunting and mobility services to 310 million workers, up 3.2 percent year on year. Service employers 52.68 million times, an increase of 3.3%. On the whole, the human resource service industry showed good development resilience and vitality, maintained steady growth, for the realization of Chinese-style modernization to provide strong human support and intellectual guarantee.

In order to further promote the high-quality development of the human resource service industry and give better play to the boosting role of the human resource service industry in implementing the strategy of strengthening the country by talents and building an important talent center and innovation highland in the world, under the strong support and guidance of the Department of Human Resource Flow Management of the Ministry of Human Resources and Social Security, Peking University continues to launch the Research Report on the Development of China's Human Resource Service Industry 2023. Adhering to the original intention and mission of promoting the better and faster development of China's human resource service industry, we conducted an in-depth investigation and systematic review of the annual development status of China's human resource service industry from August 1, 2022 to July 31, 2023. Combined with professional cutting-edge theories, the annual practice of the industry was summarized, including main policies and regulations, development and innovation, and advanced experience. Quantitative evaluation and analysis were made on the political environment, social environment, economic environment and actual development level of the development of human resource service industry across the country, and the annual ten events were selected. In particular, the comparison and evaluation of talent highland between China and foreign countries and the development and trend of foreign human resource service industry were preliminarily explored and summarized. It tries to present the current development status, key points, highlights, problems and latest progress of human resource service industry in China and other major countries in a more macro and comprehensive way.

Compared with previous years, *the Research Report on the Development of China's Human Resource Service Industry 2023* has made innovative adjustments to the structure of the book, and has comprehensively updated, enriched and innovated the content, which is mainly reflected in the following aspects.

First, all chapters and contents are updated and enriched.

Second, itcontinus to pay attention to the new content of the development of policies and regulations, new characteristics, new highlights, new opportunities and advanced experience of China's human resource service industry, and comprehensively and systematically demonstrated the relevant academic achievements made by China in the human resource service industry from August 2022 to July 2023.

Third, the quantitative evaluation index system of the development environment and development level of human resource service industry in China is innovatively revised, and evaluated according to relevant data. From the perspective of the public, government and non-governmental organizations, this paper continues to conduct quantitative statistics and content analysis on mainstream social media, paper media, websites, provincial government work reports, and related policies, regulations and planning documents through big data and text analysis methods to reveal the importance and development of the human resource service industry in various provinces and cities in China. On the basis of retaining the evaluation tools used in the 2022 Blue Book (Baidu Index, wechat Index, etc.), the emphasis and attention from the perspective of the number of social organizations and the number of registered enterprises are increased.

Fourth, it continues to pay attention to the selection of the top ten events in the human resource service industry.

Fifth, the analysis and enlightenment of the development of foreign human resource service industry are systematically introduced and analyzed.

The Research Report is divided into three parts, the specific structure is as follows:

The first part is the annual report, which is divided into three chapters. The first chapter mainly shows and analyzes the laws, regulations and policies and their Cahges, and interpreting the impact of important policies on the human resource service industry. The highlight of this chapter mainly lies in the explanation of the policy background and the interpretation of the policy, so that readers can deeply understand and timely grasp the new trend and new trend of the development and change of the human resource service industry.

The second chapter is the development and innovation of human resource service industry, and the update degree is 100%. From the perspective of the new development, new technology and new innovation of the human resource service industry, this chapter analyzes the overall development trend of the national human resource service industry in 2022−2023.

The update rate of the third chapter is 100%. Since 2019, we have selected some local governments with reform and innovation highlights and advanced human resource service organizations for introduction. This time, we selected Hubei Xinghongxiang Human Resource Development Co. , LTD. , which won the Grand prize of Hubei 2023 Human Resource Service Industry Innovation and Entrepreneurship Competition. The enterprise is located in Xiangyang, a prefecture-level city in Hubei Province. With the advanced concept of "human resource development" and the core values of "honesty wins gold and service first", it is an outstanding local human resource service industry organization that relies on its own efforts and is homegrown, and has certain typical and representative characteristics.

The second part is a special topic, including five chapters. The first chapter of the second part is the analysis of the importance and attention of the human resource service industry in each province and city. From the perspective of different groups such as the public, government, media and social organizations, this chapter uses big data methods and text analysis methods to conduct quantitative statistics and content analysis on mainstream social media, paper media, websites, provincial government work reports, relevant policies, regulations and planning documents, and expounds the importance and development of human resource service industry in various provinces and cities in China. The content of human resource service industry innovation competition in each province has been added, and the industry attention part has added the statistical content of newly registered large-scale industry enterprises by province. The update rate of the entire chapter is above 85%.

The second chapter of the second part is human resource service industry development environment index and the level ranking of provinces and cities. On the basis of fully absorbing and learning from previous years' index system as well as the latest research and practice results, this chapter revised the index system based on the principles of scientificity and systematization, objectivity and guidance, comprehensiveness and simplicity, and formed an index evaluation system including 14 indicators in political dimension, economic dimension, social dimension, technical dimension and talent dimension. Compared with the previous year's indicator system, 7 indicators were added or updated this year, and some of the emphasis and attention indicators in Chapter 1 were also included. Compared with the previous year, the content of this chapter has been updated about 80%.

The third chapter of the second part is the evaluation and ranking of the development level of human resource service industry in provinces and cities. This chapter mainly discusses the development of human resource service industry, competitiveness evaluation index system and analysis of evaluation results, and on the basis of summary analysis, puts forward policy suggestions to promote the development of human resource service industry. The innovation part is mainly reflected in: actively connecting the current national strategy and the spirit of the Party's 20 National Congress, optimizing the internal structure of the indicators, adding new indicators, and reading the evaluation results from more dimensions, and conducting a more comprehensive and detailed analysis of the reasons for key regions and regions with large ranking fluctuations than in previous years. Compared to the 2022 Blue Book, this chapter has been updated about 70%.

The fourth chapter of the second part is the annual ten events selection. This chapter covers all dimensions of the development of the human resource service industry well, and compared with the 2022 Blue Book, this chapter has both continuity and innovation. "Continuation" is reflected in the selection method, process, standard, review framework; "innovation" is reflected in the event and its review content, which is completely updated this year, so the content of this chapter is updated at 100%.

The fifth chapter of the second part is the analysis and enlightenment of the development of foreign human resource service industry. Compared with the 2022 Blue Book, this chapter reduces the details of the development of the global human resource service industry, adds the development history of the human resource service industry in the United States, Japan and the United Kingdom, presents the specific situation of specific countries in terms of historical evolution, regulations and policies, and the development of industry players, and updates the data changes of key business formats in specific countries in the past five years. It also increases the development of China's human resource service industry, and comprehensively updates the contents of the development enlightenment after comparison between China and foreign countries. The overall update ratio of this chapter is about 70%.

The third part is the directory of research results on China's HRSI published in Mainland China from August 2022 to July 2023. It also collects doctoral and master's thesis on HRSI research.

The Research Report was organized and compiled by the Research Center of Human Resource Development and Management of Peking University. Professor Xiao Mingzheng was responsible for the design of the content of the book and the title of each chapter, guiding the compilation of each chapter, revising and reviewing the text of the book, and was also responsible for the compilation chapter 3 of the first part and Part 3. Professor Sun Hong assisted Professor Xiao Mingzheng to complete a lot of comprehensive coordination and drafting work.

Sun Hong, Ying Yan participated in the compilation of the first part, of which Sun Hong was specifically responsible for the compilation of the first chapter of the first part, Ying Yan was responsible for the compilation of the second chapter of the first part, and Xiao Mingzheng was responsible for the compilation of the third chapter of the first part. Shi Hongyang, Zhang Ruichao, Lou Zhengjie, Ouyang Fan, Zhang Ke'an and other comrades participated in the writing of the second part, of which Shi Hongyang was responsible for the writing of the first chapter of the second part, Zhang Ruichao was responsible for the writing of the second chapter, Lou Zhengjie was responsible for the writing of the third chapter of the second part, and Ouyang Fan was responsible for the writing of the fourth chapter of the second part. Zhang Ke'an is responsible for the writing of the fifth chapter. Xiao Mingzheng and Teng Minghui are responsible for the collection and sorting of the third part of the annual research results.

Special thanks to Zhang Wenmiao, Director General of the Department of Human Resource Mobility Management of the Ministry of Human Resources and Social Security, and other leaders for their continuous attention and strong support to Peking University's research on China's human resource service industry, especially for a series of guiding opinions for this book and future research.

We will not forget our original intention, keep our mission in mind, and continue to adhere to the purpose of objective reflection, systematic display, trend analysis and leading innovation. We hope that *the Research Report on the Development of China's Human Resource Service Industry 2023* can play a certain role in promoting the development of China's human resource service industry, and can help to carry out the strategy of strengthening the country by talents and the high-quality development of China's society and economy.

Director of Center for Human Resource Development and
Management Research in Peking University
XiaoMingzheng
September, 2023

第一部分
年度报告篇

第一章　人力资源服务业相关政策法规

【内容提要】

本章共分为四部分。第一部分为促进简政放权、优化管理的法律法规，重点解读《关于进一步优化营商环境降低市场主体制度性交易成本的意见》《促进个体工商户发展条例》《扩大内需战略规划纲要（2022—2035年）》《关于促进民营经济发展壮大的意见》等政策，从宏观层面上阐释了我国激发市场活力、推动民营经济发展的政策举措。第二部分为促进就业与人力资源开发的政策法规，重点解读《关于加强新时代高技能人才队伍建设的意见》《关于构建数据基础制度更好发挥数据要素作用的意见》《关于深化现代职业教育体系建设改革的意见》《关于构建优质均衡的基本公共教育服务体系的意见》等政策，为实现更充分、更高质量的就业，加强新时代高技能人才队伍建设指明了方向。第三部分为促进人力资源开发、民生方面的相关政策法规，重点解读《国有企业科技人才薪酬分配指引》《关于实施人力资源服务业创新发展行动计划（2023—2025年）的通知》《人力资源服务机构管理规定》，关注科技人才发展、人力资源服务业创新发展等政策。第四部分为促进社会保障的相关政策法规，重点解读《个人养老金实施办法》《关于进一步完善医疗卫生服务体系的意见》《关于推进基本养老服务体系建设的意见》等政策，强化了对医疗、养老等政策的认知。

Chapter 1　Major Regulations and Policies Concerning Human Resources Service

【Abstract】

This chapter is divided into four parts. The first part is the laws and regulations for promoting the streamlining of administration, delegating power and optimizing management, focusing on the interpretation of the *Opinions on Further Optimizing the Business Environment and Reducing institutional Transaction Costs of Market Entities*, *Regulations on Promoting the Development of Individual Industrial and Commercial Households*, *Outline of the Strategic Plan for Expanding Domestic Demand* (2022–2035), *Opinions on Promoting the Development and Growth of the Private Economy*, etc.

The second part is to promote the policies and regulations of employment and human resource development, focusing on the interpretation of the *Opinions on Strengthening the Construction of Highly Skilled Personnel in the New Era*, *Opinions on Building Data Basic System to Better Play the Role of Data Elements*, *Opinions on Deepening the Reform of the Construction of Modern Vocational Education System*, *Opinions on Building a High-quality and Balanced Basic Public Education Service System*, in order to achieve more adequate and higher quality employment, strengthening the construction of highly skilled personnel in the new era has pointed out the direction.

The third part is to promote human resources development and people's livelihood related policies and regulations, focusing on the interpretation of *the Guidelines on Salary Distribution of Scientific and Technological Talents in State-owned Enterprises*, *Notice on the Implementation of the Action Plan on Innovation and Development of the Human Resource Service Industry* (2023–2025), *Regulations on the Administration of Human Resource Service Organizations*. We will pay attention to policies for the development of scientific and technological personnel and the innovation and development of the human resources service industry.

The fourth part is related policies and regulations to promote social security, focusing on the interpretation of the *Measures for the implementation of personal pensions*, *Opinions on further improving the medical and health service system*, *Opinions on Promoting the construction of a basic Elderly care Service system*, Strengthen the awareness of medical care, pension and other policies.

本章主要摘录和分析了 2022 年 8 月至 2023 年 7 月我国人力资源服务业有重大影响的法律法规政策及其新变化。本章通过对这些法律法规政策进行深入解读,使读者能够及时掌握人力资源服务业所处的政策环境新变化和新动向。

今年继续"政策背景"部分的创新,深入探索每项政策实施的原因和发展路径。除了对政策进行解读外,本章在分类方法上采取了层级分类,有国家层面的如国务院颁布的政策法规,有人力资源和社会保障部制定的行业政策规定。本章还重点解读了政策的创新之处及对人力资源服务业带来的影响,力求使读者能够快速掌握相关政策法规到人力资源服务业的影响传导路径。

一、促进简政放权、优化管理的相关政策法规

(一) 国务院办公厅《关于进一步优化营商环境降低市场主体制度性交易成本的意见》

优化营商环境、降低制度性交易成本是减轻市场主体负担、激发市场活力的重要举措。2022 年 9 月 7 日,国务院办公厅发布《关于进一步优化营商环境降低市场主体制度性交易成本的意见》(以下简称《意见》)①,以更好打造市场化法治化国际化营商环境,降低制度性交易成本,提振市场主体信心,助力市场主体发展,为稳定宏观经济大盘提供有力支撑。

---

① 中国政府网,见 https://www.gov.cn/xinwen/2022-09/15/content_5710047.htm。

政策背景：

市场主体特别是中小微企业、个体工商户是中国经济的"毛细血管"，在稳定增长、促进创新、增加就业、改善民生等方面发挥了重要作用，成为推动经济社会发展的重要力量。近年来，党中央、国务院先后出台了一系列措施，支持和帮助市场主体特别是中小微企业、个体工商户创新发展。但当前市场主体生产经营困难依然较多，亟待运用改革创新办法，加力巩固经济恢复发展基础。

政策解读：

此次《意见》从五个方面部署了重点任务。这五个方面涉及市场主体从"出生"到"发育""成长"的全生命周期，覆盖了优化营商环境、降低制度性交易成本的全流程管理。

一是进一步破除隐性门槛，推动降低市场主体准入成本。全面实施市场准入负面清单管理；着力优化工业产品管理制度，推行工业产品系族管理；规范实施行政许可和行政备案；切实规范政府采购和招投标，推动招投标领域数字证书跨地区、跨平台互认；持续便利市场主体登记，逐步实现内外资一体化服务。

二是进一步规范涉企收费，推动减轻市场主体经营负担。严格规范政府收费和罚款，进一步清理调整违反法定权限设定、过罚不当等不合理罚款事项；推动规范市政公用服务价外收费；着力规范金融服务收费；清理规范行业协会商会收费，严禁行业协会商会强制企业到特定机构检测、认证、培训等并获取利益分成；推动降低物流服务收费。

三是进一步优化涉企服务，推动降低市场主体办事成本。全面提升线上线下服务能力，推广和扩大电子营业执照、电子合同等应用；持续优化投资和建设项目审批服务，探索建立部门集中联合办公、手续并联办理机制；着力优化跨境贸易服务，探索解决跨境电商退换货难问题；切实提升办税缴费服务水平，推行非税收入全领域电子收缴、"跨省通缴"；持续规范中介服务；健全惠企政策精准直达机制。

四是进一步加强公正监管，切实保护市场主体合法权益。创新实施精准有效监管，推动监管信息共享互认；严格规范监管执法行为，建立健全行政裁量权基准制度；切实保障市场主体公平竞争，组织开展制止滥用行政权力排除、限制竞争执法专项行动;持续加强知识产权保护。

五是进一步规范行政权力,切实稳定市场主体政策预期。不断完善政策制定实施机制,把握好政策出台和调整的时度效;着力加强政务诚信建设,严厉打击虚假还款或以不签合同、不开发票、不验收等方式变相拖欠的行为;坚决整治不作为乱作为,纠正各种懒政怠政等不履职和重形式不重实绩等不正确履职行为。

优化营商环境、降低制度性交易成本是减轻市场主体负担、激发市场活力的重要举措。人力资源服务业市场主体,应把握好《意见》中的政策红利,提振信心,积极推动人力资源服务业积极规范发展。

(二) 国务院《促进个体工商户发展条例》

为了鼓励、支持和引导个体经济健康发展,维护个体工商户合法权益,稳定和扩大城乡就业,充分发挥个体工商户在国民经济和社会发展中的重要作用,2022 年 10 月 1 日,国务院出台《促进个体工商户发展条例》(以下简称《条例》)①。

政策背景:

个体工商户是我国市场主体的重要组成部分,是中国特色的市场主体。截至 2022 年 9 月底,全国登记在册的个体工商户 1.11 亿户,占我国市场主体总量的三分之二,带动就业近 3 亿人。个体工商户是我国产业链供应链的“毛细血管”和市场的“神经末梢”,在稳增长、促就业、惠民生等方面发挥着重要作用。

党中央、国务院高度重视个体工商户发展。专门制定出台一部专门促进个体工商户发展的行政法规,有助于在制度层面稳定市场预期,为个体工商户发展提供良好法治环境。《条例》进一步明确了个体工商户的法律地位,统筹发展和安全、纾困和培育、活力和秩序,明确各部门、各地区在促进个体工商户发展方面的职责任务,提出各领域帮扶具体措施,有效保护个体工商户合法权益。

《条例》的出台,体现我们党毫不动摇鼓励、支持、引导非公有制经济发

---

① 中国政府网,见 https://www.gov.cn/zhengce/content/2022-10/25/content_5721592.htm。

展的坚强决心，体现党和政府服务民生、保障弱势群体的人文关怀，体现全社会尊重劳动、关爱劳动者的时代精神，必将极大激发广大个体经营者的使命感、荣誉感、归属感，提振发展信心，实现个体工商户更好更快发展。

政策解读：

第一，《条例》具有创新性和可操作性。

受疫情频发、消费低迷等多重因素影响，个体工商户生存发展仍面临经营成本、经营场地、招工用工、贷款融资等诸多方面的困难，市场预期不稳、发展信心不足。近年来，各地区、各部门在便利准入、融资支持、税费减免、创业就业等多方面，出台了一系列帮扶个体工商户等小微市场主体发展的政策措施，开展了多种形式的走访帮扶，帮助个体工商户解决经营中面临的困难问题。

《条例》在认真总结新冠疫情以来有关部门出台扶持个体工商户发展政策措施的基础上，对个体工商户立法进行了重新定位，坚持问题导向，将已出台的各项政策措施进行汇总集成，从财税、金融、社保、就业、转型升级、信息服务、表彰奖励、困难救助、监测分析等各个方面，对促进个体工商户发展作出制度安排。很多具体制度安排具有含金量，短期可见成效，特别是对个体工商户实施分型分类。如《条例》规定，县级以上地方人民政府应当结合本行政区实际情况，根据个体工商户的行业类型、经营规模、经营特点等，对个体工商户实施分型分类培育和精准帮扶；以及加强公共服务平台建设、取消变更经营者仅限于家庭成员之间的限制、改革年报制度等作出安排，有利于解决个体工商户"急难愁盼"的突出问题，从整体上提升发展质量。

第二，《条例》有利于增强法律法规的协同性。

我国的市场主体分为三种类型，即企业、个体工商户和农民专业合作社。这三类市场主体分别有确立其法律地位、支持促进发展的"主体法"。例如，各种不同类型的企业分别有《公司法》《合伙企业法》《中小企业促进法》等，农民专业合作社有《农民专业合作社法》。

1987年9月，《城乡个体工商户管理暂行条例》正式施行，成为我国第一部专门以个体工商户为调整对象的法律文件，个体工商户的生存发展从此有了法律依据。但限于当时的历史条件，该条例并未明确个体工商户的法律地位。2011年11月，新的《个体工商户条例》施行，以登记和管理为主要内容,尚未突出体现支持发展的政策导向,这与当前经济社会发展的要求已不相适应,不能承担其"主体法"的重要任务。

此次实施的《条例》,明确了个体工商户的法律地位和重要作用,突出了服务发展的鲜明主题,从各方面提供了促进个体工商户发展的政策依据和手段,真正成为个体工商户的"主体法",与其他市场主体相关法律法规一起形成了完整的制度体系,将推动我国各类市场主体实现更大发展。

《条例》进一步明确了个体工商户的法律地位和权益保障,明确各部门、各地区在促进个体工商户发展方面的职责任务,对于优化营商环境,鼓励、支持、引导人力资源服务业健康发展,具有积极的推动作用。

(三) 中共中央、国务院《扩大内需战略规划纲要(2022—2035 年)》

坚定实施扩大内需战略、培育完整内需体系,是加快构建以国内大循环为主体、国内国际双循环相互促进的新发展格局的必然选择,是促进我国长远发展和长治久安的战略决策。为推动实施扩大内需战略,根据《中华人民共和国国民经济和社会发展第十四个五年规划和 2035 年远景目标纲要》,2022 年 12 月 14 日,中共中央、国务院印发《扩大内需战略规划纲要(2022—2035 年)》(以下简称《纲要》)①,以充分发挥内需拉动作用,建设更加强大的国内市场,推动我国经济平稳健康可持续发展。

政策背景:

改革开放以来特别是党的十八大以来,我国在深度参与国际产业分工的同时,不断提升国内供给质量水平,着力释放国内市场需求,促进形成强大国内市场,内需对经济发展的支撑作用明显增强。"十四五"时期,我国国内市场基础更加扎实,空间更趋广阔。同时也要看到,我国扩大内需面临不少问题挑战,内需对经济增长的贡献有待提升,消费升级面临的困难增多,扩大有效投资存在较多制约,国际形势依然复杂严峻,必须坚定实施扩大内需战略,准确把握国内市场发展规律,不断释放内需潜力,充分发挥内需拉动作用,建设更加强大的国内市场,推动我国经济平稳健康可持续发展。

---

① 中国政府网,见 https://www.gov.cn/zhengce/2022-12/14/content_5732067.htm。

政策解读:

第一,《纲要》明确坚定实施扩大内需的战略意义。

坚定实施扩大内需战略,是加快构建新发展格局的关键着力点,是推动经济持续健康发展的重要基础,是彰显大国担当的主动选择。对此,《纲要》也明确指出,实施扩大内需战略是满足人民对美好生活向往的现实需要,是充分发挥超大规模市场优势的主动选择,是应对国际环境深刻变化的必然要求,是更高效率促进经济循环的关键支撑。

当前,世界百年未有之大变局加速演进,新一轮科技革命和产业变革深入发展,国际力量对比深刻调整,我国发展面临新的战略机遇和挑战。《纲要》指出,综合来看,我国扩大内需机遇和挑战都有新的发展变化,总体上机遇大于挑战。必须坚定实施扩大内需战略,准确把握国内市场发展规律,未雨绸缪,趋利避害,在危机中育先机、于变局中开新局,不断释放内需潜力,充分发挥内需拉动作用,建设更加强大的国内市场,推动我国经济平稳健康可持续发展。

第二,《纲要》明确中长期目标和三大重点任务。

《纲要》按照全面建设社会主义现代化国家的战略安排,展望2035年实施扩大内需战略的远景目标。"十四五"时期实施扩大内需战略的主要目标:促进消费投资,内需规模实现新突破;完善分配格局,内需潜能不断释放;提升供给质量,国内需求得到更好满足;完善市场体系,激发内需取得明显成效;畅通经济循环,内需发展效率持续提升。

《纲要》指出扩大内需的三大重点任务,即加快培育完整内需体系、促进形成强大国内市场、支撑畅通国内经济循环。这使得扩大内需思路更明确、方向更清晰、措施更有力,为促进国内国际双循环良性互动提供指引。

如加快培育完整内需体系。消费是内需的重要组成部分,促进居民消费是实施扩大内需战略的重要抓手。进入新发展阶段,我国有世界规模最大的中等收入群体,人均国内生产总值已超过1.2万美元,居民消费优化升级同现代生产方式相结合,是全球最具成长性的消费市场,全面促进消费潜力巨大。下一步,将围绕进一步提升传统消费、扩大服务消费、培育新型消费、倡导绿色消费、拓展农村消费、完善促进消费的体制机制等方面,大力促进消费提质升级。

加快培育完整内需体系,重点之一就是拓展投资空间,发挥投资对优化供给结构的关键性作用。我国投资需求潜力仍然巨大,研究表明,我国人均基础设施资本存量只有发达国家的 20% 至 30%,传统基础设施建设需求仍然很大,新型基础设施布局建设步伐加快,产业转型升级投入力度亟待加大,民生领域仍有许多薄弱环节。未来一段时期,围绕加快补齐短板弱项,改善供给质量,不断优化投资结构,提高投资效率,更大激发民间投资活力,将为投资需求合理增长增添持久动力。

第三,《纲要》提出八个方面政策举措培育完整内需体系。

《纲要》按照生产、分配、流通、消费、投资再生产的扩大内需全链条,从全面促进消费、优化投资结构、推动城乡区域协调发展、提高供给质量、健全现代市场和流通体系、深化改革开放、扎实推动共同富裕、提升安全保障能力等八个方面作出部署,实施方案进一步细化了这八个方面的具体任务。一系列以民生福祉为导向的促消费政策将加快推动全体居民生活品质提升和向共同富裕目标迈进,体现出鲜明的人民立场。

其中《纲要》中提出的扩大文化和旅游消费、增加养老育幼服务消费、完善职业技术教育和培训体系、鼓励社会力量提供多样化教育服务等内容,为人力资源服务业发展内容和重点指明了方向。

(四) 中共中央、国务院《关于促进民营经济发展壮大的意见》

民营经济是推进中国式现代化的生力军,是高质量发展的重要基础,是推动我国全面建成社会主义现代化强国、实现第二个百年奋斗目标的重要力量。为促进民营经济发展壮大,2023 年 7 月 14 日,中共中央、国务院出台《关于促进民营经济发展壮大的意见》(以下简称《意见》)①。

政策背景:

长期以来,我国民营经济在稳定增长、促进创新、增加就业、改善民生等方面发挥了积极的作用。在税收上,2012 年至 2021 年,民企占比从 48% 提升至 59.6%。在就业上,2012 年至 2022 年,规上私营工业企业吸纳就业占比从 32.1% 提高至 48.3%。在数量上,2012 年至 2022 年,民企数量占比从

---

① 中国政府网,见 https://www.gov.cn/zhengce/202307/content_6893055.htm。

79.4%增长到93.3%。在外贸上,民企从2019年起成为第一大外贸主体,2022年占比达50.9%。民营经济已经成为我国经济制度的内在要素,是推动经济持续健康发展的重要力量,对推进中国式现代化也具有重要意义。

党中央、国务院始终高度重视民营经济发展。党的十八大以来,党中央、国务院出台一系列重大文件,持续推动民营经济发展壮大。党的二十大明确提出"优化民营企业发展环境,依法保护民营企业产权和企业家权益,促进民营经济发展壮大",对民营经济工作提出了新要求。但一段时间以来,民营经济发展环境发生了一些变化,不少民营企业遇到了一些困难和问题,民营经济发展信心受到了一定的影响,迫切需要完善促进民营经济发展壮大的体制机制,提振民营经济预期信心,进一步激发民营经济发展活力,推动民营经济高质量发展。

政策解读:

第一,《意见》强调要坚持社会主义市场经济改革方向。

此次《意见》的主导思想是坚持市场化改革方向,政策措施中有关市场化改革的要求和内涵也很充分。《意见》在总体要求中提出"坚持社会主义市场经济改革方向,坚持'两个毫不动摇',加快营造市场化、法治化、国际化一流营商环境"等,还列出了市场化改革的具体举措,提出从持续破除市场准入壁垒、全面落实公平竞争政策制度、完善社会信用激励约束机制、完善市场化重整机制、依法保护民营企业产业和企业家权益等方面着手,持续优化民营经济发展环境、强化民营经济法治保障。这些内容将党的二十大报告提出的"完善产权保护、市场准入、公平竞争、社会信用等市场经济基础制度"具体化、措施化,充分体现了社会主义市场经济改革取向。

第二,《意见》回应了民营企业家的重要关切。

《意见》直接关注当前民营企业关注的热点和焦点问题,对当前民营企业集中面临的现实问题进行了积极回应。对于民营企业集中反映的市场和要素获取不公平、政策不确定性大、招投标存在歧视、政商关系有隔阂、人才结构性短缺、舆论环境不够友善、企业账款拖欠突出、企业创新面临一些障碍等问题,此次《意见》对诉求都作了积极回应。

比如市场和要素获取不公平方面,提出要"持续破除市场准入壁垒",要求"各地区各部门不得以备案、注册、年检、认定、认证、指定、要求设立分公司等形式设定或变相设定准入障碍"。在融资问题方面,提出完善融资支持政策制度,健全多方共同参与的融资风险市场化分担机制,从体制机制上解决民营企业融资难的问题。

在政策不确定性方面,针对过去一些监管政策"一刀切"以及政策落实没有过渡期、变化频繁等问题,提出"强化政策沟通和预期引导。依法依规履行涉企政策调整程序,根据实际设置合理过渡期","加强监管标准化规范化建设"等。同时,在涉企的政策规划、标准制定评估等方面,要充分发挥企业家的作用,让民营企业参与进来。

对于招投标歧视,提出"全面落实公平竞争政策制度",特别强调要"强化制止滥用行政权力排除限制竞争的反垄断执法","定期推出市场干预行为负面清单",用包括执法在内的多种手段来排除一些政府和部门用行政权力干预市场、限制竞争,保障民营企业和国有企业公平竞争。

在政商关系方面,要求各级领导干部"主动作为、靠前服务,依法依规为民营企业和民营企业家解难题、办实事","做到亲而有度、清而有为",破除当前一些地方部门和干部"乱作为少了,不作为多了"的突出问题。

在解决民营企业高端人才短缺方面,提出"畅通人才向民营企业流动的渠道",专门强调"健全人事管理、档案管理、社会保障等接续的政策机制,完善民营企业职称评审办法,畅通民营企业职称评审渠道",为高端人才向民营企业流动扫除各种制度性障碍。

在舆论环境方面,提出要"培育尊重民营经济创新创业的舆论环境",强调对民营经济和民营经济人士要"客观正确全面认识",这是对过去一些错误和不当言论的回应与纠偏,从舆论环境、社会氛围等多个层面为民营经济发展铺路。

在解决企业账款拖欠方面,非常具体地提出"机关、事业单位和大型企业不得以内部人员变更,履行内部付款流程,或在合同未作约定情况下以等待竣工验收批复、决算审计等为由,拒绝或延迟支付中小企业和个体工商户款项",同时把账款拖欠与审计督查巡视等手段结合起来,这些将实实在在帮助企业解决账款拖欠问题。

针对一些中小企业创新力不足以及民营企业普遍反映较难融入国家创新体系的问题,也提出了诸多务实措施。《意见》对民营企业当前最关心的一系列重要且突出问题给予了及时、有力回应，也坚定了民营企业发展的信心。

第三，引导民营企业健康和高质量发展。

高质量发展是全面建设社会主义现代化国家的首要任务，民营企业投身高质量发展，是时代赋予的新使命。

《意见》提出要"着力推动民营经济实现高质量发展"，这既要外优发展环境，更要引导企业苦练内功。一方面，要引导完善治理结构和管理制度，鼓励有条件的民营企业建立完善中国特色现代企业制度；另一方面，要支持民营企业提升科技创新能力，提高国际竞争力。鼓励民营企业根据国家战略需要和行业发展趋势，持续加大研发投入，开展关键核心技术攻关，加快数字化转型和技术改造。推动中小企业向科技领军、专精特新、核心零部件和高端制成品设计研发等方向发展。支持大企业加强品牌建设、拓展海外业务，积极参与国际竞争，形成更多世界一流企业。

总体来看，《意见》从现实问题出发，着眼长远发展，既解决了当前企业的重大关切，也为人力资源服务业企业长期持续发展指明了方向，能从制度上保障人力资源服务业健康和高质量发展。①

二、促进就业与技能开发的相关政策法规

（一）中共中央办公厅、国务院办公厅《关于加强新时代高技能人才队伍建设的意见》

技能人才是支撑中国制造、中国创造的重要力量。加强高级工以上的高技能人才队伍建设，对巩固和发展工人阶级先进性，增强国家核心竞争力和科技创新能力，缓解就业结构性矛盾，推动高质量发展具有重要意义。为贯彻落实党中央、国务院决策部署，加强新时代高技能人才队伍建设，2022年10月7日，中共中央办公厅、国务院办公厅印发了《关于加强新时代高技能人才队伍建设的意见》（以下简称《意见》）②。

---

① 《重磅政策"礼包"释放推动民营经济高质量发展强烈信号——访国务院发展研究中心企业研究所所长、研究员袁东明》，《中国经济时报》2023年7月24日。

② 中国政府网，见 https://www.gov.cn/zhengce/2022-10/07/content_5716030.htm。

政策背景：

技能人才特别是高技能人才，是工人阶级队伍中的优秀代表，是我国人才队伍的重要组成部分。加强高技能人才队伍建设，对于巩固和发展工人阶级先进性、增强国家核心竞争力和科技创新能力、缓解就业结构性矛盾、推动高质量发展，具有重要意义。

从我国技能人才队伍结构来看，当前矛盾突出表现为"四多四少"：初级工多、高级工少，传统技工多、现代型技工少，单一型技工多、复合型技工少，短训速成的技工多、系统培养的技工少。高技能人才供给不足已经成为制约中国制造、中国创造的关键"短板"。持续壮大技能人才规模，大幅提高技能人才素质，推动高技能人才数量、结构与社会主义现代化国家建设进程相适应，是新时代高技能人才队伍建设的重要任务。

政策解读：

一要高度重视高技能人才队伍建设。

首先，高技能人才对企业技术创新、提升内在竞争力发挥重要作用。高技能人才具有高超技艺和精湛技能，能够解决现场疑难问题，一般承担有较高创新性要求的工作。在一些高技术制造业企业，少数高技能人才还要参与企业重大生产决策、技术革新方案论证、科技创新成果试制定型等关键工作。激发高技能人才创新活力，对于企业提高生产效率和效益、加快创新技术成果转化落地、保持甚至增强市场竞争力至关重要。

其次，高技能人才发展状况会为一线职工树立标杆榜样。高技能人才发展好不好、活力足不足，不仅影响工人队伍整体士气，也会影响青年一代的职业选择。在招工难、留人难问题普遍存在的背景下，哪些企业高技能人才队伍建设工作做得好，哪些企业对青年工人的吸引力、凝聚力就强，人才流失率就低。

二要准确理解《意见》的新要求新举措。

《意见》针对高技能人才总量不足、结构不合理、年龄断层、待遇总体不高、职业发展空间小、荣誉感不强、吸引力不足等难点问题，提出了很多"新招""实招"。

如在拓展技能人才职业发展通道方面，回应党和国家鼓励企业增加技术工人的技能等级层次、拓宽技术工人晋升通道的要求，总结近期工作经验，用两办发文形式，进一步明确了"新八级工"的职业技能等级序列。

在健全人才岗位使用机制方面，提出建立高技能领军人才"揭榜领题"制度，实行"技师+工程师"团队合作模式等"新招"。这些新举措在实践中已经有不少成功案例，被证明是符合企业发展需要和人才诉求、行之有效的。《意见》总结经验，提炼规律，上升为政策，予以推广。

此外，意见还提出"国有企业要结合实际将高技能人才培养规划的制定和实施情况纳入考核评价体系"，"高技能人才配置状况应作为生产经营性企业及其他实体参加重大工程项目招投标、评优和资质评估的重要因素"等"硬招""实招"，是结合企业生产经营特点，针对高技能人才工作的痛点难点提出的新举措、硬要求。

三要结合实际贯彻落实《意见》。

《意见》尊重企业的差异性和自主权，鼓励和支持企业结合实际，科学地、有重点地落实相关要求。

一是建议将人才职业发展放在重要位置，满足高技能人才发展的深层次需求。高技能人才不仅重视其薪酬福利待遇绝对水平，也重视薪酬分配的内外公平性，更看重企业认可、社会地位和未来职业发展。《意见》提出建立健全"八级工"的职业技能等级制度，这是基于全社会技能人才发展角度提出的国家制度设计；同时，也承认企业差异化和自主权，允许企业"自主设置岗位等级，自主开发制定岗位规范，自主运用评价方式开展职业技能等级评价"。建议企业根据实际情况，差异化地、科学地设计技能人才职业发展台阶（岗级）。工艺设备简单、创新性要求不高、技能人才队伍规模较小的企业，可以少设置几个等级（岗级）；工艺设备复杂、创新性要求高或人才队伍规模较大的大中型企业，可以结合国家职业标准，多设置几个等级（岗级），并制定高技能人才向管理、技术岗位转换发展的制度。在同一企业内部，也可以对高精尖或核心关键岗位工种，设置较多的等级，对于工艺简单的普通操作岗位工种，可以少设几个等级。根据《意见》要求，用人单位对在聘的高技能人才，在工资福利方面，要分别比照相应层级专业技术人员确定标准，按其实际业绩贡献，可享受同等待遇。在考虑技能人才职业发展通道设计与专业技术、管理人才职位（岗位）等级的衔接时，可参考2021年1月印发的《技能人才薪酬分配指引》。

二是建议用人单位建立基于岗位、能力和贡献三要素的技能人才薪酬分配主体制度。目前先进企业运用比较多的是以岗位绩效工资为主体的薪酬分配制度，技能人才工资一般由岗位工资、绩效工资、若干津补贴和特殊奖励构成。这种制度能够比较全面、客观地反映高技能人才的劳动价值和业绩贡献，并予以相应回报。企业也可以根据自己的实际情况，选择其他合适的薪酬分配制度，在设计工资单元和工资发放依据时，要统筹考虑岗位、业绩和技能三个因素。技能要素参与分配也可以采用多种方式体现。如有些民营企业对参与创新项目工作或对企业效益作出贡献的高技能人才，实行超额利润分享计划，也可以看作是劳动者按技能、业绩参与分配的一种具体形式。

三是人才使用、评价与分配要有效结合，按岗位、按贡献提高优秀高技能人才待遇。提高优秀高技能人才待遇，要与其所在岗位、业绩考核和实际贡献挂钩，要与企业发展阶段和支付能力相适应。有需要的企业，可以通过公开竞聘甚至是"揭榜领题"等方式，选拔优秀高技能人才担任高级别的技能类职级岗位，明确创新性任务要求。对于这些选拔聘用到高级别职级岗位或者通过市场引进的优秀高技能人才，企业在常规、通用的分配制度体系之外可以实行特岗特酬，也可以采用年薪制或协议工资制等更加灵活的分配制度，但要加大与业绩挂钩、浮动发放的绩效年薪或绩效奖励的比例。一些科技型企业、高技术制造企业、专精特新企业，还可以探索完善科技成果转化收益分享机制，对在技术革新或技术攻关中作出突出贡献的高技能人才给予奖励。在即期薪酬分配激励外，《意见》鼓励符合条件的企业积极运用中长期激励工具，加大对高技能人才的激励力度。民营企业机制灵活，市场不确定性因素多，人员流动性强，建议可以多考虑超额利润分享、干股分红、股份分红、项目跟投等中长期激励方式。①

《意见》以习近平总书记关于健全技能人才培养、使用、评价、激励制度的基本要求为统领，为高技能人才规划、培训、激励工作提供了系统科学的指导，对人力资源服务业针对高技能人才的服务工作提出了新要求与新标准。

---

① 王宏：《准确把握，科学落实〈意见〉的新要求新举措》，人力资源和社会保障部网站，见 http://www.mohrss.gov.cn/xxgk2020/fdzdgknr/zcjd/zcjdwz/202210/t20221013_488427.html。

（二）中共中央、国务院《关于构建数据基础制度更好发挥数据要素作用的意见》

数据基础制度建设事关国家发展和安全大局。为加快构建数据基础制度，充分发挥我国海量数据规模和丰富应用场景优势，激活数据要素潜能，做强做优做大数字经济，增强经济发展新动能，构筑国家竞争新优势，2022年12月2日，中共中央、国务院发布《关于构建数据基础制度更好发挥数据要素作用的意见》(以下简称《意见》)①。

政策背景：

2020年3月30日，中共中央、国务院在发布的《关于构建更加完善的要素市场化配置体制机制的意见》中就明确提出，要加快培育数据要素市场、提升社会数据资源价值、根据数据性质完善产权性质以及建立健全数据产权交易和行业自律机制。在此基础上，《意见》着力构建我国数据基础制度的"四梁八柱"，探索建立保障权益、合规使用的数据产权制度，合规高效、场内外结合的数据要素流通和交易制度，体现效率、促进公平的数据要素收益分配制度和安全可控、弹性包容的数据要素治理制度。作为全球第一份系统构建数据基础制度的政策文件，《意见》既是落实党的二十大会议强调的"强化数据安全保障体系"的重要举措，也是践行习近平新时代中国特色社会主义思想的鲜明体现，意义重大、影响深远。

政策解读：

首先，《意见》致力于推动形成中国特色的数据要素治理新模式。《意见》要求建立健全数据产权制度，根据数据产权结构性分置的理念，明确数据要素各参与方的合法权益和数据财产权利，有利于稳定生产和交易预期，鼓励数据资源高效流通和利用到数字经济活动的各个环节，释放数据要素价值红利，促进全体人民共享数字经济发展成果。

其次，《意见》在着力发挥数据要素经济价值的同时，也高度重视个人信息权益保护，落实和保障《民法典》《个人信息保护法》关于个人信息权益保护的相关规定，强调数据处理者要依法、依规生产和流通数据，特别强调要建立健全个人数据确权授权机制，解除全体人民参与数字经济活动的后

---

① 中国政府网，见 https://www.gov.cn/zhengce/2022-12/19/content_5732695.htm。

顾之忧。

最后,《意见》立足新发展阶段,贯彻"十四五"规划纲要提出的"更为安全"的新发展理念,将数据安全作为培育和发展数据要素市场、发挥数据要素市场价值的底线和红线,通过加强数据分类分级管理,积极预防数据在国内市场和跨境流动中的安全风险。

在数据产权方面,《意见》创造性地提出了数据产权"三权分置"思路,对于解开全球各法域正面临的数据产权配置难题、形成中国特色的数据产权制度具有重要意义。

大数据推动了人力资源服务业的信息化与数字化发展,也带来了数据安全、数据协同治理等系列问题。人力资源服务业要遵循《意见》的要求,牢固树立企业的责任意识和自律意识,压实企业的数据治理责任,推动建立安全可控、弹性包容的数据要素治理制度。

(三) 中共中央办公厅、国务院办公厅《关于深化现代职业教育体系建设改革的意见》

为深入贯彻落实党中央关于职业教育工作的决策部署和习近平总书记有关重要指示批示精神,持续推进现代职业教育体系建设改革,优化职业教育类型定位,2022 年 12 月,中共中央办公厅、国务院办公厅印发《关于深化现代职业教育体系建设改革的意见》(以下简称《意见》)①。

政策背景:

《意见》是在系统总结党的十八大以来职业教育改革发展成就基础上,对职业教育体系建设改革的进一步深化,是全面贯彻党的二十大精神、着力破解职业教育改革发展突出矛盾和问题的重大改革,是统筹职业教育、高等教育、继续教育协同创新的重要抓手,是推进职普融通、产教融合、科教融汇的关键步骤,集中体现了党中央、国务院部署职业教育改革新主张、新举措、新机制。

政策解读:

首先,《意见》破除了"矮化""窄化"职业教育的传统认知。

---

① 中国政府网,见 https://www.gov.cn/zhengce/2022-12/21/content_5732986.htm。

一是职业教育功能定位由"谋业"转向"人本"，更加注重服务人的全面发展。《意见》重申了职业教育的定位，就是要服务人的全面发展，建立健全多形式衔接、多通道成长、可持续发展的梯度职业教育和培训体系，推动职普协调发展、相互融通，让不同禀赋和需要的学生能够多次选择、多样化成才，这对扭转社会对职业教育的鄙视、消解职普分流带来的教育焦虑有重大作用。

二是职业教育改革重心由"教育"转向"产教"，更加注重服务经济社会发展。《意见》直面产教融合中的堵点问题，坚持系统思维，提出了建设市域产教联合体和行业产教融合共同体的制度设计，将职业教育与行业进步、产业转型、区域发展捆绑在一起，充分发挥各自优势，创新良性互动机制，破解人才培养供给侧与产业需求侧匹配度不高等问题。

三是职业教育服务场域由"区域"转向"全局"，更加注重支撑新发展格局。《意见》立足新发展格局，在国内国际两个场域谋划部署职业教育发展。一方面，服务区域经济社会发展，以教促产、以产助教、产教融合、产学合作，推动形成同市场需求相适应、同产业结构相匹配的现代职业教育结构和区域布局；另一方面，立足区域优势、发展战略、支柱产业和人才需求，建立健全职业教育国际合作机制，使我国职业教育从"单向引进借鉴"走向"双向共建共享"，逐步形成具有中国特色的职业教育国际化发展模式。

四是职业教育发展路径由"分类"转向"协同"，更加注重统筹三教协同创新。《意见》在巩固职业教育类型特色、提升职业学校关键办学能力的基础上，进一步明确了职业教育类型定位，统筹职业教育、高等教育、继续教育协同创新，从"不同"走向"协同"，各种教育类型优势互补、交叉融合，都服从、服务于"办好人民满意的教育"这一共同目标，服从、服务于全面建设社会主义现代化国家、全面推进中华民族伟大复兴这一共同伟大事业。

五是职业教育办学主体由"单一"转向"多元"，更加注重社会力量参与。深化职业教育体系建设改革，是一项集成工程，核心力量是建立政府、行业、企业、学校协同合作的发展机制，核心目标是完成由政府举办为主向政府统筹管理、社会多元参与办学格局的转变。《意见》从办学形式和内容上作出新部署，鼓励支持地方和重点行业结合自身特点和优势，在职业教育体系建设改革上先行先试、率先突破、示范引领。

其次,《意见》提出了"一体、两翼、五重点"的深化改革新举措。

"一体"是探索省域现代职业教育体系建设新模式,是改革的基座。具体来讲,就是要围绕国家区域发展规划和重大战略,在产教融合、职普融通等方面改革突破,以点上的改革突破带动面上高质量发展,形成一批可复制、可推广的新经验新范式。

"两翼"是改革的载体,即市域产教联合体和行业产教融合共同体。一方面,支持省级人民政府以产业园区为基础,打造兼具人才培养、创新创业、促进产业经济高质量发展功能的产教联合体;另一方面,优先选择重点行业和重点领域,支持龙头企业和高水平高校、职业学校牵头,组建学校、科研机构、上下游企业等共同参与的跨区域产教融合共同体,为行业提供稳定的人力资源和技术支撑。

"五重点"是围绕职业教育自立自强设计的五项重点工作。一是提升职业学校关键办学能力;二是建设"双师型"教师队伍;三是建设开放型区域产教融合实践中心;四是拓展学生成长成才通道;五是创新国际交流与合作机制。

最后,《意见》部署推动工作的新机制。《意见》以建立部省协同推进机制为核心,设计了央地互动、区域联动、政行企校协同的改革新机制,着力营造制度供给充分、条件保障有力、产教深度融合的新生态。一是点上突破,支持有基础、有意愿的地方先行示范,打造样板;二是线上提升,围绕办学能力的关键条线,推出一批关键政策和重点项目;三是全面加强党的领导,发挥我们的政治优势、组织优势和制度优势,用好《意见》的政策红利。

职业教育是培育高技能人才的重要途径。人力资源服务业应把握职业教育改革发展趋势,对接市场需求,着力培养高素质劳动者和技术技能人才。

（四）中共中央办公厅、国务院办公厅《关于构建优质均衡的基本公共教育服务体系的意见》

为深入贯彻落实党的二十大精神,加快推进国家基本公共服务均等化,构建优质均衡的基本公共教育服务体系,2023年6月13日,中共中央办公厅、国务院办公厅出台《关于构建优质均衡的基本公共教育服务体系的意见》(以下简称《意见》)①。

政策背景:

当前,我国教育的主要矛盾已经转化为社会对公平而有质量的教育需求与教育发展不平衡不充分之间的矛盾。解决不平衡不充分的问题是教育改革发展、建设高质量教育体系的突破点。不平衡主要体现为教育资源配置在区域、学校、群体、学段之间存在较大差异,从而使不同学生和不同群体占有的教育资源不均衡,进而影响其全面发展。不充分主要体现为教育质量的参差不齐和差异化发展,导致教育质量出现差异,进而影响学生发展的质量,造成不同学生之间发展的差距。在当前情况下,推进基本公共教育服务体系建设,成为解决教育发展不平衡不充分问题,建设高质量教育体系、支撑教育强国建设最重要的抓手。

政策解读:

首先,《意见》体现了构建优质均衡基本公共教育服务体系的本质要求。

党的二十大指出,健全基本公共服务体系,提高公共服务水平,增强均衡性和可及性,扎实推进共同富裕。建立优质均衡的基本公共教育服务体系,必须大力推进基本公共教育服务均等化。因此,《意见》从推进义务教育学校办学条件均等化、义务教育学校师资队伍均等化、义务教育学校经费投入均等化、义务教育学校治理水平均等化四个方面来推进基本公共教育服务均等化。

其次,《意见》明确构建优质均衡基本公共教育服务体系的有效路径。

一是实施基本公共教育服务优先发展战略。义务教育是我国教育公平的基石。《意见》指出,坚持优先保障,在经济社会发展规划、财政资金投入、公共资源配置等方面优先保障基本公共教育服务。

二是实施基本公共教育服务标准引领战略。构建优质均衡的基本公共教育服务体系必须坚持标准先行,以标准来引领基本公共教育服务体系的建设。《意见》指出,坚持改革创新,持续深化综合改革,破解体制机制障碍,优化资源配置方式,强化教师关键作用,加强基本公共教育服务标准化、

---

① 中国政府网,见 https://www.gov.cn/zhengce/202306/content_6886116.htm。

专业化、法治化建设。

三是实施基本公共教育服务差距缩小战略。义务教育作为基本公共教育服务,是国家事权。中央、省、市级政府要通过加大财政转移支付力度,加快缩小省与省之间、市与市之间、县与县之间义务教育公共服务的差距,县(市、区)政府要加快缩小县域内学校之间的公共教育服务差距。《意见》提出,继续加大对中西部困难地区支持力度,省级政府要聚焦促进省域内不同地市、县区之间缩小办学条件和水平差距,市级政府要充分发挥区域经济中心作用,资源配置重点向经济欠发达县区倾斜。

四是实施基本公共教育服务城乡一体化战略。推进基本公共教育服务全域优质发展,改造底部学校,使其尽快成为人民群众身边的好学校。《意见》提出,要以推进城乡教育一体化为重点,加快缩小县域内城乡教育差距。全面推进城乡学校共同体建设,健全城乡学校帮扶激励机制,确保乡村学校都有城镇学校对口帮扶。

高质量教育体系是实现我国人力资源现代化的重要途径。《意见》要求进一步加强普惠性人力资本投资,为人民提高受教育程度、增强发展能力创造更加普惠公平的条件,有助于提升全社会人力资本和专业技能。

三、促进人力资源开发、民生方面的相关政策法规

(一) 人力资源社会保障部办公厅《国有企业科技人才薪酬分配指引》

为贯彻落实党的二十大精神,加强和改进政府对企业工资分配的宏观指导和服务,引导国有企业完善科技人才薪酬分配制度,2022 年 11 月 9 日,人力资源社会保障部办公厅印发《国有企业科技人才薪酬分配指引》(以下简称《指引》)①。

政策背景:

党的二十大报告对深化国资国企改革作出重大部署,强调推动国资国企做强做优做大,提升企业核心竞争力。而国企提升核心竞争力的关键在

---

① 中华人民共和国人力资源和社会保障部网站,见 http://www.mohrss.gov.cn/xxgk 2020/fdzdgknr/zcfg/gfxwj/ldgx/202211/t20221118_490263.html。

于加强原创性、引领性科技攻关能力，培育科技领军人才队伍和一流创新团队。截至 2022 年末，我国国企拥有专职研发的科技人才 104.5 万人，占全国（未含港澳台地区，下同）专职研发科技人才总数的 1/5；拥有两院院士231 名，占全国两院院士总数的 1/7。国企科技人才作为科技创新的实践主体，其创新行为的量、质、效直接影响着企业的创新力、竞争力、影响力及防范化解风险能力。因此，在新时期国企应更大力度将激励资源向科技人才倾斜，加快完善落实科技创新激励机制，加大科技人才薪酬分配激励力度，以充分调动科技人才创新活力，促进企业科技创新。

政策解读：

第一，《指引》细化科技人才技术岗位序列。科技人才涉及的岗位种类繁多，且不同岗位之间差异很大，很难在技术序列和技能序列中有序排列。为了解决这一问题，《指引》就岗位序列的细化分类进行专门说明。这既有利于精准识别岗位特点及岗位价值，也为后续职级涉及、分类考核以及薪酬确定奠定良好的基础。

第二，《指引》精准设计考核指标。由于科技创新工作的探索性与周期性的特点，科技人才的绩效考核一直是企业的管理重点和难题。《指引》提出了分类考核的基本导向，将科技人才分为基础研究、应用研究、技术开发和技能操作四类，并明确了各类人才的考核内容。如基础研究类科技人才，因为其研发风险高且研发周期长，从基础研究工作到形成具体技术、成果及经济效益的距离还很远，因此，应重点考核这类人才的研究能力、过程贡献以及其研究发现的价值。

第三，《指引》明确差异绩效薪酬占比。对于科技人才来说，要根据不同类别的工作特点决定其绩效薪酬占比导向。如由于基础研究类工作的探索性特点，为了保障其正常生活，使其集中精力开展基础研究工作，这类科技人才的基本薪酬占比应该高于绩效薪酬占比。如《指引》明确指出，"从事基础研究类的科技人才岗位基本薪酬占总薪酬的比例原则上应达到60%以上"。而应用研究类工作则是结果导向，应该通过提高其绩效薪酬占比强调达成考核目标的重要性，以建立正确的科研导向。如《指引》明确提出，"从事应用研究类的科技人才绩效薪酬占总薪酬的比例原则上应达到50%以上"。

第四,《指引》首次提出探索建立科技人才回溯薪酬制度。传统的薪酬制度是企业为员工当期作出的贡献及价值进行付薪,而科研工作的特点使科技人才的贡献及价值显现具有明显的滞后性,从科技产品产出到市场销售可能需要若干年时间。这样的薪酬制度显然无法满足对科技人才的激励,也可能让科技人才失去工作动力。因此,《指引》对于科技人才的突出贡献及价值进行补充激励,有利于更好地树立科学研究的价值导向。

《指引》的颁布,为人力资源服务业中的人力资源管理薪酬咨询提出了新要求与新思想,对于人力资源服务业的发展具有一定的影响。

(二) 人力资源社会保障部《关于实施人力资源服务业创新发展行动计划(2023—2025 年)的通知》

为深入贯彻党的二十大精神,落实党中央、国务院关于发展人力资源服务业决策部署,积极促进高质量充分就业,强化现代化建设人才支撑,2022年 12 月 5 日,人力资源社会保障部发布《关于实施人力资源服务业创新发展行动计划(2023—2025 年)的通知》(以下简称《通知》)①。

政策背景:

作为重要的市场主体,近年来,我国人力资源服务业发展迅速。截至2022 年底,全国已有各类人力资源服务机构 6.3 万家,从业人员 104 万人,年营业收入达 2.5 万亿元,全年共为 3.1 亿人次劳动者和 5268 万家次的用人单位提供了专业服务,充分发挥匹配供需、专业高效的优势,助力稳就业保就业,取得积极成效。为更好指导各地深化人力资源服务供给侧结构性改革,培育壮大市场化就业和人才服务力量,为全面建设社会主义现代化国家提供有力支撑,人力资源社会保障部发布了这一通知。

政策解读:

第一,推动市场主体创新驱动发展。《通知》强调龙头企业分级分类管理机制,明确到 2025 年重点培育形成 50 家左右经济规模大、市场竞争力强、服务网络完善的人力资源服务龙头企业。重点培育形成 100 家左右聚

---

① 中国政府网,见 https://www.gov.cn/zhengce/zhengceku/2022 - 12/20/content_5732876.htm。

焦主业、专注专业、成长性好、创新性强的"专精特新"人力资源服务企业。

第二,多维度融合协同创新发展。积极服务重点发展战略,鼓励人力资源服务机构积极开展稳就业促就业行动,强化制造业人力资源支持。实施西部和东北地区人力资源市场建设援助计划,引导人力资源服务行业促就业行动和助力乡村振兴计划。

第三,建强集聚发展平台。《通知》明确到"十四五"末建成30家左右国家级人力资源服务产业园和一批有特色、有活力、有效益的地方人力资源服务产业园。聚焦先进制造业、战略性新兴产业、现代服务业以及数字经济等重点领域,规划建设一批专业性行业性国家级人才市场。

第四,突出强调创新发展。鼓励数字技术与人力资源管理服务深度融合,培育发展高技术、高附加值人力资源服务业态,推动行业向价值链高端延伸,强化企业创新主体地位。

第五,提升开放发展水平。强调依托我国超大规模人力资源市场优势,积极引进我国市场急需的海外优质人力资源服务企业;全力支持发展人力资源服务贸易。

《通知》为人力资源服务业创新发展指明了方向和路径,各机构应抓住机遇,加快提升人力资源服务水平,进一步激发市场活力和发展新动能。

(三)《人力资源服务机构管理规定》

为了加强对人力资源服务机构的管理,规范人力资源服务活动,健全统一开放、竞争有序的人力资源市场体系,促进高质量充分就业和优化人力资源流动配置,2023年6月29日,人力资源社会保障部发布《人力资源服务机构管理规定》(以下简称《规定》)①。

政策背景:

按照党中央、国务院关于加强人力资源市场建设管理工作部署要求,人力资源社会保障部坚持促进行业发展和实施有效监管并重,持续提升人力资源市场规范化水平,推动人力资源服务业快速健康发展。同时,随着市场

---

① 中华人民共和国人力资源和社会保障部网站,见 http://www.mohrss.gov.cn/xxgk2020/gzk/gz/202306/t20230630_502242.html。

主体数量快速增长,市场活动形式日益多样,非法职介、虚假招聘、泄露个人信息、违规收费等损害劳动者权益问题时有发生,亟须通过立法等手段进一步加强人力资源服务机构管理,规范人力资源服务活动。

《规定》的出台,有利于健全人力资源市场法规体系、规范人力资源服务机构及相关活动,对推进高标准人力资源市场体系建设、维护劳动者和人力资源服务机构等市场主体合法权益、促进高质量充分就业和优化人力资源流动配置具有重要作用。

政策解读:

《规定》的主要特点如下:

一是坚持保障权益。《规定》将维护劳动者合法权益作为根本要求贯穿规章全篇,进一步压实服务机构主体责任、确保服务机构权责一致,对招聘信息的发布和审查、个人信息的处理和保护、健全服务制度和明示服务信息等方面进行细化规定,全面强化对劳动者权益的保护。如《规定》中明确提出,人力资源服务机构接受用人单位委托招聘人员的,发布招聘信息应当真实、合法,不得含有民族、种族、性别、宗教信仰等方面的歧视性内容。人力资源服务机构不得违反国家规定,在户籍、地域、身份等方面设置限制人力资源流动的条件等内容。

二是坚持放管结合。按照深化"放管服"改革要求,兼顾效率与安全,统筹宽进和严管,对人力资源服务许可和备案的条件、程序等进行了统一和完善,在准入条件、准入程序、行政备案事项及办理程序、人力资源服务许可证管理等方面进一步简化材料、优化流程,着力提升政务服务便民化水平,优化人力资源服务领域营商环境。

三是坚持问题导向。紧盯人力资源服务领域突出问题,以提升管理效能和规范市场秩序为重点,划定开展服务活动的"红线",明确服务活动禁止行为,围绕人力资源服务主要业态,针对服务收费、公平竞争等市场行为,统一服务原则、服务事项、服务标准,并确定了相关法律责任。

四是坚持规范发展。注重规范管理和促进发展相结合,将近年来工作实践中行之有效的经验做法和地方较为成熟的政策制度,以部门规章形式予以固化,构建较为完备的综合管理制度体系,为促进人力资源服务业高质量发展提供坚实法治保障。

《规定》是首部系统规范人力资源服务机构及相关活动的专门规章，各人力资源服务机构要遵守《规定》要求，规范机构活动，推动行业健康发展。

四、促进社会保障的相关政策法规

（一）人力资源社会保障部、财政部、国家税务总局、银保监会、证监会《个人养老金实施办法》

为贯彻落实《国务院办公厅关于推动个人养老金发展的意见》（国办发〔2022〕7号），加强个人养老金业务管理，规范个人养老金运作流程，2022年10月26日，人力资源社会保障部、财政部、国家税务总局、银保监会、证监会制定《个人养老金实施办法》（以下简称《实施办法》）。①

政策背景：

近年来，我国人口老龄化程度不断加深。截至2022年底，全国65岁及以上老年人口达2.1亿以上，占总人口14.9%。国家卫健委预计"十四五"时期我国将进入中度老龄化阶段，2035年将进入重度老龄化阶段。但与之相应的三支柱养老保障体系结构性问题凸显——第一支柱"独大"，第二支柱发展缓慢，第三支柱刚处于起步阶段。现阶段，基本养老保险基金支出压力较大，且替代率不高、企业年金及职业年金覆盖群体有限，亟待第三支柱发挥补充作用，以进一步提高居民养老保障水平。

个人养老金是政府政策支持、个人自愿参加、市场化运营的补充养老保险制度，属于第三支柱保险中有国家制度安排的部分。个人养老金的推出，既是落实党的二十大提出的"完善基本养老保险全国统筹制度，发展多层次、多支柱养老保险体系"的重要举措，也是落实2022年4月出台的《关于推动个人养老金发展的意见》的重要标志。

政策解读：

一是政府政策支持。按照《实施办法》，个人养老金每年缴费上限为1.2万元，并按照国家有关规定享受税收优惠政策。人社部、财政部未来将

---

① 中华人民共和国人力资源和社会保障部网站，见 http://www.mohrss.gov.cn/xxgk 2020/fdzdgknr/zcfg/gfxwj/shbx/202211/t20221104_489354.html？keywords＝个人养老金。

根据经济社会发展水平和养老保险体系发展情况等因素适时调整缴费上限。财政部、国家税务总局2022年11月发布的《关于个人养老金有关个人所得税政策的公告》提出,自2022年1月1日起,对个人养老金实施递延纳税优惠政策。对缴费者按每年1.2万元的限额予以税前扣除,投资收益暂不征税,领取收入的实际税负降为3%。个税优惠将引导和鼓励人们参与申办个人养老金,增强自我保障意识。特别是领取收入的实际税负由原来的7.5%降为3%,极大提高了群众的受惠程度。

二是个人自愿参加。《实施办法》提出,个人养老金的参加人应当是在中国境内参加城镇职工基本养老保险或者城乡居民基本养老保险的劳动者。人社部数据显示,截至2022年末,全国基本养老保险参保人数达10.5亿人。这意味着,这些参保居民都可以自愿申办个人养老金,且不受就业形态、地域、户籍限制。根据《实施办法》,个人养老金实行个人账户制,参加人的个人缴费全部归集到个人资金账户,完全积累。达到领取个人养老金年龄等条件后,可以自己决定是按月还是分次或者一次性领取,转入本人社会保障卡银行账户自由支配使用。

三是市场化运营。《实施办法》提出,参加人自主选择购买符合规定的金融产品。个人养老金产品应当具备运作安全、成熟稳定、标的规范、侧重长期保值等基本特征。把金融机构都动员起来,站在同一起跑线上,消费者具有更多选择权,有利于充分发挥市场作用,营造公开公平公正的市场环境。

人力资源服务业企业应了解《实施办法》中个人养老金的新变化,与社保服务相融合,全面推进人力资源服务业现代化。

(二) 中共中央办公厅、国务院办公厅《关于进一步完善医疗卫生服务体系的意见》

为深入贯彻党中央关于实施健康中国战略的决策部署,推动全面建立中国特色优质高效的医疗卫生服务体系,为人民群众提供全方位全周期健康服务,2023年3月23日,中共中央办公厅、国务院办公厅印发了《关于进一步完善医疗卫生服务体系的意见》(以下简称《意见》)[1]。

---

[1]　中国政府网,见 https://www.gov.cn/zhengce/2023-03-23/content_5748063.htm。

政策背景：

医疗卫生服务体系承载着维护人民群众生命安全和身体健康的重要功能。党的十八大以来，以习近平同志为核心的党中央把保障人民健康放在优先发展的战略位置，高度重视医疗卫生服务体系改革发展，强化城乡三级医疗卫生服务网络建设。我国医疗卫生服务的公平性和可及性显著提高，服务质量和效率持续改善，人民群众看病就医负担不断减轻，主要健康指标居于中高收入国家前列。党的二十大报告指出，我国建成世界上规模最大的医疗卫生体系。习近平总书记指出，应对新冠疫情，医药卫生体系经受住了考验，为打赢疫情防控阻击战发挥了重要作用，为维护人民生命安全和身体健康、恢复经济社会发展作出了重要贡献。

我国医疗卫生服务体系建设在取得成绩的同时，发展不平衡、不充分的问题仍然比较突出，与人民群众的健康需要和高质量发展要求还存在一定差距。《意见》以习近平新时代中国特色社会主义思想为指导，深入贯彻党的二十大精神，总结新冠疫情防控经验，对进一步完善医疗卫生服务体系提出了一系列要求和举措，着力促进优质医疗资源扩容和区域均衡布局，发展公共卫生和基层服务等薄弱环节，加强机构管理和分工协作，优化服务提供，深化体制机制改革，对于解决群众看病就医的急难愁盼问题，满足群众全方位全周期健康需要，促进卫生健康事业高质量发展，推进健康中国建设具有重要意义。

政策解读：

第一，《意见》明确"人才"和"机构"这两个改革重点。

《意见》抓住"人才"和"机构"这两个关键点，着力提升服务能力。首先，《意见》提出提升卫生健康人才能力。尤其是加大农村和社区医疗队伍培养力度，加大基层、边远地区和紧缺专业人才培养扶持力度。同时，实施医学高层次人才计划，培养一批领军人才，提高人才队伍的数量和质量，优化布局结构。其次，《意见》按照功能定位提高各级各类医疗卫生机构的服务能力。强调健全公共卫生体系，加强医疗卫生机构的公共卫生科室标准化建设，健全监测预警体系，提高疾病预防控制能力等内容。

第二，《意见》强调实现系统推进。

《意见》要求立足于现有的医疗卫生服务网络，通过优化资源配置、加强分工合作、提高服务质量,在纵向和横向上推进体系整合。

在纵向上,推进医疗联合体建设,形成以市带区、区社一体、多元化的发展模式,完善连续通畅的双向转诊服务路径。做实家庭医生签约服务。在横向上,促进"防治结合",创新医防协同、医防融合机制。促进"医养结合"以及"发挥中医药重要作用"。

第三,《意见》强调联动改革。

《意见》提出要加强联动改革,深化筹资机制、编制人事薪酬和综合监管改革,发挥信息化的重要支撑作用,为医疗卫生服务体系的高效运行提供保障。

在完善卫生健康筹资机制方面,要建立稳定的政府投入机制,深化医疗服务价格改革,完善多元复合式医保支付方式,为加强医疗机构间的分工协作提供有效的引导机制。

在深化编制人事薪酬制度改革方面,合理制定并落实人员编制标准,落实"两个允许"的要求,科学合理确定并动态调整公立医疗卫生机构的薪酬水平,落实有关分配激励政策。

在强化综合监管方面,健全多元化综合监管体系,强化对医疗卫生服务重点领域和关键环节的监管。

在加强信息化支撑方面,发展"互联网+医疗健康",加强健康医疗大数据共享交换与保障体系建设。建立跨部门、跨机构公共卫生数据共享调度机制和智慧化预警多点触发机制,强化数据安全监测和预警。

人力资源服务业应把握《意见》的改革重点,与医疗卫生服务体系领域相互融合、相互渗透,实现资源优化配置。

(三) 中共中央办公厅、国务院办公厅《关于推进基本养老服务体系建设的意见》

基本养老服务在实现老有所养中发挥重要基础性作用,推进基本养老服务体系建设是实施积极应对人口老龄化国家战略、实现基本公共服务均等化的重要任务。党的十八大以来,在党中央坚强领导下,基本养老服务加快发展,内容逐步拓展,公平性、可及性持续增强。为贯彻落实党中央、国务院有关决策部署,健全基本养老服务体系,更好保障老年人生活,2023 年 5

月 21 日,中共中央办公厅、国务院办公厅印发《关于推进基本养老服务体系建设的意见》(以下简称《意见》)①。

政策背景:

党中央、国务院高度重视基本养老服务工作。截至 2022 年底,全国 60 周岁及以上老年人超过 2.8 亿,占全国总人口 19.8%,其中 65 周岁及以上老年人达 2.1 亿,占全国总人口 14.9%,人口老龄化形势严峻。党的十八大以来,养老服务制度体系加快完善,基本养老服务的公平性、可及性不断提高。截至 2022 年底,老年人高龄津贴、养老服务补贴、护理补贴、综合补贴分别惠及 3330.2 万、546.1 万、97.1 万、67.2 万老年人。全国 1395 万名老年人纳入最低生活保障,368 万特困老年人纳入特困救助供养,做到"应养尽养";全国有各类养老机构和设施 38.1 万个,其中养老机构 4 万个、社区养老服务机构和设施 34.1 万个,床位 822.3 万张。这些为基本养老服务体系建设奠定了坚实基础。同时,基本养老服务依然是新时代养老服务工作的短板弱项,发展不平衡不充分问题仍然突出,与党中央、国务院部署要求和人民群众的期待还存在一定差距,其基本概念和服务对象、内容、标准需要进一步明确,各部门职责任务有待进一步细化。《意见》在中央文件中首次确定了推进基本养老服务体系的内涵和主要任务,明确了政府、社会、市场和家庭在基本养老服务中的职责定位,明确了基本养老服务涵盖物质帮助、照护服务、关爱服务等主要内容,突出了对老年人生活安全与失能长期照护服务保障,回答了基本养老服务"服务谁""服务什么""如何服务"等关键问题。

《意见》对推进基本养老服务体系建设,实现老有所养、老有所依作了重要基础性制度安排,体现了党中央、国务院对养老服务工作的高度重视,是我国养老服务发展史上的一个重要里程碑,是推动解决老年人在养老服务方面急难愁盼问题,兜住底、兜准底、兜好底,不断增强老年人的获得感、幸福感、安全感,实现老有所养的重要制度设计。

政策解读:

《意见》明确建设基本养老服务体系的基本原则。建设基本养老服务

---

① 中国政府网,见 https://www.gov.cn/zhengce/202305/content_6875435.htm。

体系要坚持基础性、普惠性、共担性和系统性原则。这四项原则是一个统一整体,贯穿于基本养老服务体系建设全过程。

第一,基本养老服务是中国特色的多层次养老保障体系中兼具普惠性、基础性和兜底性的民生服务与基础保障,主要包括物质帮助、照护服务、关爱服务等内容。其中,居于《意见》工作原则首位的基础性原则,对于聚焦"十四五"时期的重点任务,进一步保障失能、残疾、无人照顾等老年人的基本生活和照料需要具有重要意义。

基础性是基本养老服务的底线标准。基础性原则厘清了基本养老服务"是什么""谁来做""怎么做"的基本要求。从内容来看,基本养老服务体系建设的基础性原则主要体现在《国家基本养老服务清单》项目范围和底线标准的具体规定中。这不仅有利于扩大基本养老服务的服务规模,增进服务水平,同时也有利于进一步优化涉老政策体系与养老保障制度的运行效率及资源分配。

第二,普惠性是我国基本养老服务保障制度的目标,也是增强广大老年人基本养老服务可得性的重要路径和方法,就是要在提高基本公共服务均等化水平的过程中,逐步拓展基本养老服务的对象和内容,使所有符合条件的老年人能够方便可及、大致均等地获得基本养老服务。

《意见》在"总体要求""重点工作"中均表述要建成"覆盖全体老年人"的基本养老服务体系。普惠性,既是基本养老服务"基础性、普惠性、兜底性"三大内涵之一,也是推进基本养老服务体系建设的四大原则之一。国家确立普惠性基本养老服务保障制度目标,在老龄化社会给全体公民提供了安全稳定的老年照护预期。

第三,作为一项复杂系统工程的养老服务体系,任何单一主体都无法满足日益增长的养老服务需要,也不具备单独解决复杂问题的资源和能力,这客观需要多主体通过协商、整合、信任机制发挥各自优势、责任共担、协同供给。《意见》提出"共担性原则",即在赡养人、扶养人切实履行赡养、扶养义务基础上,通过提供基本养老服务、发挥市场作用、引导社会互助共济等方式,帮助困难家庭分担供养、照料方面的负担。

推进基本养老服务体系建设,需要在党的领导下,清晰界定政府、市场、社会组织、家庭等多主体的责任边界,找准各自定位,共同行动,优势互补,方能协同满足老年人的服务需要。

首先要发挥好政府的主导作用。对此,《意见》从制定落实基本养老服务清单、落实发展养老服务优惠扶持政策、建立基本养老服务经费保障机制、推动形成养老服务设施网络、提高国有经济和公办养老机构的服务供给能力、强化基本养老服务综合监管、营造良好社会氛围等方面对上述职责作出细化规定。

其次要发挥好家庭的基础作用。家庭作为社会的基础单位,是老年人晚年生活和精神的主要依托,也是基本养老服务供给的首要责任主体。因此,《意见》的"共担性原则"开宗明义就是强调赡养人、扶养人要切实履行赡养、扶养义务。然而,家庭成员面对相对专业的养老服务时,也需要外部提供系统的培训和支持。对此,《意见》充分体现了家庭友好的视角,给家庭养老服务功能"赋能",如对基层力量提供家庭养老指导服务、给予失能老年人家庭成员职业技能培训等作出具体规定。

再次要发挥好市场的积极作用。《意见》注重发挥市场作用和市场机制的灵活高效优势,如明确规定将政府购买服务与直接提供服务相结合,优先保障经济困难的失能、高龄、无人照顾等老年人的服务需求。

最后要发挥好社会组织的补充作用。《意见》注重引导社会互助共济等方式,分担困难家庭的服务负担,比如明确规定"支持基层老年协会、志愿服务组织等参与探访关爱服务",此外,还在多处对社会力量参与基本养老服务供给作出支持性规定。

第四,系统性原则,就是把基本养老服务看作社会保障大系统中的一个子系统,从大系统的角度来看基本养老服务体系建设问题。系统性原则主要体现在:一是集成社会保障各相关子系统,形成养老服务协同发展的新局面;二是从基本养老服务体系内部各要素之间的相互关系出发,促进体系优化发展。《意见》提出推进基本养老服务体系建设的系统性工作原则,一方面,要充分发挥与养老服务相关的社会保险、社会救助、社会福利、慈善事业、老年优待的作用,共同支持基本养老服务体系建设;另一方面,从基本养老服务各项制度的资源整合入手,促进各项制度衔接的体制机制建设。

人力资源服务业应高度关注《意见》中养老服务的机构与人才需求,提高基本养老服务人才培育与开发能力。

　　综上所述,2022 年 7 月至 2023 年 7 月,围绕简政放权、就业与人力资源开发、社会保障、民生等领域,我国出台了若干符合新时代需要和人民期待的新政策,也给人力资源服务业带来新的发展机遇。深入领会政策,推动人力资源服务业尽快适应政策的需要,既是培育人力资源服务新经济、发展新动能、产业新引擎的重要途径,又是提升人力资源服务业为社会经济服务能级的战略选择。

第二章　人力资源服务业发展与创新

【内容提要】

2023 年 6 月发布的《数字人社建设行动实施方案》确立了全面推行人社数字化改革,推进理念重塑、制度重构、流程再造,深化一体化、发展数字化、迈向智能化,优化数字社保、就业和人力资源服务,加强数字新就业形态劳动权益保障,实现一体化办理、精准化服务、智能化监管、科学化决策、生态化发展,引领和支撑人社事业高质量发展的总体目标。2023 年 6 月发布的《人力资源服务机构管理规定》规范了日常检查、信用管理、社会监督等管理手段,首次对确定管辖权、撤销注销许可、加强部门协同等方面作出明确规定,构建了事前审批与事后监管有机结合、部门联动与各方协同凝聚合力的综合管理体系。上述顶层设计、宏观规划、专项部署和具体规定为 2022—2023 年度中国人力资源服务业的发展确定了路线图,使行业发展更好地服务于国家战略和中心任务。本部分将聚焦年度人力资源服务业的发展与创新,从年度热点、技术亮点和突出趋势三大方面展开。本章具体从高质量发展任务、就业优先战略、数字人社建设和人才高地建设等四方面的年度特点,从数字化、智能化、跨级融合深化的部署要求、内涵特征、问题挑战与创新思路等方面探析行业的转型升级,从行业规范化、国际化与体系化等方面对其发展趋势进行前瞻分析。

Chapter 2　Development and Innovation of Human Resources Service Industry

【Abstract】

The Implementation Plan for the Construction of Digital Human Resources and Social Security has established the comprehensive implementation of digital reform of human resources and social security, promoting the reshaping of concepts, institutional restructuring, and process reengineering, deepening integration, developing digitalization, and moving towards intelligence, optimizing digital social security, employment, and human resource services, strengthening the protection of labor rights and interests in new forms of digital employment, achieving integrated processing, precise services, intelligent supervision, scientific decision-making, and ecological development, to realize the overall goal of leading and supporting the high-quality development of human and social undertakings. *The Regulations on the Management of Human Resources Service Institutions* standardize management methods such as daily inspections, credit management, and social supervision. For the first time, clear provisions have been made on determining jurisdiction, revoking and canceling licenses, and strengthening departmental collaboration. A comprehensive management system has been established that organically combines pre-approval and post supervision, as well as departmental collaboration and cohesion among all parties. The above top-level design, macro planning, special deployment, and specific regulations have established a roadmap for the development of China's human resources service industry from 2022 to 2023, enabling the industry to better serve national strategies and central tasks. This section will focus on the development and innovation of the annual human resources service industry, starting from three major aspects: annual hotspots, technological highlights, and prominent trends. This chapter explores the transformation and upgrading of the industry from four aspects: high-quality development tasks, employment priority strategy, digital human society construction, and talent highland construction. It also explores the deployment requirements, connotation characteristics, problem challenges, and innovative ideas of digitization and intelligence, and conducts a forward-looking analysis of its development trends from the perspectives of industry standardization, internationalization, and systematization.

2022年10月召开的党的二十大提出，"从现在起，中国共产党的中心任务就是团结带领全国各族人民全面建成社会主义现代化强国、实现第二个百年奋斗目标，以中国式现代化全面推进中华民族伟大复兴"①，将"中国式现代化"确立为今后一段时间党和国家发展的中心任务。在建设中国式现代化这一中心任务中，高质量发展、人才强国战略、就业优先政策都是重要支撑与保障。作为现代服务业重要组成部分的人力资源服务业，其创新发展也体现了高质量发展任务、人才强国战略、就业优先政策等重要方略。近年来，随着我国加快构建开放型经济新体制、高质量推进"一带一路"建设、加速构建新发展格局，人力资源服务业对外开放发展取得一系列新成就，同时也呈现出一些新特点、新发展与新趋势，比如人力资源服务贸易规模不断壮大、市场更趋开放；人力资源服务行业对外开放政策频出、开放发展力度加大；对外劳务合作空间广阔、发展潜力巨大；数字贸易保持快速增长、转型升级趋势明显。② 余兴安概括了人力资源服务业的"中国式"道路的9个要点：中国的人力资源服务业是从解决体制转轨中的问题起步的，中国的人力资源服务业是改革开放的产物；中国的人力资源服务业是以国有事业、企业机构开道，逐步健全市场服务体系；多种所有制形态共同发展、混合发展；制定了相对完备的扶持政策与行业监管制度；紧密围绕国家和地方发展战略扩展业务；充分运用新一代信息技术带来的便利；形成了以人力资源服务为主轴的现代服务业共生格局；以人力资源服务产业园建设促进集聚发展与产业链延伸；始终将社会效益置于首位，坚持经济效益与社会效益的统一。③ 有研究认为，从党的二十大报告可以看到人力资源服务业发展的五大机遇：完善人才环境，优化管理成本，提供全生命周期的公共人力资源服务；多层次促进就业安全，引导积极就业观，建立就业质量评价反馈机制；服务于高水平社会主义市场经济体制，现代化产业体系以及区域协调发展；挖掘和释放多层次就业群体的人才红利；积极构建人力资源服务产业生态，提升服

① 习近平：《高举中国特色社会主义伟大旗帜　为全面建设社会主义现代化国家而团结奋斗》，《人民日报》2022年10月26日。
② 黄盛：《推进新产品、新技术、新业态实现人力资源服务更高水平开放》，2022年9月5日，见 https://baijiahao.baidu.com/s? id=1743124098029769312&wfr=spider&for=pc。
③ 《2022年中国人力资源服务业博士后学术交流会成功举办》，《中国社会科学院大学学报》2023年第1期。

务机构的国际竞争力。① 本章将聚焦 2022—2023 年度(时间段为 2022 年 8 月 1 日至 2023 年 7 月 31 日)中国人力资源服务业的发展,具体从高质量发展任务、就业优先战略、数字人社建设和人才高地建设等四方面年度特点,数字化与智能化的部署要求、内涵特征、问题挑战与创新思路等方面探析行业的转型升级,从行业规范化、国际化与体系化等方面对其发展趋势进行前瞻分析。

一、人力资源服务业发展的年度热点

在万方上以题名或关键词的形式对 2022—2023 年间发表的期刊论文进行检索,共有 129 篇文献(含北大核心 3 篇,CSSCI 论文 2 篇)。对 129 篇文献分析发现,89%的文献属于经济学,说明多数研究是从现代服务业这一经济学视角进行分析研究的。具体看这些文献的关键词,共有 13 个词频次超过 4 次,其中人力资源服务业、高质量发展、服务业发展和创新发展的频次超过了 10 次,"人力资源服务业"的频次最高,达到了 109 次(表 1-2-1)。具体看,人力资源服务业、服务业发展、创新发展、人力资源等虽然频次较高,但其并未有太具体实际含义。比如人力资源服务业、人力资源等关键词本就是文章的主题,并未额外新增信息量或反映文章内容。经过筛选,共有高质量发展、促就业、数字化转型、数字经济等关键词具有实际含义。

表 1-2-1　2022—2023 年度相关论文关键词频次排序

序	关键词	频次	百分比	序	关键词	频次	百分比
1	人力资源服务业	109	84.50%	8	人力资源市场	4	3.10%
2	高质量发展	37	28.68%	9	人力资源服务	4	3.10%
3	服务业发展	15	11.63%	10	数字经济	4	3.10%
4	创新发展	10	7.75%	11	新冠肺炎疫情	4	3.10%
5	促就业	7	5.43%	12	服务业	4	3.10%
6	人力资源	6	4.65%	13	服务业创新	4	3.10%
7	数字化转型	5	3.88%				

---

① 时博:《从党的二十大报告展望人力资源服务业高质量发展的战略机遇》,《人力资源服务》2022 年第 12 期。

　　基于上述关键词的聚类，后文将围绕高质量发展任务、就业优先战略、数字人社建设和人才高地建设等四方面具体论述人力资源服务业在2022—2023年间的发展新特点。

（一）高质量发展任务

　　党的二十大报告提出，"高质量发展是全面建设社会主义现代化国家的首要任务"。高质量发展也是人力资源服务业实现现代化发展的首要任务。2017年10月，党的十九大报告首次提出"高质量发展"的概念，指出中国经济发展"已由高速增长阶段转向高质量发展阶段"，发展方式、经济结构、增长动力等也由"增量"变为"提质"。2018年通过的中共中央、国务院《关于推动高质量发展的意见》，指出"推动高质量发展是当前和今后一个时期确定发展思路、制定经济政策、实施宏观调控的根本要求"，要求"抓紧研究制定制造业、高技术产业、服务业以及基础设施、公共服务等重点领域高质量发展政策"。在此背景下，2019年10月，国家发展改革委、市场监管总局印发了《关于新时代服务业高质量发展的指导意见》，提出"大力培育服务业新产业、新业态、新模式，加快发展现代服务业"，并在"重点任务"中具体提出"大力发展人力资源服务业"的要求，包括培育专业化、国际化人力资源服务机构，加快人力资源服务产业园建设，鼓励发展招聘、人力资源服务外包和管理咨询、高级人才寻访等业态。

　　在高质量发展的背景下，2022年12月，人力资源和社会保障部发布了《人力资源服务业创新发展行动计划（2023—2025年）》。从出台的时间、印发的主体、文件的内容看，《计划》是对《意见》部署的细化安排，从培育壮大市场主体、强化服务发展作用、建强集聚发展平台、增强创新发展动能、提升开放发展水平、夯实行业发展基础、营造良好发展环境等7个方面对如何高质量建设人力资源服务业、实现行业创新发展提出了18条具体举措。2023年5月，习近平总书记在二十届中央财经委员会第一次会议上首次提出人口高质量发展的新概念、新要求，提出着力提高人口整体素质、加快塑造现代化人力资源，以人口高质量发展支撑中国式现代化的重点任务。加强人力资源开发利用，是人口高质量发展的必然要求，是经济高质量发展的迫切需要,更是创造高品质生活的重要基础。① 总的看,新时代人力资源服务业高质量发展中,新时代是时代背景、现代服务业是行业定位、高质量是发展要求,三者共同构成了理解中国人力资源服务业的三个维度。(1)新时代的背景是理解中国人力资源服务业及其高质量发展的环境场域,只有立足新发展阶段,贯彻新发展理念,服务构建新发展格局才能把握行业定位与发展要求的时代特点。加快构建新发展格局、着力推动高质量发展作为当前全面建设社会主义现代化国家的首要任务,正在引领我国经济体系、生产要素和产业链发展的质量变革、效率变革和动力变革。(2)现代服务业是理解人力资源服务业的理论出发点,只有明确人力资源服务业的行业归属、行业定位,才能运用合适理论范式和分析框架进行学理研究。新时代背景下,中国人力资源服务业作为兼有社会属性和经济属性的行业,行业使命更加清晰。(3)高质量发展是人力资源服务业年度发展的最主要特点。高质量发展是人力资源服务业的目标、要求和价值取向,也是新时代背景和现代服务业定位对如何实现人力资源服务业创新发展提出的关键词。人力资源服务业的高质量发展,要聚焦实施就业优先战略、人才强国战略,加快建设高标准人力资源市场体系,推动人力资源服务业高质量发展,引导鼓励高校毕业生到基层工作,健全高水平人才流动公共服务体系,科学精准做好人员调配工作,努力开创人力资源流动管理工作新局面。②

(二) 就业优先战略

党的二十大报告强调"就业是最基本的民生",要求"强化就业优先政策,健全就业促进机制,促进高质量充分就业"。人才是第一资源,就业是最大的民生,深入实施就业优先战略充分体现了我们党一直以来所坚持的人才战略和民生责任。就业优先战略也是人力资源服务业在本年度发展中的突出特点。2023年的政府工作报告指出,要强化就业优先政策导向,把稳就业作为经济运行在合理区间的关键指标。鼓励以创业带动就业,新就

---

① 游钏:《塑造现代化人力资源　促进人口高质量发展》,《中国劳动保障报》2023年8月4日。

② 《人力资源流动管理工作座谈会在福州召开》,2023年5月6日,见 https://baijiahao.baidu.com/s?id=1765131610604700348&wfr=spider&for=pc。

业形态和灵活就业成为就业增收的重要渠道。做好高校毕业生、退役军人、农民工等群体就业工作。提升就业力已成为人力资源服务行业的重要使命，为实现充分就业，人力资源服务行业企业要高效匹配劳动者和就业岗位，提升存量就业的效率，要赋能重点群体发展，提升增量就业的质量。

作为服务就业的重要市场主体，人力资源服务业对就业优先战略提供了强有力的支撑。截至2022年底，全国已有各类人力资源服务机构6.3万家，从业人员104万人，年营业收入达2.5万亿元，全年共为3亿人次劳动者和5268万家次的用人单位提供了专业服务，充分发挥匹配供需、专业高效的优势，助力稳就业保就业，取得积极成效。① 以乡村振兴为例，人力资源服务业对发挥农村地区人力资源优势、畅通城乡劳动力流动、促进剩余劳动力增技增收、助力巩固脱贫攻坚成果具有重要意义。目前从农村到城市的流动开始出现一些回流，"农村—城市—农村"的劳动力环流现象开始出现。随着乡村振兴战略、区域协调发展战略的实施，这种趋势可能会进一步凸显。这些变化意味着，人力资源市场的流动性将呈现出规模增加、途径多样化、方向多元化的特点，为人力资源服务发挥优化配置效率提供了更为广阔的空间。②

人力资源和社会保障部党组书记、部长王晓萍发文论述了促进高质量充分就业在推进中国式现代化进程中的重大意义，指出促进高质量充分就业，是推动经济高质量发展的内在要求，是适应我国人口高质量发展的必然选择，是增进民生福祉、提高人民生活品质的根本举措，是人民群众通过勤劳致富实现自身发展的基本途径。对于人力资源服务业如何促进高质量充分就业，王晓萍部长指出，构建促进高质量充分就业的工作体系，要以强化就业优先为导向，以促进供需匹配为关键，以夯实基层服务为基础，以推进数据赋能为支撑，以加强风险防控为底线。为进一步促进高质量充分就业，需要推动经济发展扩大就业容量，完善保障机制激发创业活力，健全支持体

---

① 《2023年一季度新闻发布会答问实录》，2023年4月28日，见 http://www.mohrss.gov.cn/xxgk2020/fdzdgknr/zcjd/xwfbh/lxxwfbh/202304/t20230428_499258.html? eqid=cad054cf000a9c3c000000036475ef7a。

② 田永坡：《以人力资源服务业高质量发展助力人才强国战略》，《中国青年报》2021年10月22日。

系稳住重点群体,加强教育培训提升就业能力,健全服务体系促进有效对接,落实劳动法律强化权益保障,畅通流动渠道营造公平环境。① 莫荣等也提出,社会经济新发展阶段需要将就业置于优先位置;贯彻以人民为中心发展思想,必须抓好民生头等大事,实行就业优先;实施就业优先战略是实现全体人民共同富裕的基本途径;实现高质量发展必须坚持为了人民依靠人民,充分发挥人力资源的支撑作用。贯彻践行就业优先战略,需要一方面把促进高质量充分就业作为宏观经济和社会政策的优先目标;另一方面不断强化就业优先政策落实,推进就业工作迈上新台阶。②

全国人社系统把促进高质量充分就业作为人力资源开发利用的主要途径,加快构建部门协同、上下联动、服务精准、管理科学的高质量充分就业工作体系,健全就业促进机制,推动经济社会政策与就业政策协同联动,完善就业公共服务体系,发挥创业带动就业的倍增效应,创造挖掘更多高质量的就业岗位,让劳动者好就业,就好业,充分彰显人力资源价值;同时,多措并举促进青年特别是高校毕业生就业,增加妇女劳动就业,加强大龄劳动者就业帮扶,让更多人参与经济活动,稳定和提高人力资源利用效率。③ 具体到如何缓解用人单位招聘难的问题,有专家建议,一是构建岗位所需人才画像,精准匹配人才;二是注重员工价值主张和雇主品牌打造,提升企业吸引力;三是善于利用第三方人力资源机构,提升招聘效率;四是要逐步、持续建立本行业专业人才库。④

（三）数字人社建设

人力资源服务业利用数智化工具提高服务效能,可为企业管理者提供决策支持,形成以业务目标为核心的人力资源管理。数字化与智能化赋能

---

① 王晓萍:《以高质量充分就业助力中国式现代化》,《中国人力资源社会保障》2023年第6期。

② 莫荣、李付俊:《实施就业优先战略,助力中国式现代化》,《人口与经济》2023年第2期。

③ 游钿:《塑造现代化人力资源　促进人口高质量发展》,《中国劳动保障报》2023年8月4日。

④ 《这场专家会在渝举行　探讨新时代人力资源服务业高质量发展之路》,2023年8月1日,见 https://www.clssn.com/2023/08/01/9919997.html。

能够快速招聘、吸纳高质量人才、降低人力成本，协助企业提升人效和发展业务。比如，人力资源服务业还面临知识密集型企业发展快速和中高端技术人才缺口扩大的挑战，智能化工具成为提升效率和评估人才价值的重要手段。为提升行业数字化与智能化水平，人社部印发了相应的行动计划，鼓励人力资源服务企业应用新兴技术，实现业务数据化和运营智能化。在此背景下，2023年6月人社部印发《数字人社建设行动实施方案》，实施数字人社建设行动，全面推行数字化改革，为推进人力资源社会保障领域治理体系和治理能力现代化提供有力支撑。数字人社是在数字经济发展下提出的重要概念，其背景是数字经济发展对就业产生了深刻的影响，大大改变了传统经济下的劳动方式。一方面数字经济创造了多种多样的就业机会，另一方面也带来不少新的挑战。为此，需要积极发挥数字经济促进高质量就业的优势，同时努力补足新就业形态等发展中出现的一些短板，构建适合数字经济发展与劳动力市场相适应的新的发展格局，谋划制定新形势下促进高质量充分就业的政策体系。莫荣认为，数字经济对就业的影响包括：一是数字技术既替代旧岗位，又创造新岗位；二是就业方式更加多元，灵活就业、新就业形态比重日益扩大，同时新就业平台也遇到了成长的短板；三是数字经济推动了服务业产值和就业比重的加速提升；四是部分劳动者就业质量难以提升，受多种因素制约，一部分劳动者转岗转业和实现更高质量充分就业的难度加大；五是引发劳动力资源结构性错配。[①]

数字人社建设的总体目标是，依托金保工程等信息化项目，全面推行人社数字化改革，推进理念重塑、制度重构、流程再造，深化一体化、发展数字化、迈向智能化，优化数字社保、就业和人力资源服务，加强数字新就业形态劳动权益保障，实现一体化办理、精准化服务、智能化监管、科学化决策、生态化发展，引领和支撑人社事业高质量发展。数字人社按照"1532"的整体框架进行布局。"1"即1个总体目标，深化一体化、发展数字化、迈向智能化，提升人社领域治理体系和治理能力现代化水平；"5"即着力打造一体化办理、精准化服务、智能化监管、科学化决策、生态化发展5类对内对外应用

---

① 莫荣：《构建高质量充分就业政策体系》，2023年3月1日，见 https://baijiahao.baidu. com/s？id＝1759117858774197137&wfr＝spider&for＝pc。

场景,引领各类业务工作;"3"即持续完善人社一体化信息平台、人社大数据平台、公共基础设施3项能力底座,夯实发展基础;"2"即建立健全政策标准、安全保障2个工作支柱,提供有力有效支撑。其中,涉及人力资源服务的相关论述包括:一是在总体目标处提出"深化一体化、发展数字化、迈向智能化,优化数字社保、就业和人力资源服务"。二是健全人力资源服务机构名录库,动态掌握机构经营服务情况;同时将人力资源服务重大违法违规案件纳入信用记录,共享至全国信用信息平台和企业信用信息公示系统。三是支持人力资源服务产业园和相关人力资源服务机构共享使用人力资源市场供需信息,充分运用电子劳动合同、电子证照等服务资源,促进人力资源服务数字化转型升级。数字人社建设中与人力资源服务相关的内容主要包括总体目标、人力资源市场监管、社会化协同应用三方面。数字人社建设确定的总体目标中,"深化一体化、发展数字化、迈向智能化","实现一体化办理、精准化服务、智能化监管、科学化决策、生态化发展"等表述对于人力资源服务的数字化和智能化发展具有重要指导和启示作用。莫荣认为,数字人社中,人力资源服务发展首先要促进产业融合发展,将促进数字经济就业纳入数字经济发展战略,同时纳入就业优先政策的贯彻中,逐步构建和完善对行业企业平台主体进行服务管理的体系、制度和机制,鼓励引导不同行业的市场主体逐步建立完善治理机制和行为规范。其次,适应数字化转型,加强人力资源开发,促进人岗匹配,动态性地制定新职业技能标准,完善数字化职业的评价体系。再次,要进一步规范劳动用工管理,对现行法律制度难以包含进去的,要进行及时法律补充,必要时设计新的制度办法和专门的就业法律。最后,优化就业服务方式,积极推动数字化就业服务体系建设,加强就业服务与数字技术的深度融合,充分应用大数据建设数字经济从业者的动态变化图和信息库,为其提供精准的就业服务。[①]

　　除了《数字人社建设行动实施方案》中的专门论述,2022年12月人力资源和社会保障部发布的《人力资源服务业创新发展行动计划(2023—2025年)》也提出,"支持人力资源服务企业运用大数据、云计算、人工智能

————————

　　① 莫荣:《构建高质量充分就业政策体系》,2023年3月1日,见 https://baijiahao.baidu.com/s? id=1759117858774197137&wfr=spider&for=pc。

等新兴技术,加速实现业务数据化、运营智能化",提出全面提升数字化水平和鼓励发展新业态新模式。《行动计划》从以下方面对如何全面提升数字化水平进行了部署,包括:(1)鼓励数字技术与人力资源管理服务深度融合,利用规模优势、场景优势、数据优势,培育人岗智能匹配、人力资源素质智能测评、人力资源智能规划等新增长点。(2)制定发布人力资源服务数字化发展评价标准,推进人力资源服务业数字化转型升级。(3)支持人力资源服务企业运用大数据、云计算、人工智能等新兴技术,加速实现业务数据化、运营智能化。(4)支持有条件的人力资源服务龙头企业打造一体化数字平台,提升系统集成水平,形成数据驱动的智能决策和服务能力。(5)支持中小人力资源服务企业从数字化转型需求迫切的业务环节入手,加快推进数字化办公、业务在线管理等应用,逐步向全业务全流程数字化升级拓展。

（四）人才高地建设

党的二十大报告首次将教育、科技、人才合并专章论述,将三者作为全面建设社会主义现代化国家的基础性、战略性支撑,明确提出"加快建设世界重要人才中心和创新高地""着力形成人才国际竞争的比较优势"。人力资源服务业作为生产性服务业的重要组成部分,在改善产业结构、形成经济新增长点、优化人力资源配置等方面发挥着重要作用。在加快建设世界重要人才中心和创新高地方面,人力资源服务业依托各级各类人力资源服务产业园加快实现集聚发展,并通过本地联系、合作网络、外部溢出、信息共享等方式提升产业整体能级,推动人才搜寻触角延伸和服务半径扩大,有效促进区域人才数量和质量提升。与此同时,人力资源服务业还能够通过空间溢出效应在更大范围内释放服务能量,通过市场化机制打破人才流动藩篱、优化人力资源配置,促进人才区域合理布局和协调发展,为建设世界重要人才中心和创新高地、形成战略支点和雁阵格局提供助力。[①] 2022 年 12 月人力资源社会保障部印发的《实施人力资源服务业创新发展行动计划（2023—2025 年)的通知》要求"发展专业性行业性人才市场",提出要"围绕建设世界

---

①　马双、汪怿:《人力资源服务业促进高质量发展》,《社会科学报》2023 年 7 月 18 日。

重要人才中心和创新高地,聚焦先进制造业、战略性新兴产业、现代服务业以及数字经济等重点领域,规划建设一批专业性行业性国家级人才市场"。人力资源服务业中的培训、招聘、测评等业态,能够为人才培养、引进等提供支撑,人力资源服务业的高质量发展将助力人才强国战略的实施。

人力资源服务业在建设世界重要人才高地的过程中,充分体现了科技是第一生产力、人才是第一资源、创新是第一动力。尤其是随着创新驱动发展战略的深入实施,劳动力要素的质量和配置水平在国家发展格局中更为重要。2022 年 12 月中共中央、国务院印发的《扩大内需战略规划纲要(2022—2035 年)》对如何激发人才创新活力、建设人才高地进行了部署,提出要遵循人才成长规律和科研活动规律,培养造就更多国际一流的领军人才。加强创新型、应用型、技能型人才培养,壮大高水平工程师和高技能人才队伍。鼓励大型企业与科研院所联合培养科技人才。推动人口高质量发展关键在于不断提高人口素质。习近平总书记强调,加快塑造素质优良、总量充裕、结构优化、分布合理的现代化人力资源,以人口高质量发展支撑中国式现代化。莫荣针对加快塑造素质优良、总量充裕、结构优化、分布合理的现代化人力资源提出了建议。一是深入实施就业优先战略,以高质量充分就业促进人力资源开发利用。建议加强就业优先战略与乡村振兴、新型城镇化、区域发展战略、共同富裕等重大战略的统筹协同,促进就业政策与财政、货币、投资、消费、教育等经济社会政策联动,继续发展就业容量大的劳动密集型、技能密集型产业,创造更多就业机会和工作岗位,促进就业与经济社会高质量发展协调同步。二是加大全社会人力资本投资力度,全面提高劳动者素质。要以推行技能中国行动为契机,实施国家终身职业技能提升计划,对新成长劳动力开展就业前培训,对企业职工开展在岗培训,对失业人员开展再就业技能培训,实现职业技能培训服务普惠化、均等化,贯穿劳动者学习、工作全过程。要大力发展技工教育,加强技能人才培养基础能力建设,完善职业资历和学历学位有效衔接,为劳动者畅通流动通道。要发挥企业主体作用,健全技能人才培养、使用、评价、激励等机制。三是健全人力资源市场机制,提高供求平衡效率。要加强建设更加统一、公平、高效、规范有序的高标准人力资源市场,支持各类劳动力市场、人才市场、零工市场建设,缩小城乡、区域、行业劳动力市场差距。要深化劳动就业和人才管理体制机制改革,清除各种显性和隐性的劳动力市场壁垒。要加快推进人力资源服务业高质量发展,发挥劳动力市场配置资源功能,更好缓解当前劳动力供求不平衡的结构性问题。[1]

事实上,在中国式现代化中,劳动者素质提升成为创新驱动发展战略实施中的一个有机组成部分。劳动者素质在经济发展中重要性的提升对人力资源服务业提出了更高要求。人力资源服务的功能需要从以优化人力资源配置效率为主转为优化人力资源配置和提升劳动者素质"双轮驱动",需要立足当前经济社会发展对劳动者更高素质的需求,更好发挥其促进就业和流动、赋能劳动力市场的作用。第七次全国人口普查数据显示,中国在人口素质结构上呈现"两升一降"的特点(具有大学文化程度的人口、15 岁及以上人口的平均受教育年限上升,文盲率下降)。人力资源服务最终的落脚点是劳动者。当前和未来一段时期,可以清晰地看到,人力资源服务对象的质量将逐步提高,人力资源服务业提高配置效率的条件更好。然而,现实中,不少用人单位并未充分适应人才高地建设实际,人为加码设置壁垒,比如招聘存在的年龄歧视问题。对此,有专家指出,用人单位在招聘时如此设置年龄红线,违背了劳动者平等就业、充分就业的权利。同时,在当前人口红利逐步消失、人口日益老龄化的背景下,设置 30 岁歧视性招聘行为不利于社会人力资源的合理开发和充分利用。要打破就业年龄门槛,不仅需要从法律上加大就业年龄歧视问题的巡视与举报处罚力度,同时要提高企业对于 30 岁以上求职者特殊价值的认识与使用。人力资源服务业也应提高相应的服务、技术含量与质量。一方面让公司在招聘环节及时充分了解到所招聘岗位的核心需求以及求职者的经验与胜任力特点,增加企业用人的信心与底气,帮助企业敢用 30 岁以上的人,用好 30 岁以上的人,不再拒绝30 岁以上的求职者;另一方面,也给 30 岁以上的求职者提供职业素质特色、胜任力特点与创新力潜能等资质证明与相关指导,让他们在职场上能够精准求职,不再感到焦虑。[2]

① 《加快建设以实体经济为支撑的现代化产业体系　以人口高质量发展支撑中国式现代化》,《人民日报》2023 年 5 月 6 日。
② 《萧鸣院长接受中国教育电视台采访,畅谈招聘年龄歧视问题的破解之道》,2023年 2 月 10 日,见 https://gbarc.gdufe.edu.cn/2023/0210/c8361a170450/page.htm。

二、人力资源服务业发展的技术亮点

人力资源是国家在数字经济时代获得持续发展的重要基石,在新的时代背景下,如何推动数字化与智能化转型、如何深化跨界融合,已成为人力资源服务业面对未来竞争、实现快速发展的重要内容。利用数字技术赋能,提升人力资源效能,是数字经济时代企业增强核心竞争力、保持可持续发展的重要途径。同时,随着社会数字化的推进,人力资源的服务内容、服务对象、服务过程与服务结果等信息转化成为庞大的数据群,企业管理对数据化处理需求激增。下文将分别对数字化、智能化和跨界融合的内涵、发展、挑战与应对进行分析,探析人力资源服务业的技术亮点。

(一) 数字化的内涵、发展、挑战与应对

对于何为人力资源服务业的数字化,萧鸣政认为指的是相关部门与人员应用与融合新兴信息技术,对于人力资源服务信息、服务内容、服务对象、服务过程与服务结果进行数字化,实现服务业态数字化转型,提高服务效能的过程。[①] 田永坡认为人力资源服务业的数字化发展,可以从数字产业化和产业数字化两个方面加以理解。在数字产业化方面,一些互联网领域的企业开始跨界到人力资源服务行业,研发出了用于人力资源服务的技术和产品,如通过直播带岗,让求职者足不出户就能找到满意的工作;通过线上培训,为劳动者稳岗位、强技能等。在产业数字化方面,众多人力资源服务机构积极利用数字技术为服务创新赋能,如根据数据信息为企业精准"画像",为企业决策提供科学可靠的参考;一些外包业务也迈向"云端",为企业降本增效提供助力等。[②]

近年来,从国家到地方先后出台了一系列政策措施来鼓励数字经济发展,支持相关企业加快实施数字化转型来促进发展。在云计算、大数据、物联网、人工智能和5G为代表的新一代信息和通信技术的推动下,人力资源

---

① 《萧鸣政接受采访对"人力资源服务业数字化"提出相关建议》,2023年2月20日,见 https://news.gdufe.edu.cn/39704。

② 《为人力资源服务业插上数字化翅膀》,《中国劳动保障报》2023年2月15日。

管理也开始进入一个全面感知、可靠传输、智能处理、精准决策的万物智联时代，即以数字化的知识和信息为关键生产要素，以数字技术创新为核心驱动力，以现代信息网络为重要载体，不断提高人力资源管理活动的数字化和智能化水平。[①] 人力资源服务也进行了数字化的探索。比如，作为全球最大的人力资本管理解决方案提供商之一，ADP 公司致力于数字化转型实现更智能、更快地工作，并为其客户节省操作步骤。ADP 定义了四个支柱来推动数字计划：消除人工流程、更智能地工作、更快工作、实现增长，所有这些支柱背后的主要推动力都是"智能自动化"。

在数字化转型的过程中，人力资源服务行业还需要面对一系列问题挑战，主要体现在相关专业人才供给不足、数据资源产权界定与使用不甚规范、相关法律法规有待进一步完善三个方面。[②] 首先，数据隐私和安全问题是数字化转型中的重要考虑因素。人力资源服务涉及大量的个人和企业敏感信息，如个人身份信息、薪酬数据等。其次，数字化转型需要人力资源从业人员具备相关的技术和数字化能力。人力资源从业人员需要具备数据分析、人工智能和数字化工具的应用能力，以更好地理解和应对企业的需求。另外，数字化转型还需要充分考虑企业和员工的接受度和适应能力。一些传统企业可能对数字化转型持保守态度，需要进行充分的沟通和培训，以提高他们对数字化工具和技术的接受度。同时，员工也需要适应数字化工具的使用，以提高工作效率和适应新的工作方式。[③]

基于上述数字化转型的风险与挑战，人力资源服务业数字化高质量发展的着力点应放在加强人力资源服务业信息化基础设施建设，以及充分运用新技术构建智慧型人力资源服务业发展的生态方面。具体包括政府端、市场端、机构端和人员端等四大方面。

政府端和市场端：政府应当加快提升公共服务数字化水平，构建全面覆盖、统一规范的人力资源公共管理服务信息系统，实现数据互通共享。建设和完善流动人员人事档案信息系统和基础信息资源库，推进档案数字

---

① 王涛：《人力资源管理数字化转型：要素、模式与路径》，《中国劳动》2021 年第 6 期。

② 《为人力资源服务业插上数字化翅膀》，《中国劳动保障报》2023 年 2 月 15 日。

③ 《数字化转型是人力资源服务行业的必然趋势》，2023 年 7 月 28 日，见 https://mp.weixin.qq.com/s/53BHBHIw0cPIFFFahGOMAw。

化。建立人力资源市场信息监测机制,定期发布发展报告、急需紧缺人才目录。加强人力资源数据信息安全保障,不断完善数据监测、预警通报、应急处置等机制。推进人力资源市场数字化。推动人力资源服务机构加强大数据、云平台、物联网、SaaS(软件即服务)、区块链等方面的研究应用,研发一批可复制可推广的数字化应用技术。引导人力资源服务机构运用数字化手段,优化再造人力资源服务模式、服务流程、服务方法,提高服务能力。

机构端:推动数字化高端业态发展。鼓励人力资源服务机构通过建立网络服务平台或与互联网平台合作、进行技术资金融合等方式,推动人力资源服务业向互联网领域延伸发展。大力发展个性化网络招聘、人才集群区块链、人力资源服务软件、人力资源数据模型、人力资源智能查询等高端业态,不断提高行业附加值。[①] 数字化技术在人力资源管理过程中的应用需以大量必要硬件为基础,企业需确保相关数字化设备的必要引进升级及安装过程顺利进行,以更好地满足数字化技术实际在人力资源管理工作中运用的需求。具体实施过程中,企业应制定合理的设备升级维护方案,并且需要以数字化技术为基础,完善现有的人力资源工作制度,推出新的政策及管理机制,确保人力资源管理工作具有多元化的基础保障。企业可将数字化技术与培训、招聘及工作绩效等信息相互结合,利用大数据、云计算等技术,建立灵活的人力资源管理方式能够灵活应对实际需求,进而实现人力资源在不同行业领域的有效利用。[②]

人员端:培养和引进数字化转型急需的数字专业人才。数字人才的价值在于对客观世界的数字化及其创造与创新。数字技术在人力资源管理中的应用不仅要做到技术的转型,更要实现相关工作人员理念及思路意识的转变。数字技术与传统人力资源管理工作的结合需要采取新的创新型的工作方式,确保企业人力资源管理能力的提高,充分发挥人力资源的优势。相关人力资源管理的工作人员需从科学且全面的角度分析数字化技术对于企

---

① 《萧鸣政接受采访对"人力资源服务业数字化"提出相关建议》,2023 年 2 月 20 日,见 https://news.gdufe.edu.cn/39704。

② 王敏:《数字技术在新时代人力资源管理中的应用》,《科技管理研究》2021 年第15 期。

业人力资源管理转型的推动力,并且在数字化技术应用之后有效转变自身思维认知,推动调整转型工作的顺利进行,进一步增加数字化技术在人力资源管理工作中的普及速度并降低推广难度。同时,企业需结合自身实际情况制定相关新技术培训计划及学习方式,进一步引导相关部门工作人员形成正确的工作理念及态度。① 那些有着互联网背景的人力资源服务公司,需要在引进 IT 精英加盟人力资源服务行业的同时,从行业内部培养相关人才,突破行业发展瓶颈。此外,高校要扩大人力资源管理与服务、信息技术、商务运营等专业的招生规模,加大技能培训等各类专项行动中数字技术、人力资源管理等方面的内容,整合优化公共培训和市场资源,切实提高教育、培训等各类人才培养资源的使用效率。②

(二) 智能化的内涵、发展、挑战与应对

智能化是以认知为中心,通过机器学习、计算机视觉等智能技术增强、延伸和取代人的智力,提供全新的人机交互模式,进而改善传统产业生产模式,推动技术革新和生产力的提升。③ 人力资源的智能化指的是把经验提炼成模型,通过算法进行计算,再通过数据不断验证和迭代模型的过程。通过这个过程,把人类的经验变成智能,让智能做大批量的高效决策。它不仅突破了人脑的存储和计算能力,更把人类的经验装进模型和算法。所以,有人说人工智能是人类智慧的容器。它存储、管理和加工的数据也更加多元和多维,在 HR 领域除了前面提到的数据以外,可能还会包括员工心理数据、情绪数据等,与之配套的是生态化的组织模式。④

从发展历程上看,人力资源服务最初主要依靠人工,效率低下。到了计算机辅助阶段,随着计算机技术的出现,一些基础的自动化和数据存储变得可能。进入互联网时代,互联网的发展极大地促进了信息的流通,人力资源

---

① 王敏:《数字技术在新时代人力资源管理中的应用》,《科技管理研究》2021 年第 15 期。

② 《为人力资源服务业插上数字化翅膀》,《中国劳动保障报》2023 年 2 月 15 日。

③ 侯建、刘青:《数字经济时代下智能化、科技人力资源与产业转型升级》,《研究与发展管理》2022 年第 5 期。

④ 《人力资源的信息化、数字化和智能化》,2022 年 3 月 3 日,见 https://mp.weixin.qq.com/s/09Z5p3MC0QiwYCVU_4nmmQ。

服务也逐渐转向线上。当前,大数据与云计算标志着数据分析在人力资源中的广泛应用,人工智能和机器学习技术开始广泛应用于人力资源领域,如自动筛选简历、人才匹配、情绪分析等。在人力资源服务业智能化的过程中也产生了一系列问题,比如:(1)数据安全与隐私问题。随着数据越来越多地被应用于人力资源,数据安全和个人隐私成为重要问题。(2)算法偏见问题。如果训练数据本身存在偏见,算法也可能产生偏见。(3)人机关系问题。过度依赖机器可能导致人力资源专业人员的技能退化。(4)成本问题。小型和中型企业可能难以承担高昂的智能化成本。对此,人力资源服务机构可以采用加密、权限控制等手段来保证数据安全;通过第三方进行算法审查,以消除潜在偏见;通过培训和教育,将人力资源专业人员与智能系统更有效地结合,为不同规模的企业提供不同级别和成本的智能化解决方案。

在智能化方面,国内已有多家机构探索积累了举措、经验和模式。比如:(1)瑞人云。瑞人云从传统人力资源服务机构低效率和高财务风险的痛点出发,利用人力资源外包服务最佳流程实践、产品技术与安全保障,攻克了基于全国社保计算和调基补差等多项国家专利,构建了人力资源服务数字化平台护城河。瑞人云利用平台端、企业端、员工端三大端口,可在线完成社保代理、劳务派遣、岗位外包、灵活就业这4大人力资源核心服务,构建完整的人力资源全流程服务外包闭环。(2)人力无忧云平台。人力无忧云平台依托强大的资本及AI、互联网、区块链、大数据等技术,为灵活用工生态链构建出一个互联互通的平台体系。在江西试点运行的人力无忧云平台,不仅实现了工商、税务、人社大数据间的信息共享,建立了数字政务产业链,还对接了政府监管部门的链接端口,可以提供工商注册、税务代征等一站式解决方案。(3)好活灵活用工双创服务平台。好活灵活用工双创服务平台将"企业灵活用工服务平台""新个体双创服务平台""政府大数据监管协同平台""好活团招聘服务平台"集合为一体,通过"云计算加密"信息安全技术的研发,国际前沿的AI、互联网、大数据和区块链等互联网高新技术应用,实现个人一键创业和与用工企业的精准匹配。(4)欧孚SaaS平台。欧孚SaaS平台为企业提供一站式人力资源解决方案,其主要的优势在于降本、易控、增效;其突出亮点有平台可配置、功能松耦合、产品易操作、系统一体化，同时还引入了第三方集成服务。①

（三）跨界融合的内涵、发展、挑战与应对

党的十九大报告提出，要"着力加快建设实体经济、科技创新、现代金融、人力资源协同发展的产业体系"。党的二十大报告也提出要"促进数字经济和实体经济深度融合"。人力资源服务业由此迈开了跨界融合、协同发展新的步伐。传统的人力资源服务业相对独立，是第三方服务机构，与服务对象界限分明。新时代人力资源服务业开始渗入不同行业，跨界融合的趋势进一步加剧。从内涵上看，人力资源服务业的跨界融合指的是在人力资源领域，不同行业、领域之间进行合作、交流和融合的现象。这种跨界融合可以涵盖多个方面，包括但不限于以下几个方面。产业融合：人力资源服务业与其他产业（如科技、金融、医疗等）相互结合，共同开发创新的人力资源管理方法、工具和技术。领域融合：不同领域的专业人士共同参与人力资源项目，为企业提供更全面的人力资源解决方案。技术融合：将先进技术（如人工智能、大数据、云计算等）应用于人力资源管理，提高效率和精确度。创新融合：借鉴其他行业的管理经验和创新思维，推动人力资源服务业的创新发展。文化融合：在跨国公司或不同地区开展人力资源管理时，融合不同文化背景，提供文化适应性的解决方案。

在人力资源服务业与服务机构的跨界融合上，经历了不断发展的历程。早期，人力资源服务主要关注招聘、培训等基础功能，与其他产业关联较少。随着产业的不断发展，人力资源服务逐渐扩展到多个领域，与各种行业合作愈发密切。此后，信息技术的迅速发展促进了人力资源服务业的数字化转型，引入了各种技术手段，从而加强了技术融合。跨界融合逐渐演变为战略合作，人力资源服务企业更倾向于与其他领域的企业深入合作，共同探索创新机会。近年来也出现了一些代表性跨界融合的案例。比如，2022 年 11月，中公教育（公共就业与再就业服务提供商）与阿里巴巴集团签署关于跨

---

① 李世轩：《跨界融合　智慧互联　2020 中国（宁波）人力资源服务创新创业大赛决赛落幕》，《中国人力资源社会保障》2020 年第 12 期。

境电商人才培养的深度合作框架协议,双方基于自身优势,建立长期稳定的合作伙伴关系。中公教育将联合阿里巴巴国际站在 2023 年计划培训 20 万跨境电商人才,五年内计划培养人数超过 200 万,旨在为阿里巴巴国际站 B 类活跃企业输出适应新形势的专业化人才,为国内国际跨境电商人才培养探索新路径、新标准、新方向。据悉,跨境电商企业亟须能够贯通多个领域的"理论+实操"的复合型人才,特别是供应链管理、国际物流、数据分析和市场营销等跨专业交叉知识的高技能人才。[1]

目前,人力资源服务跨界融合仍存在一些问题,比如:(1)专业性问题。跨界融合可能导致涉及人力资源的非专业企业缺乏深入的人力资源知识,影响服务质量。(2)文化差异。不同行业有不同的文化和价值观,如何在跨界合作中融合文化,使管理方案更具适应性是挑战之一。(3)法律法规。不同行业的法律法规不同,跨界融合可能涉及法律合规问题。(4)信息安全。在技术融合中,涉及大量敏感信息,信息安全问题需要高度重视。对此,可以从专业培训、合作协议、文化融合、技术保障与监管机制等方面应对。比如,针对非人力资源企业,提供人力资源管理的专业培训,提升其人力资源能力;在跨界合作中,明确合作各方的权利和义务,防范潜在的法律风险;引入跨文化管理专业人才,帮助不同文化融合,促进合作的顺利进行;在技术融合中,加强信息安全措施,保护客户隐私;政府可以出台相关政策,规范跨界融合的行为,促进健康发展。对于跨界融合,安徽省人力资源服务企业积极转换思路,找准不同的细分市场,对接不同行业,开拓服务领域和市场空间。一方面,开拓业务领域,实现跨界融合,如在常规服务的基础上,提供法律咨询、企业管理等相关服务。另一方面,进入不同的行业领域,实现产业融合,如进军养老服务领域,为养老服务企业提供人力资源服务。通过产业融合,整合相关资源,使人力资源服务企业与所服务企业无缝衔接,实现业务的多元化。[2]

---

[1] 《中公教育与阿里巴巴国际站签署跨境电商人才培养协议》,2022 年 11 月 21 日,见 http://www.offcn.com/news/2022/1121/8485.html。

[2] 王凤鸣:《新时代背景下安徽省人力资源服务企业发展路径研究》,《河北企业》2021 年第 7 期。

三、人力资源服务业发展的基本趋势

2022 年 12 月印发的《人力资源服务业创新发展行动计划（2023—2025 年）》从培育壮大市场主体、强化服务发展作用、建强集聚发展平台、增强创新发展动能、提升开放发展水平、夯实行业发展基础、营造良好发展环境等 7 个方面对如何高质量建设人力资源服务业，实现行业创新发展提出了 18 条具体举措。有研究对人力资源服务业的重要发展方向进行梳理，提出 9 大趋势的判断：行业规模将进一步增大、后疫情时代带来的大变局、人才匹配需求更加旺盛、人力资源服务向高知识含量的专业化发展、人力资源服务业品牌建设受到重视、数字化和信息化服务正成为核心竞争力、市场细分和产业结构优化进一步升级、我国人力资源服务业国际化进程提速、灵活用工业务模式发展迅速。① 下文将重点围绕相关政策布局，概述 2022—2023 年度人力资源服务业发展呈现出的规范化发展、国际化发展和体系化发展三大突出趋势。

（一）规范化发展

当前，人力资源市场秩序总体平稳有序，绝大多数人力资源服务机构能够诚信服务、规范经营，为促进劳动者就业、保障企业用工、优化人力资源流动配置提供了有力支撑。同时，随着市场主体数量快速增长，市场活动形式日益多样，非法职介、虚假招聘、泄露个人信息、违规收费等损害劳动者权益问题时有发生，亟须通过立法等手段进一步加强人力资源服务机构管理，规范人力资源服务活动。在此背景下，2023 年 6 月，人社部出台《人力资源服务机构管理规定》，对主要人力资源服务活动、日常服务方式进行了系统规范，并确定了相关法律责任，重点规范了加强招聘服务管理、明确服务禁止行为、强化个人信息保护、规范服务收费和公平竞争、规范其他相关服务活动。《规定》进一步规范了日常检查、信用管理、社会监督等管理手段，首次

---

① 《2023 年，一文看清人力资源服务业 9 大趋势》，2023 年 5 月 5 日，见 https://mp.weixin.qq.com/s/b56WMVbDkuJNWVnK3GKZTA。

对确定管辖权、撤销注销许可、加强部门协同等方面作出明确规定,构建了事前审批与事后监管有机结合、部门联动与各方协同凝聚合力的综合管理体系。具体关联举措包括:完善监督检查方式、确定管辖权划分、健全事中事后监管机制、明确撤销注销许可情形及程序。① 有观点认为,《规定》的颁布与实施的主要亮点包括:明确了"公平竞争"原则、建立了"规范管理"机制、整治了"人力资源服务外包"的乱象、确定了三类监管机制、禁止了"十类"违法违规行为、提高了"个人信息保护"要求。综上,《规定》明确了人力资源服务机构的业务范畴:职业介绍服务、劳务派遣服务、人力资源外包服务;规范了行业中的管理与业务问题,为行业的健康发展指明了方向;同时,引入了行业公平竞争的原则,有利于促进行业的价格秩序,促进行业的高质量发展。②

2023 年 7 月,人社部办公厅印发做好《人力资源服务机构管理规定》贯彻实施工作的通知,再次强调要依法做好人力资源服务行政许可和备案、切实提升人力资源服务规范化水平、坚持规范管理和促进发展有机结合。总的看,《规定》及其实施通知是健全人力资源市场法规体系、规范人力资源服务机构及相关活动的重要举措,对推进高标准人力资源市场体系建设、维护劳动者和人力资源服务机构等市场主体合法权益、促进高质量充分就业和优化人力资源流动配置具有重要作用。在 2022—2023 年度,人社部办公厅还出台了进一步加强人力资源市场现场招聘会安全管理工作的通知、进一步做好人力资源服务许可告知承诺制工作的通知。人社部政策文件库(http://www.mohrss.gov.cn/xxgk2020/zcwjk/)所列的本年度 8 份文件,与规范化发展相关的就有 4 份,占到一半,充分体现了国家对人力资源服务业规范化发展的重视。除了国家层面的规范化发展,各地区也进行了探索。比如,2023 年 2 月,《人力资源服务机构等级评价体系》团体标准发布,成为行业中全国首个团体标准。该标准由广东省人才交流协会牵头发起,在相关职能部门的指导下,组织全国 23 家人力资源服务机构和 5 所高等院校的有

---

① 《人社部人力资源流动管理司负责人就〈人力资源服务机构管理规定〉答记者问》,2023 年 7 月 30 日,见 https://www.gov.cn/zhengce/202307/content_6895467.htm。

② 《规范:人力资源服务业的本质与价值回归》,2023 年 8 月 2 日,见 https://mp.weixin.qq.com/s/1zh01IGLFChRwQbZclSI6g。

关专家及 11 个地级以上市人才服务协会,共同研究起草。该评价体系采取团体标准加第三方认证模式,包含 9 个一级指标、37 个二级指标、98 个三级指标,采用打分制,总分定为 1000 分,从高到低分为 5A、4A、3A、2A、1A 等不同等级。标准全面规范了人力资源服务机构评定工作,明确了机构资质及从业人员要求、等级划分与评定程序、评定指标分值设置与计分方法等。重点考察机构的服务质量和经济效益,创新性地设置了党建加分、社会公益加分等内容,强调评审工作的程序性、规范性和科学性,提供了具体可操作的行动指南,帮助人力资源服务机构等级划分与评定组织部门便捷、高效、规范开展评定工作,对于规范人力资源服务机构及从业人员行为,引领推动大湾区乃至全国人力资源服务机构标准化建设具有重要意义。[①]

（二）国际化发展

在加快建设世界重要人才中心和创新高地,推动"一带一路"建设高质量发展,以及深度参与全球产业分工和合作过程中,中国人力资源服务业需要持续提升其国际化服务能力,将中国人力资源服务产业生态与国际惯例、行业标准和人才环境相互融通对接,持续提升中国人力资源服务机构在全球行业中的品牌影响力、市场占有率和资源整合能力。人力资源市场对外合作交流有序推进,对外开放水平不断提高。一批国际知名的人力资源服务机构纷纷进入中国市场并取得快速发展,在猎头、管理咨询、外包等高端服务业态中提供优质服务。同时,我国人力资源服务机构积极"走出去",参与国际人才交流与合作,探索在海外设立分支机构,布局全球服务网络,有些已经在国外挂牌上市,人力资源市场开放程度不断深化,开放水平不断提高。[②]

2022 年 12 月印发的《人力资源服务业创新发展行动计划（2023—2025年)》也对提升开放发展水平作了部署,提出了推进更高水平对外开放、发展人力资源服务贸易等举措。其中要求进一步贯彻外商投资法及实施条

---

① 《全国首个! 广东发布人力资源服务机构行业团体标准》,2023 年 2 月 22 日,见 https://www.clssn.com/2023/02/22/wap_9914692.html。

② 侯增艳:《我国人力资源服务出口基地现状与路径研究》,2022 年 7 月 21 日,见 http://www.calss.net.cn/publish/laokeyuan/pages/zhuanjiashidian/44068de40d504647879a8167fe99c8f0-pc_3.html。

例,落实人力资源服务领域外商投资国民待遇,持续优化市场化法治化国际化营商环境。依托我国超大规模人力资源市场优势,积极引进我国市场急需的海外优质人力资源服务企业、项目和技术。推动保障外资企业平等参与人力资源服务领域政府采购、标准制定。加强国际交流合作,积极参与人力资源领域国际规则和技术标准制定。开展"一带一路"人力资源服务行动,支持国内人力资源服务企业在共建"一带一路"国家设立研发中心和分支机构。在"一带一路"国际合作高峰论坛框架下举办人力资源服务业国际合作论坛。高质量建设人力资源服务出口基地,培育发展人力资源服务贸易新业态新模式。依托中国中小企业发展促进中心、企业跨境贸易投资法律综合支援平台,为人力资源服务企业"走出去"提供跨境磋商、法律政策咨询、商务考察、案件应对等服务。

近年来,我国积极贯彻落实外商投资法,取消了人力资源服务业外资准入限制,简化审批程序,外商投资人力资源服务业营商环境不断优化,人力资源服务业开放水平不断提升。从 2020 年起,人力资源服务业已三次亮相中国国际服务贸易交易会。中国人力资源服务业的国际化发展近年来集中体现在"出口基地"的打造上。2022 年 3 月,人力资源和社会保障部、商务部联合认定中国北京人力资源服务产业园朝阳园等 12 家园区为首批国家人力资源服务领域特色服务出口基地。为了更好推进出口基地建设,2023 年 4 月,首届人力资源服务国际贸易交流合作大会,青岛基地代表首批 12 家基地发布了推进人力资源服务国际贸易高质量发展青岛倡议。重庆产业园联合亚太人才服务研究院共同开办人力资源服务国际贸易人才高级研修班;免费为基地企业开展"RCEP 政策及实务"线上系列培训班,帮助涉欧、涉外业务企业用好 RCEP 政策,拓展贸易空间;研究院还加快推进"人力资源服务出口基地统计体系及建设运营课题"研究工作。总的看,建设国家人力资源服务出口基地是推动我国人力资源服务业进一步开放发展的创新举措,有利于加快培育对外贸易新业态新模式,加快形成人力资源服务领域国际竞争新优势。人力资源服务出口基地以产业园建设为载体,持续拓展业务范围,人力资源服务贸易业务逐步向新兴业态发展,支持"互联网 + 人力资源服务"贸易新业态创新,并逐步向"一带一路"沿线国家及全球延伸。完善多元化公共服务平台,开辟国际人力资源服务专区和海外人才市场,提供政策指导、信息发布、招才引智、创新创业、业务对接等一站式服务,成为人力资源服务对外开放的新风向。①

对于如何更好推进人力资源服务的国际化发展,田永坡认为:一是加大专业化人才培养,综合利用教育、人社等部门的人才培养资源,扩大人力资源管理专业和关联专业的招生规模,在各类继续教育、职业培训中扩大相关职业从业人员的培训力度,引导各类市场主体和组织开展相关专业培训,扩大国际化人力资源服务从业人员的供给规模。二是建立健全与人力资源服务贸易相关的商务、贸易、劳动等法律的双边或者多边合作机制,打造人力资源与各类经济活动协同开放、协同推进的国际法律法规合作体系,为人力资源服务贸易打造相对顺畅的制度环境。三是加强人力资源服务出口基地、服贸会等载体建设,鼓励各人力资源服务出口基地根据本地区实际情况开展探索,建立人力资源服务出口基地之间的交流合作机制;依托服贸会这一国家级载体,进一步提升服贸会在人力资源服务宣传、交流乃至交易方面的作用。四是切实发挥人力资源、商务、科技等领域行业协会积极性,加强不同协会之间、协会会员之间的交流和合作,鼓励不同国家、地区人力资源服务及相关机构依托各类商务、人力资源、文化论坛、博览会等开展跨国交流合作。②

（三）体系化发展

近年来,国家针对人力资源服务业的发展出台了一系列政策法规,已形成从宏观到维度、从全局到领域的发展体系。比如,2021年11月,人力资源和社会保障部、国家发展改革委、财政部、商务部和市场监管总局联合发布了《关于推进新时代人力资源服务业高质量发展的意见》,提出以提高人力资源要素配置效率为导向、以培育壮大人力资源服务力量为抓手、以建设高标准人力资源市场体系为目标,加快构建中国特色的人力资源服务产业体系的总体要求,明确了行业规模不断扩大、服务能力持续增强、发展水平显著提升、市场环境日益优化的发展目标,针对实现总体要求和发展目标部署了五大重

---

① 侯增艳:《我国人力资源服务出口基地现状与路径研究》,《人力资源服务》2022年第5期。
② 田永坡:《服务贸易助推人力资源服务领域更高水平的开放》,《中国劳动保障报》2022年9月20日。

点任务和六方面政策举措。此后,关于人力资源服务业高质量发展的地方版本不断出台。2022 年 12 月《人力资源服务业创新发展行动计划(2023—2025年)》,进一步明确了新时期人力资源服务业市场主体的引导方向、机构的重点工作任务和创新发展机遇、产业环境建设的功能定位和总体要求、行业从业者职业标准和规范的建设目标以及有关行业规制和培育的政策调整趋势。

　　杨伟国认为,从产业体系建设的基本要素出发,优质高效的人力资源服务业新体系必须是业务属性、重大需求和创新发展三位一体的新体系,这也是党和国家对人力资源服务业高质量发展的要求。具体看:(1)基于业务属性的人力资源服务业新体系体现在基于人力资本供给者的需求形成全生命周期服务体系、基于人力资本需求者的需求形成全价值流程服务体系、基于人力资源服务者的需求形成全领域协同服务体系。(2)基于重大需求的人力资源服务业新体系,包括回应深入实施人才强国战略构建人才服务体系、回应增进民生福祉构建就业服务体系和回应建设高素质干部队伍构建领导力服务体系。(3)基于创新发展的人力资源服务业新体系要在更加元素化、更加专业化、更加科技化、更加市场化等方面精准发力。[①] 加快推进高标准人力资源市场体系建设,促进高质量充分就业,需要做好如下工作:完善市场法规政策体系。制定出台人力资源服务机构管理规定等部门规章,加快人力资源服务标准化建设,制定网络招聘服务规范、人力资源服务机构诚信评价规范等行业标准。增强人力资源供求匹配效能。持续举办国聘行动、高校毕业生就业服务周等专项招聘活动,引领带动更多的市场化就业服务活动,充分发挥人力资源市场作用,促进求职招聘信息对接,加强市场分析监测,提高供求匹配效率。推动人力资源服务业发展。实施好人力资源服务业创新发展行动计划,推介遴选人力资源服务机构高质量发展典型案例。强化市场规范管理。建立探索人力资源市场信用管理等新型监管模式,完善诚信激励和失信惩戒机制,深入开展清理整顿人力资源市场秩序专项执法行动,打击各类违法违规行为,更好维护劳动者合法权益。[②] 2023

──────────

　　① 杨伟国:《构建优质高效的人力资源服务业新体系》,《人力资源服务》2023 年第 2 期。

　　② 《1—3 月全国城镇新增就业 297 万人　同比增加 12 万人》,2023 年 4 月 25 日,见 https://www.gov.cn/lianbo/2023-04-25/content_5753055.htm。

年11月,第二届全国人力资源服务业发展大会在广东深圳成功举办。本届大会由人力资源和社会保障部、广东省人民政府共同主办,以"激发人力资源动能,汇聚强国建设力量"为主题,设置四项重点活动。一是人力资源服务业高质量发展研讨活动,交流新发展格局下行业发展的机遇和挑战,展望未来趋势,开展对话交流。二是人力资源服务供需洽谈对接和展示活动,组织优质项目在大会期间签约,设置行业发展成就展,为创新技术成果、优秀产品提供交流合作平台。三是人力资源服务创新创业和技能大赛,面向全行业征集人力资源服务创新创业项目、技术和产品,组织金融机构开展投融资洽谈;举办粤港澳大湾区人力资源服务技能大赛,提升行业人才队伍专业化、职业化水平。四是粤港澳大湾区青年人才招聘活动,组织粤港澳大湾区重点企事业单位、人力资源服务龙头企业,面向高校毕业生及海外留学生等举办招聘活动,促进供需对接。

体系化发展除了产业体系,还包括区域体系。区域经济发展是我国经济发展中的一个重要课题,国家出台了一系列区域经济社会发展战略并在多个维度加以推进。人力资源作为经济社会发展重要推动因素,也需要区域间的合作,人力资源服务作为推动人力资源工作、促进就业和人才开发的重要力量,在不同层级、不同维度开展区域间的合作,也是题中应有之义。人力资源服务机构作为市场主体,是人力资源服务区域合作重要的组成部分,是开展人力资源服务区域合作的一线力量。在区域合作中,一些人力资源服务机构通过跨地区合资、兼并等形式开展合作,实现优势互补、市场共享。中智、国投人力、北京外服等较大型人力资源服务机构利用自身优势,或通过跨区域成立分支机构,或通过与其他地区合资成立新的经营主体等方式,积极开展区域合作。引导人力资源服务机构更好发挥作用,要坚持开放的思维和胸怀,充分发挥有效市场和有为政府作用,以建设统一大市场为引领,消除市场运行的不合理壁垒,畅通各类市场要素特别是人才资源流动渠道,为各类人力资源服务机构搭建合作平台。① 有相关研究指出,我国人力资源服务业区域发展水平仍存在东中西的显著差异,要加强区域合作,发

---

① 《让区域性人力资源服务协作迸发新活力》,2023年5月29日,见 https://www.clssn.com/2023/05/29/wap_9918043.html。

挥联动优势,构建统一、协同的全国人力资源服务大市场。2023 年 3 月,北京大学人力资源开发与研究中心发布的蓝皮书显示,广东省、北京市、上海市、江苏省、浙江省与山东省评价为 A 级,荣获"年度全国人力资源服务业发展前六强";湖北省、海南省、贵州省、四川省、黑龙江省、甘肃省与吉林省人力资源服务业发展取得显著成效,荣获"年度发展进步评价前七强",其中湖北省、海南省、贵州省等荣获"年度全国人力资源服务业发展进步标杆地区";广东省、江苏省、北京市、上海市、浙江省、山东省、四川省、福建省、河南省与天津市荣获"年度全国人力资源服务业发展环境评价前十强";广东省、上海市、北京市、江苏省、浙江省、福建省、天津市、山东省、重庆市与湖北省荣获"年度全国人力资源服务业发展潜力评价前十强"。① 虽然发展靠前的省份主要是经济发达的东部地区,但诸如海南、重庆等地也显示强劲的发展潜力,体现了全国不同地区行业发展的体系化与协同性。党的二十大报告提出,推动西部大开发形成新格局,推动东北全面振兴取得新突破,促进中部地区加快崛起,鼓励东部地区加快推进现代化。推进京津冀协同发展、长江经济带发展、长三角一体化发展,推动黄河流域生态保护和高质量发展。高标准、高质量建设雄安新区,推动成渝地区双城经济圈建设。区域性人力资源领域的合作发展,可以依托上述国家布局,寻找合作的契合点和发展方向。具体而言,一是要着眼区域经济社会发展对人才的需求和区域人力资源禀赋,从供需两个方面,以提高劳动者和岗位的匹配度为目标,积极开展相关服务的合作;二是激发各类人力资源服务机构和技术研发主体的活力,形成若干人力资源服务技术创新的集聚地,以科技创新推进人力资源服务创新;三是引导人力资源服务行业协会、机构等在行业自律、诚信经营中的积极作用,发挥大型机构的示范作用,以高标准区域合作提高行业发展质量。②

---

① 《2023 年中国人力资源服务业发展战略高端论坛在渝举办》,2023 年 3 月 31 日,见 https://www.clssn.com/2023/03/31/wap_9916388.html。

② 《让区域性人力资源服务协作迸发新活力》,2023 年 5 月 29 日,见 https://www.clssn.com/2023/05/29/wap_9918043.html。

第三章　2023年度人力资源服务业
先进经验与案例

【内容提要】

湖北省兴鸿翔人力资源开发有限公司，荣获2023年度湖北省人力资源服务业创新创业大赛的特等奖。该公司是一家从基层成长起来的地方人力资源服务业杰出代表，在20年的发展历程中，在平凡的地市与平凡的行业创造了不平凡的业绩。从传统的"职业介绍"与"找工作"开始，到成为湖北省专业化的人力资源服务品牌机构，从襄阳市的先进机构到覆盖湖北省面向全国发展的战略性人力资源服务企业，成为全国百家诚信服务先进机构、湖北省人力资源服务业创新创业大赛的特等奖获得者，这在乡村振兴战略与中国式现代化建设战略全面实施的今天，对于广大中小型人力资源服务业机构的创新发展，更具典型性与示范性。

Chapter 3　Advanced Experience and Cases of
Human Resource Service Industry
in 2023

【Abstract】

Hubei Xinghongxiang Human Resource Development Co., Ltd. won the special prize of 2023 Hubei Human Resource Service Industry Innovation and Entrepreneurship Competition. It is an outstanding representative of local human resource service industry which is located at the grassroots level. In its 20 years of development, the company has created extraordinary results in ordinary cities and ordinary industries. Based on the traditional "job introduction" and "job search", it has become a professional human resources service brand in Hubei Province; From an advanced institution in Xiangyang City to a strategic human resource service enterprise covering Hubei province and facing the national development, it has become a national hundred advanced institution of honest service and a grand prize winner in the Innovation and Entrepreneurship Competition of Human Resource Service Industry in Hubei Province. Today, with the comprehensive implementation of the rural revitalization strategy and the Chinese-style modernization strategy, the company's practice is more typical and exemplary for the innovative development of the vast number of small and medium-sized human resources service industry institutions.

湖北省兴鸿翔人力资源开发有限公司(以下简称"兴鸿翔公司"),荣获2023年度湖北省人力资源服务业创新创业大赛的特等奖,是一家从基层成长起来的地方人力资源服务业杰出代表,为中国基层广大的人力资源服务业机构如何服务基层需要、面向全国发展树立了榜样,具有显著的地方特色、先进的开发理念与良好的示范典型。

一、湖北省兴鸿翔人力资源开发有限公司的发展与理念

(一) 企业概况

湖北省兴鸿翔人力资源开发有限公司于2004年11月18日在襄阳市工商行政管理局登记注册,是襄阳首批专业从事人力资源开发服务的公司之一。公司现有12家分公司、下辖6家子公司。公司现有员工近130人,大专及以上学历占95%以上。

公司自成立以来累计服务人员50万余人次,服务省内外包括580多家国企央企、130余家政府机关在内的各类企业共计9600余家,服务对象行业涉及政府机关、教育、能源、交通、金融保险、餐饮、电子通信、航空航天、石油化工、工程建筑、警察、电视媒体、司法、医疗服务、银行、邮政快递、运输、机械制造、咨询服务、汽车制造、食品加工、珠宝、贸易批发等20余个行业。

经过近 20 年发展,公司建立了一整套成熟、完善的管理、服务流程体系,目前已发展成为襄阳人力资源服务行业的龙头企业,是国家级"守合同重信用"获评企业,也是襄阳唯一一家获得国家人力资源和社会保障部授予的"全国人力资源诚信服务示范机构"。

(二) 企业创立背景及发展目标

公司自成立之初,创始人便奠定了"以人为本、诚信经营、服务客户、服务员工、真诚负责到永远"的经营理念,后明确了立足湖北辐射全国,为打造成为全省乃至全国一流的人力资源强企而不懈努力的发展目标。春秋 20 载,兴鸿翔始终以"诚信胜金、服务至上"的核心价值观,竭力维护客户单位和派遣员工、外包服务员工的合法权益,致力于做对社会有贡献的人力资源服务企业。

20 世纪 90 年代初我国市场经济体制逐渐完善,经济发展进入快车道,变革带来发展,也带来了巨大的就业环境变化和压力,同时激发了人力资源服务行业巨大的发展动力。2000 年中国正式实施"人才强国"战略,人力资源服务业成为关键支柱型领域之一,湖北省及襄阳市出台系列政策及措施吸引人才及企业来本地发展,为襄阳人力资源行业带来了发展的契机。

自 2004 年兴鸿翔公司成立以来,紧密围绕"人才强省、人才强市"战略,以"人才驱动产业发展吸引人才集聚"为发展指引,从劳务派遣单一业务到如今已形成了完整的人力资源服务业务链形态。20 年间,兴鸿翔从零起步到今天成为地区行业翘首,得益于省、市政府的坚强领导与扶持、客户的信任、员工的鼎力相持,未来,兴鸿翔将继续砥砺前行发挥行业示范引领作用。

(三) 企业发展历程

1. 兴鸿翔的起源

从零起步,坚定信念。20 世纪 90 年代初,改革开放以后,我国人力资源服务行业进入快速发展期,自 1994 年国务院批准设立首批人力资源服务机构到 2019 年人力资源服务业产值达到 9158 亿元,其中不仅有市场观念的转变,也见证了从原有传统观念中的"找工作"到接受"人力资源服务"这一专门行业的发展历程。2004年11月,襄阳市兴鸿翔人力资源开发有限公司在襄阳市工商管理局登记注册,在几间租赁的办公室中正式启动了襄阳地区的人力资源服务,是当时地区内较早成立的专业人力资源服务公司之一。在襄阳及周边地区,当时人们对人力资源公司的认知还建立在"职介所"的范畴,而兴鸿翔的创始人已敏锐地意识到"人才、人力资源服务"将是大有可为的行业,行业的"蓝海时代"正在快速到来,坚定地要走"专业化、品质化的人力资源服务"路线。

2008年是兴鸿翔发展历史上重要的一年,随着湖北省、襄阳市"人才强省、人才强市"战略及相关规划的出台,国家"中部崛起""中部地区逐步承接长三角产业"等战略的提出,大量劳动密集型、电子信息及汽车、能源等高端产业进入湖北、襄阳之际,兴鸿翔凭借专业、丰富的服务内容积累了一批初始的品牌客户,且公司50%以上工作人员已具备专业资质。自此,兴鸿翔在地区行业内已初步奠定了"专业服务机构"的品牌基础,也立志要为本地区及周边有需要的企业及人才搭建一个"诚信、便捷、专业"的供需桥梁,并坚信在湖北省及襄阳市委、市政府的领导下,人力资源服务行业定会步入发展快车道。

2. 兴鸿翔的探索与发展

保持初心,从有到强。随着湖北省及襄阳市产业经济的不断发展,兴鸿翔公司在这一时期展开了大量的劳务派遣业务,客户品质不断提升,从政府机关单位到本地区大型、知名企业均有覆盖,这得益于公司在发展初期坚持走"专业、品牌"路线的结果。2014年,我国劳动力市场管理条例对劳务派遣进行了重大调整,调整后,劳务派遣只能作为用人单位临时性、辅助性、替代性的劳动力服务。这一政策的出台,对行业内劳务派遣业务产生了重大影响。但兴鸿翔自成立便聚焦"专业人力资源服务"而非只有"劳务派遣",并且在通过服务客户的过程中,结合行业环境发展变化及区域优势,不断探索行业服务发展模式,学习先进经验,总结建立了一整套人力资源服务路径,"劳务外包、档案管理"业务已并驾齐驱,与兴鸿翔公司其他业务形成了多项优势发展业务,包括人才招聘、劳务外包、劳务派遣、人力资源外包、人力资源开发培训、劳动保障事务代理、档案库房设计与管理、档案管理、档案数字化加工、档案修裱、档案消毒、档案业务咨询等。在业务得到飞速发展的同时，公司不断完善治理结构，根据业务发展及布局，先后建立8个部门，并于2009年、2011年分别成立党支部、工会。

2014年，经过十年的发展，湖北省兴鸿翔人力资源开发有限公司在本地区行业内已具有一定知名度且拥有较高的市场占有率，公司专业服务团队已发展至近50人，地区人力资源行业也已进入蓬勃辉煌的发展时期。但兴鸿翔创始人并未满足于眼前取得的成就，纵观国家及行业的发展，人力资源行业必定会随着国家的发展迎来黄金发展期，兴鸿翔创始人不拘眼前、布局未来，确立以襄阳为基础，立足湖北辐射全国打造全国一流人力资源服务企业的目标。自2012年开始至2022年间在武汉、襄阳及周边县市区设立12家分公司，至此，兴鸿翔开始全面拓展面向全国的人力资源服务，2014年这一年，襄阳兴鸿翔也正式更名为湖北省兴鸿翔人力资源开发有限公司。

3. 兴鸿翔的创新与未来

科学布局，行业引领。2021年，兴鸿翔公司总部迁至襄阳市兴鸿翔人力资源产业园，公司自有园区4000余平米，分设30多个多功能办公区域，拥有员工近130人，服务客户600余家。截至2022年底，兴鸿翔公司旗下共有武汉、随州、十堰、恩施等12家分公司；同时根据公司业务链布局行业产业链，分别于2015年2月成立湖北省兴鸿翔物业服务有限公司，2017年5月成立湖北省兴鸿翔餐饮管理有限责任公司，2020年1月成立襄阳市兴鸿翔人才服务有限公司，2020年11月成立湖北省兴鸿翔医疗器械有限公司，2021年5月襄阳市退役军人就业创业园地在湖北省兴鸿翔人力资源服务公司挂牌成立。

兴鸿翔在专业化、品牌化的发展道路上已日臻成熟，除了专注于人力资源服务类业务外，已向上、下游产业延伸，逐步走向集团化的发展，服务内容更加多元化，希望在顺应市场发展的同时，能够逐渐引领和推动行业的发展。至此公司业务已全面升级拓展，包括劳务派遣、劳务外包、人力资源业务外包、人才招聘、技能培训、档案管理及数字化加工、集中配餐、会议及布展服务、创新创业服务、就业指导、就业创业平台搭建运营、医疗器械研发销售、物业管理等。

时至今日，兴鸿翔无论是经营规模、管理水平还是服务质量等综合实力，在同行业中均处于前列，但兴鸿翔从未停下前进的脚步，2019年被湖北省人社厅授予"湖北省人力资源服务业领军企业"。为推动地区行业发展，发挥兴鸿翔引领示范企业的作用，2021年11月由兴鸿翔公司发起的襄阳市人力资源行业协会正式成立，标志着襄阳人力资源行业步入了规范化、制度化、专业化的发展轨道。

数字赋能，创新卓越。在公司不断向前的进程中，始终具有强烈的行业危机感和竞争意识，是兴鸿翔保持核心竞争力的重要法宝。紧跟时代发展，与时俱进，有改革创新的魄力，有坚定必胜的信心，才能不断超越，保持行业领先。随着行业环境、产业结构的迭代，人力资源行业在经历了最初的蓬勃期，行业已发生了翻天覆地的变化。新时代对人力资源服务行业提出了更高的要求，信息化、数字化的改革创新浪潮席卷各大行业。基于兴鸿翔的市场占有率及客户数量、质量的优势，在公司发展早期业务量快速增长时，就已敏锐察觉到简单地将客户及服务信息、数据等录入电子表格已越来越难以匹配人力资源服务，大量的信息、数据重复录入效率低下、失误率高，且无法从中获取有效的企业及行业、客户的发展信息和有价值的公司经营分析数据。

鉴于此，兴鸿翔公司自成立开始，率先在地区行业内进行内部业务信息化、数字化的研发，并逐年加大研发投入。目前，兴鸿翔已自主研发2套数字化业务软件系统，2022年时，兴鸿翔人力资源管理系统已迭代至3.0版本，系统涵盖客户单位合作信息、协议签订、社保管理、公积金管理、员工入离职管理、员工协议到期及续期管理、财务管理、统计分析等。

2023年，为全面实现公司经营管理数字化转型，公司投入近600万资金，打造人才招聘AI系统，升级兴鸿翔人力资源管理系统云上4.0版本。自此，湖北省兴鸿翔人力资源开发有限公司成为地区业内首家实现客户单位—员工服务—企业经营全流程数字化闭环管理的公司，也标志着兴鸿翔由初代的传统信息化管理全面迈入数字化、科学化管理阶段。

（四）企业成就与荣誉

兴鸿翔公司是襄阳市人力资源行业协会会长单位、湖北省人力资源行业协会理事单位，也是目前襄阳唯一一家获国家人力资源和社会保障部授予的"全国人力资源诚信服务示范机构"，并获得了湖北省首届人力资源服务创新创业大赛特等奖。奋进逐梦二十载,兴鸿翔从零至一,逐步发展壮大成为地区龙头标杆企业,公司经营服务、党团组织建设、工会工作得到了社会各界的广泛赞誉和各级党委、政府的充分肯定,同行业的认可,更获得了国家级、省、市、区级荣誉近50项。

自2013年始,公司连续三届被国家工商行政管理总局授予"守合同重信用"企业,2018年被湖北省工商行政管理局授予"守合同重信用"企业;2019年,公司被湖北省人力资源和社会保障厅、湖北省总工会、湖北省企业联合会、湖北省企业家协会和湖北省工商业联合会认定为"2018年度湖北省劳动保障诚信示范单位";2020年,公司被湖北省人力资源和社会保障厅认定为"2019年度湖北省人力资源服务业领军企业",同年被湖北省市场监督管理局授予"湖北省守合同重信用"企业;2022年,公司被湖北省人力资源和社会保障厅认定为"2021年度湖北省人力资源诚信服务示范机构",同年被湖北省市场监督管理局授予"守合同重信用"企业。2019年公司营业收入15.6亿元,2020年公司营业收入15.9亿元,2021年公司营业收入16.9亿元,2022年公司营业收入达18.5亿元。截至2022年末,兴鸿翔已连续4年实现营业收入连年增长,2020年疫情至今累计纳税过亿元。

除了专注于自身发展、积极探索行业发展新路径外,兴鸿翔一直保持"开放、包容、交流、纳新、融合"的胸怀积极推进同行业共同发展,助力地区人力资源行业的高质量发展。2019年承办由湖北省人才服务局及省人力资源服务行业协会主办的"湖北省第34期人才服务业发展沙龙",来自全省知名制造业及人力资源机构的180多名代表及负责人参加了此次活动。2023年参加由湖北省人力资源和社会保障厅、襄阳市人民政府主办的"人力资源服务创新创业大赛",获得特等奖荣誉。

现如今兴鸿翔公司不仅是区域内知名人力资源服务机构,更是地区行业先进企业及对外行业形象的代表之一。2018年由湖北省政府批准,省人力资源和社会保障厅主办的湖北人力资源就业创业博览会,兴鸿翔公司作为襄阳地区的特展机构受邀参加。2021年全国人力资源服务业发展大会,公司代表湖北省人力资源强企受邀参与,备受关注,相关与会领导对兴鸿翔的发展及成绩给予高度肯定。

二、主要业务板块与特色

兴鸿翔公司致力于打造人力资源服务生态产业链,为各类用人单位和社会人才提供劳务派遣及人力资源外包、人力资源招聘、人力资源培训咨询、档案整理加工及信息化服务、餐饮配送服务、会议及布展服务、创新创业服务、就业指导服务等全产业链服务。目前,已经同600余家重点企业、企事业单位建立长期稳定合作关系,战略合作伙伴覆盖金融、通讯、烟草、食品、机械装备、电子信息等20多个行业。具体服务如下。

(一)劳务派遣、外包及人力资源综合性服务

兴鸿翔公司是襄阳市目前规模最大的人力资源服务机构,以劳务派遣、劳务外包、人力资源服务为核心业务,为客户单位提供人才招聘、职业培训、业务代办、劳动关系管理等综合性人力资源服务。

兴鸿翔公司成立以来,先后被授予全国人力资源诚信服务示范机构、国家工商行政管理总局"守合同重信用"企业、湖北省人力资源服务业领军企业、湖北省人力资源服务行业标准化服务企业等荣誉称号。2021年,兴鸿翔公司牵头联合襄阳多家企事业单位、人力资源机构和职业技能培训院校共同成立襄阳市人力资源行业协会,协会与多家企业、机构、院校签订战略合作协议,有效链接社会各界商机资源,推动襄阳市人力资源行业服务规范化发展。兴鸿翔人力资源服务辐射襄阳市各个县市区及周边地区,在服务过程中,采用完善、成熟的管理服务体系,运用"互联网+人力资源服务"新模式管理手段,赢得客户单位的认可与青睐,成为各行业采购劳务派遣及人力资源服务的"优选"。成立至今为通信、邮政、石油、铁路、航天、烟草、金融等行业的500多家单位和市政府、市委组织部、市人大、市发改委、市税务局、市人社局、市财政局、市医保局等100多个政府(党委)部门提供长期、稳定的劳务外包和劳务派遣服务,外包和派遣员工达5万余人。每年营收呈增长趋势,纳税近亿元,为襄阳市经济发展作出了贡献。

在AI智能等数字化飞速发展影响下,兴鸿翔公司不断推动传统业务拓展升级。储备研发资金,突破现有服务技术,打破现有业务圈层,加强人力

资源的专业性,跳出现有行业"舒适圈",力争通过优化、强化自身成为市场客户的"首选"。扩大产业据点,以襄阳市为中心进军湖北省各地区,形成省内产业"包围圈",为辐射全国业务打基础;优化业务形态,由劳务派遣向专业外包、技术外包、政务外包转型;升级服务质量,打造品牌影响力,用高效、便捷、智能化服务提升客户单位体验。

(二) 档案数字化服务

兴鸿翔公司设立档案服务部,专注于用科学技术手段进行档案服务业务多年,为客户单位提供人事档案、文书档案、专业档案、科技档案、会计档案、声像档案、电子档案、实物档案、文件汇编的整理和数字化加工;档案修裱、档案消毒、档案业务咨询、档案用品销售、档案库房设计与管理等多类型服务。兴鸿翔档案服务部是本地区第一批取得襄阳市档案局颁发的"襄阳市档案中介服务机构备案登记证书"的专业服务机构,并于 2019 年、2020 年分别取得国家标准 ISO 三体系认证证书,2022 年通过相关部门审查取得国家秘密载体印制乙级资质。

公司档案服务业务快速增长的背后,是一支恪守档案职业操守、专业素质高、业务能力强、经验丰富的档案服务专业队伍。所有从业人员均持证上岗,管理人员均具有档案中、高级以上专业技术职称,配置 6 个标准化档案服务室,全天 24 小时无盲区和死角视频监控,确保客户单位档案安全保密。另外,公司吸取多年人事档案整理及数字化加工服务经验,开发了人事档案管理系统,可供客户单位免费使用。该系统将纸质档案数字化,不仅大大提高了档案查阅效率,还有效降低了对纸质档案的损害。

多年来,公司为襄阳市三新供电公司、襄阳卷烟厂、建设银行、湖北银行、中国石化管道襄阳输油处等 112 家国家机关、事业和企业单位提供了优质的人事档案整理及数字化加工服务,为住建局、联通公司、国网合成绝缘子公司等 379 家国家机关、事业和企业单位提供了优质的各门类档案及其载体整理及数字化加工服务,截至目前加工、整理、维护档案 200 余万册,扫描档案 5000 万页,现已成为襄阳市企事业单位购买档案全流程外包服务的重要企业。

兴鸿翔档案服务部将不断深入分析档案业务的服务类型、模式等,根据其不同项目特点,持续优化升级服务模式、落地流程、创新进取,为客户带来优质高效的服务。

(三) 人才招聘和就业推荐服务

兴鸿翔公司设立兴鸿翔人才服务中心,负责兴鸿翔网站、微信公众号、AI招聘系统等软件、系统的建设与运营,为9600余家用人单位和求职者提供人才网络招聘、就业推荐服务、线上线下招聘会服务、招聘流程外包服务(RPO)及开展其他招聘求职相关的活动等服务。

2016年邀请专业团队打造兴鸿翔网站,对公司简介、文化、大事记、招聘信息、人才信息等模块进行设计、建设,使兴鸿翔网站成为襄阳市本地人力资源行业宣传力度较大、信息资源较全的行业网络平台。随着现代技术手段的革新以及受众关注的转变,网站建设宣传逐步转移至微信公众号的运营,经过近6年的积淀与发展,兴鸿翔微信公众号粉丝量已达130000以上,粉丝集中分布在"80后""90后""00后"人群,其中单篇阅读量最高达20000+,平均每篇阅读量达5500+。每周不定期发布最新招聘信息,招聘资讯一经发布,便在地区内掀起一波咨询热潮,公司公众号也颇受同行业认可和信任,其他招聘平台也经常自主转发兴鸿翔求职资讯。线上平台呈现活力,线下与高校、县市区人才超市、退役军人单位、产业园同步展开深度合作,为铁路、医院、辅警、幼师等行业输送大量专业的高校毕业生及退伍军人,解决求职者就业、再就业难题。据不完全统计,兴鸿翔线下招聘应聘者单场可达2000人以上,近三年公司共吸纳和安置各类求职人员48459人(次),其中城镇失业人员23050人(次)、应往届大学毕业生4100人(次)、复原退伍军人4125人(次)、妇女6800人(次)、农村劳动力4600人(次)、就业困难人员5675人(次)、残疾人109人(次)。

2022年,随着企业对人力资源服务需求量增大、服务要求不断提高,兴鸿翔特聘行业内专业团队研发新一代招聘系统,开发打造线上"兴鸿翔'Ai-招聘'互联网+大数据一站式就业服务平台"。目前,兴鸿翔"Ai-招聘"进入初运营状态,可为用户提供人才分类入库、人岗智能匹配、线上岗位速览、大数据分析、职业规划提升、在线云面试、在线学习培训等便捷高效的人力资源信息化服务。后期,兴鸿翔招聘部将以"Ai-招聘"为抓手,借助科技赋能，打破地域人才搜寻壁垒，高效匹配人岗符合度，实现降本增效，提档升级的运营目标，扩展业务辐射圈，实现以兴鸿翔为载体，以湖北襄阳为主阵地，立足襄阳，服务全省，面向全国。

（四）餐饮及配餐服务

兴鸿翔公司于 2017 年下设湖北兴鸿翔餐饮管理有限公司，专业从事食堂托管、各单位团餐配送、工作餐、会议餐服务以及体育赛事等各类餐饮业务。根据客户单位需求，可提供早餐、中餐、晚餐、夜宵、自助餐等服务，不同程度满足客户多元化的餐饮需求。

兴鸿翔餐饮公司依托兴鸿翔公司，从零到有，从小到大，一步步得到合作单位的选择和认可。尤其是 2020 年至 2022 年期间，在学校、一线抗疫工作者无法供餐的严峻条件下，兴鸿翔餐饮主动担当社会责任，积极组织协调公司配餐团队克服种种困难，连续 41 天将 38376 份"放心餐"配送到一线工作者手中（日均出车 9 次，累计近 370 次，日均供餐 936 人次），树立了"有担当、敢拼搏"的优秀企业形象，得到了社会各界的认可以及许多客户的信任，从而获得了更多的合作机会。

目前，兴鸿翔餐饮与湖北金叶复烤有限公司、襄阳宏伟航空器有限公司、襄阳市樊城区红十字会、襄阳市第 47 中学、中国民生银行襄阳分行、和润万家购物广场等 34 家企事业单位及重点机构、学校建立了长期稳定的合作关系，年均配餐量达 170000 份。

兴鸿翔餐饮后期计划配置服务产品多元化，给客户更多选择，不断拓展业务范围，深入更偏远的县市区，打开县市区销售渠道，同时提升服务质效，打造更专业、精细的配餐团队，提升配餐效率，缩短配送时间，赢得优质餐饮配送服务的良好口碑，进一步提升在地区行业内的市场知名度。

（五）会议及展览服务

兴鸿翔公司积极对接多个行政部门，开展各类活动，强化服务能力、增强宣传效应、聚合服务资源。截至 2023 年 7 月，已开展线上线下大型招聘会 15 场，如"才聚荆楚·百县进百校"2023 年湖北文理学院理工学院专场招聘会、"才聚襄城　职等你来"襄城区企业高薪引才招聘活动、"不负韶华国聘行动"人力资源服务进校园专场招聘会、"退役不褪志·就业再启航"襄阳市第二届春季退役军人网络专场招聘会、"夏日送岗　助企利民"系列招聘会活动等;组织专业笔试面试82场,承办各类人才培训、技能培训31场,如琼结县2023年"鄂藏情"组团式区外就业创业培训班、襄阳市人社政务服务经办人员培训班、湖北省援疆干部致富带头人培训班、襄阳市2022年度首期劳动关系协调员培训班、襄阳市劳动人事仲裁员2022年服务企业培训班、襄阳市首届退役军人SYB创业培训班等;创新创业大赛10余场,如2022年襄阳市大学生、返乡人员创业大赛,湖北省第二届"军创杯"退役军人创业创新大赛(襄阳赛区初赛)、襄城区2020年职业技能竞赛暨"卧龙工匠""凤雏名匠"选树活动,2020年襄阳市第七届"创在襄阳·高新杯"创业创新大赛等。累计服务各类企业1000余家、服务人群95000多人(次);向合作单位收取少量派遣人员管理费,向企业提供免费的人才招聘、岗前培训、技能培训;为合作企业提供免费的线上招聘服务,累计减免招聘费、培训费、职业介绍费合计1000余万元。

(六)人力资源产业园运营

为贯彻落实国家和省促进中小企业发展的政策措施,加快中小企业社会化服务体系建设,健全和规范中小企业公共服务平台发展,充分发挥好人力资源产业促进就业、集聚人才、推动创新的重要作用,湖北省兴鸿翔人力资源开发有限公司投资建设运营,与襄城区人民政府签订了"兴鸿翔人力资源"招商引资投资协议,以人力资源服务为核心,"资源复合、精致服务"为理念,内设"襄城区人才创新创业超市、科技企业孵化器、退役军人就业创业园地、大学生创业孵化示范基地、职业培训学校、创业咖啡"等板块,聚合各类资源,形成了完善的中小企业公共服务体系。

截至2023年7月,园区已孵化创业企业70余家,配置了专业运营团队及导师团队,运营部门现有管理团队负责人6人,师资团队11人,具备国家职业技能鉴定站企业人力资源管理师资格的专兼职考评员8人、劳动关系协调员的专兼职考评员12人。园区曾参与多个市级双创园区建设工作,并指导孵化项目获得襄阳市大学生创业大赛一等奖、湖北省农村青年电商创业大赛一等奖、中国"互联网+"创业大赛全国银奖,已成功孵化创新创业项目136个,培训各类就业创业人员 11766 人，参与省、市、区各类赛事活动评审 53 次，策划组织各类就业创业活动 142 场，为人才、企业提供各项精准服务 16000 余人次。

（七）创新创业服务

兴鸿翔公司以"就业指导+技能培训+创业孵化"三大核心理念为企业及人才开展系列服务。依托人力资源核心板块，搭建线上服务平台——兴鸿翔人力资源官网、兴鸿翔人力资源公众号、兴鸿翔"Ai-招聘"互联网+大数据一站式就业服务平台，对接 6500 多家企业，根据企业需要及时发布岗位招聘信息，精准对接就业人员；成立襄阳市人力资源行业协会，加强校企合作，通过人力资源服务进校园专场招聘会、互联网线上直播招聘会等多种形式，为大学生、退役军人等各类人才提供就业服务；累计征集 1400 家企业、15000 个以上招聘岗位，累计带动近 30000 人成功就业。对接企事业单位，开展人员培训班、岗前培训、适应性培训、劳动关系协调员培训班、劳动人事仲裁员 2022 年服务企业培训班、退役军人 SYB 创业培训班、科协系统专兼职工作人员能力提升培训班等多类型培训，助力中小企业从业人员能力提升。设立了 100 万元的天使创业资金，助力科技型、潜力股中小企业良性发展；积极为大学生、退役军人等困难企业减免入驻费用；支持中小企业申报高企认定，与国家技术转移中部中心、知识产权协会签约战略合作协议，开展高企认定项目政策解读活动，协助中小企业申报知识产权，帮助中小企业提高申报工作质量和效率；与金融、法律、财务公司签约合作，为入孵企业提供相关方面保障，助力中小企业持续发展。

三、相关经验与启示

经过 20 年的发展，兴鸿翔公司营造了"乐观、和谐、敬业、进取、创新、诚信、务实"的企业文化，形成了多方面的人力资源服务发展经验，为企业高质量发展奠定了强有力的基础。

（一）建企业文化，聚发展之魂

以人为本是根基，公司汲取传统文化中的人本精神，结合社会主义核心价值观要求,在企业的改革发展实践中形成了以人为本的经营理念,创新、专业、进取、忠诚的企业作风,树立了"做对社会有贡献的人力资源服务企业"的企业使命以及"诚信胜金,服务至上"的企业核心价值观,为各行各业提供智力支持。同时,坚持"活到老学到老,以人才的专业服务造就专业人才"理念,通过教育培养、联合工会创建创新工作室、组建优秀团队、师带徒等方式,引导公司人才队伍不断发展壮大,提升服务专业水平。

强化党建文化,着力锻造坚强战斗堡垒。公司高度重视党建文化建设,大力引导党员干部深刻领悟"两个确立"的决定性意义,增强"四个意识"、坚定"四个自信"、做到"两个维护"。拥护党的领导,为企业党组织建设及工会工作创造良好环境。一是积极主导建立公司党的组织。公司于2009年6月成立了中共湖北省兴鸿翔人力资源开发有限公司支部委员会。公司党支部的成立,让公司党员职工和要求入党的非党职工都有了家的感觉,同时也为派遣、外包员工入党及党员接转组织关系创造了条件。截至2023年7月,公司党支部共为585名派遣、外包员工接转党组织关系,发展党员78名,其中派遣、外包员工57名,公司管理岗员工21名。14年来,随着公司党组织建设的不断加强,党支部富有成效的工作对公司的经营和发展发挥了不可替代的作用。公司党支部多次获得上级党组织的肯定和表彰,2011年6月和2012年6月公司党支部两次被中共襄阳市委社会组织工作委员会评为"推进创先争优活动先进单位",2010年6月公司党支部被中共襄城区委评为"先进基层党组织",2011年6月公司党支部被中共襄城区委评为"红旗基层党组织"。二是积极建立工会组织。公司于2011年2月成立了工会委员会。多年来公司工会始终坚持以习近平新时代中国特色社会主义思想为正确政治方向,以维护员工的合法权益为基本,以提高服务质量、满足员工生活需要为工作目标,为企业发展助力,为用工单位放心用工做好保障,为构建和谐社会作出积极贡献。

强化人才系统的完善,大力发展有干劲勇担当的人才干部,将人才培养结合实际,充分发挥年轻人才的创造性、积极性和创新性。在年轻人才队伍中,建立共青团组织,以"90后""00后"为主导军,激发年轻人才的活跃度,以青带老,以新破旧,以传统指导创新,以创新升华传统的培养模式,激励年轻人才,助推企业文化发展。

打造优秀团队,为人力资源服务提供强力保障。一是抓教育。面对思想文化交流交融交锋新形势下价值观较量新态势、思想意识多元多样多变新特点,公司开展了以"弘扬真善美、振奋精气神"为主题的思想教育,增强了全体职工的大局意识、责任意识和奉献意识,增强了职工热爱祖国、热爱企业、诚信友善、勇于创新的思想自觉和行为自觉。二是抓培训。公司十分重视对职工的培训学习,凡是进入公司管理岗职工,都要对他们进行岗前的职业道德培训、人力资源业务知识培训和相关法律法规的培训。公司每年都要组织 1—2 次全员知识更新培训,组织职工学习最前沿的业务知识和技能、学习国家新颁布的人力资源法律法规。公司所有中层干部和业务主管都已通过了省、市人社部门组织的劳动法律法规和相关业务知识的考试,并取得了相应人力资源管理资格证书。三是抓管理。一方面,公司建立健全各项规章制度,用制度规范职工的经营服务行为。另一方面,坚持以人为本,尊重职工的主体地位,关注职工利益诉求和价值愿望,促进了职工全面发展与企业持续发展协调一致,增强了职工的归属感、荣誉感,激发了职工立足岗位服务企业用工、服务员工就业、服务社会发展的积极性和创造性。通过多年的不懈努力,兴鸿翔打造了一支年轻化、高素质、适应现代人力资源服务业发展方向的优秀团队。公司管理岗位现有员工 127 人,其中大学本科及以上文化程度 78 人,大专文化程度 36 人,取得会计师、经济师、人力资源管理师等中、高级职称的 23 人,初级职称的 39 人,年龄最大的 44 岁,最小的 23 岁,平均年龄 31 岁。

(二) 用改革创新,构筑发展之根

兴鸿翔公司积极促进就业,服务经济社会发展大局。公司采取多种措施支持和促进就业。一是实行免费职业介绍,为求职者降低就业门槛,推动实现更加充分的社会就业。无论是公司网站招聘还是现场求职招聘,无论是与公司有合作关系的单位用工还是无合作关系的单位用工,只要是经公司介绍就业的,一律免收职业介绍费。仅 2019 年 1 月至 2023 年 6 月,公司为 40000 多人(次)介绍工作岗位,免收职业介绍费 400 余万元。二是开展免费就业培训,提高劳动者就业和再就业能力,推动实现更高质量的社会就业。一方面,对应聘人员进行岗前培训,提高其上岗履职能力;另一方面,对

已与公司解除、终止劳动关系人员都要组织他们进行不同类型的专业技能培训,同时实施就业指导,帮助其根据自身条件合理定位发展方向,以增强其再就业能力。仅2019年1月至2023年6月公司就免费培训25000余人(次),免收培训费900余万元。三是加强与外地人力资源服务企业的横向联系,为本地人员走出去就业牵线搭桥。仅2019年1月至2023年6月公司就成功介绍、输送近20000余人(次)到外地就业。四是做好跟踪服务和重点帮扶工作,促进就业稳定。公司对派遣和外包员工都要进行跟踪回访,了解其工作情况和思想动态,每年都要和用工单位共同组织开展先进派遣、外包员工表彰活动。派遣、外包员工因工伤、因病住院,公司工会都要在第一时间到医院看望,对派遣、外包员工中的困难群体公司还要进行重点帮助。据统计,截至2023年7月,公司共吸纳和安置各类失业下岗人员432594人(次),其中城镇失业人员264603人(次)、应往届大学毕业生51652人(次)、复原退伍军人21125人(次)、妇女46356人(次)、农村劳动力45864人(次)、就业困难人员2675人(次)、残疾人319人(次)。

服务企业用工,为企业发展排忧解难。一是拓宽招聘渠道,千方百计满足企业用工需求。除采取常规性招聘办法服务企业用工外,兴鸿翔公司还设立了农村劳动力市场开发部,依托农村村委会建立专对农村劳动力的招聘网点,保证了劳动密集型企业对农村劳动力的大量需求。据统计,仅2019年至2023年就为企业招收农村劳动力1.5万余人次。二是规范劳务派遣行为,让企业放心用工,全程无忧。兴鸿翔公司严格要求劳务派遣服务行为进一步规范。第一,一旦和企业建立了劳务派遣合作关系,公司便即时与企业签订劳务派遣协议,与员工签订劳动合同,以减少不应有的劳务纠纷,降低企业的法律风险。第二,依法足额为员工缴纳社会保险和住房公积金,按时发放工资,且五险一金缴纳和工资发放情况一律上网,员工可随时查询,让员工放心,工作安心,企业省心。第三,让员工的合法权益得到充分保障。员工从入职到离职,都由公司全程服务,无论是各项社会保险的享受、住房公积金的提取、转移,还是解除终止劳动合同手续的办理等都由公司提供即时、优质的服务,让企业集中精力从事生产经营活动。第四,会同企业适时组织派遣员工在岗培训,对其进行法律法规、规章制度、职业道德教育和职业技能知识更新,确保员工素质符合企业岗位要求。三是及时调处劳动纠纷,维护客户单位正当权益和生产经营秩序。兴鸿翔公司一直以来将维护客户单位正当权益和生产经营秩序作为公司一项重要工作,经过多年的经验积累,2021年7月成立了兴鸿翔劳动争议调解委员会,打造了一支素质高、专业强的法律服务团队,大大提高了公司劳务纠纷的调处能力。自2010年以来,公司共处理用工单位和派遣员工纠纷90余次,由于方法得当、调处及时,这些纠纷都得到了有效化解,均未对企业生产经营造成影响。

坚持诚信服务,积极履行企业社会责任。一是确立了先进的经营服务理念,即"以人为本,诚信经营,服务企业,服务员工,真诚负责到永远"强化了诚信服务的思想引领。在先进理念引领下,公司坚持诚信胜金、服务至上的经营服务原则,竭力为客户单位和员工个人提供满意优质的人力资源服务,将诚信服务贯穿到每一个经营服务行为之中。凡是与公司建立劳动关系的派遣、外包员工,都能在第一时间落实其工资、社会保险及其他相关待遇;凡是派遣、外包员工的合法权益受到侵害,都能在第一时间帮助其得到维权;凡是派遣、外包员工因病、因工负伤住院,公司领导都能在第一时间出现在他们面前给予关爱和问候。二是坚持依法治企,规范公司经营服务行为。兴鸿翔公司一直认为依法经营是诚信经营的重要保证,公司使用的《劳动合同》《劳务外包协议》《劳务派遣协议》《劳动保障事务代理协议》《人力资源外包协议》等都严格按照相关法律法规制作,并报当地人力资源和社会保障部门备案,做到了合法、规范。同时,在日常经营活动中,注重信誉,信守承诺,积极履行合同义务,守法经营,依法纳税。公司成立以来,无论是企业法人还是职工个人,均无行政处罚和违法犯罪的情况发生。三是加强检查考核,增强全体员工诚信服务的自觉性。公司坚持将诚信服务纳入职工绩效考核的重要内容,与职工的培训、晋升和经济利益紧密相连,增强了全体职工诚信服务的自觉性。同时还建立了服务对象回访制,在公司官方网站设有客户回访投诉窗口,能在第一时间接收到服务质量方面的情况反馈。与此同时,公司领导每半年都要走访客户一次,面对面听取服务对象对公司诚信建设和服务质量方面的意见和建议,为深入推进公司诚信建设掌握第一手资料。

（三）业务跨界延伸与融合

兴鸿翔公司于2017年下设湖北兴鸿翔餐饮管理有限公司,延伸出专业从事食堂托管、团餐配送、工作餐、会议餐服务以及体育赛事等各类餐饮业务服务。其亮点在于针对兴鸿翔公司的客户群体进行定制化餐饮服务,不同程度满足客户多元化的餐饮需求,同时也解决了客户寻求品质餐饮供应难的问题。

兴鸿翔公司原有业务版块与兴鸿翔餐饮公司之间的跨界与延伸促进了餐饮业、后勤服务等岗位的就业,同时也带动了企业的经济效益和社会效益。

1. 人力资源服务提供。依托兴鸿翔公司餐饮的管理经验,兴鸿翔公司联合兴鸿翔餐饮公司为客户单位提供针对餐饮、后勤管理等方面专业的人力资源服务,包括招聘、培训、绩效管理等,助力合作单位提升后勤管理的专业化水平,提高员工的素质和工作效率,多年来已为铁路旅服、智投餐饮、烟草食堂、政府后勤食堂等输送就业人员年均600余人次。2022年11月疫情卷土重来,襄阳启动抗疫保供方案,兴鸿翔公司第一时间组织专业团队赴襄阳智投餐饮,火速集结200余人进入面试,同时建立餐饮培训队伍,对入选人员进行岗前培训。在接力式连续奋战的20余天里,全力保障了学校、医院等2万余人的三餐供应。以人力资源的专业服务与餐饮管理的专业相辅相成,兴鸿翔已做到精准化服务、针对性的定制服务,在一定程度上进一步提升了兴鸿翔公司在地区内的专业度和品牌知名度。

2. 餐饮服务提供。兴鸿翔公司延伸至餐饮服务领域,为合作伙伴提供特定的餐饮服务。兴鸿翔公司通过自有餐饮公司承接餐饮业务为各类客户提供员工餐饮服务,满足各类客户不同层次的餐饮需求。目前,兴鸿翔餐饮与34家企事业单位及重点机构、学校建立了长期稳定的合作关系,年均配餐量达170000份。

3. 员工福利计划。兴鸿翔餐饮公司依托总公司,可以为合作伙伴提供员工福利计划,诸如农副产品及原材料供应;可通过与供应商合作,为兴鸿翔公司派遣、外包的员工提供特定折扣或优惠,提升员工的幸福感和归属感;为合作伙伴定制实惠优质的员工福利计划,对企业降本增效、保用工起到了十分重要的作用。

4. 培训与发展。在企业逐步发展的过程中，兴鸿翔公司将逐步发展餐饮人才培训计划，以餐饮公司为培训实践基地，为餐饮公司及人才提供专业的培训与发展方案，例如针对餐饮行业的技能培训、餐饮服务培训、管理培训等，助力提升餐饮类企业员工的专业素质和职业发展，稳步建设、推进人力资源服务多样化行业的专业品牌。

兴鸿翔餐饮公司依托兴鸿翔公司，从零到有，从小到大，一步步得到了诸多合作单位的信赖与认可。

（四）运用数字技术赋能服务业态创新

在大数据环境的影响下，数字化转型过程中，兴鸿翔公司在确保数据安全和隐私保护，同时与相关法律法规保持一致的基础上，通过运用数字技术赋能服务企业、服务员工。从创业初期内部管理系统的 1.0 版本逐步发展到当前的数字化管理系统 4.0 版本。数字赋能给予的是高效、快捷、便利，大数据分析更是精准掌握企业的用工时间规律、用工需求量、产能分析、基本经营概况等。2022 年，随着企业对人力资源服务需求量增大、服务要求不断提高，兴鸿翔特聘行业内专业团队研发新一代招聘系统，开发打造线上"兴鸿翔'Ai-招聘'互联网+大数据一站式就业服务平台"。

1. 智能招聘平台。兴鸿翔公司开发智能招聘平台"兴鸿翔'Ai-招聘'"，利用人工智能和大数据技术，快速筛选候选人的简历并匹配最合适的人才，极大提高招聘效率，降低人力成本，并确保公司招聘到符合要求的人才。

2. 远程面试和评估。利用视频会议和在线评估工具，兴鸿翔公司可远程面试和评估候选人的能力和技能，大大节省了时间和成本，同时为公司提供更广泛的选择范围，吸引更多优秀的人才。

3. 培训与发展平台。公司建立在线培训与发展平台，为企业员工提供在线学习和发展机会。通过平台可以提供各种培训课程、知识库和学习资源，员工可根据需要随时随地访问，提升自己的技能和知识。

4. 数据分析和预测。公司利用数据分析和预测技术，帮助企业了解员工绩效、离职率、培训需求等方面的信息。通过分析数据，可以帮助企业制定更有效的人力资源管理策略，并预测未来的人力需求。

5. 员工自助服务平台和客户端服务平台。兴鸿翔公司在 4.0 管理系统中,开发员工自助服务平台,员工能够自主管理个人信息、查看薪资福利、提交请假申请等,既提高了工作效率,也大大提升了员工满意度。同时开发企业客户端,通过客户端口,客户可随时随地了解外派员工的人员变动情况、费用成本情况等,在提高企业客户满意度的同时也一并减轻了人力资源部门的工作负担。

通过运用数字技术,可以更高效地管理和运营人力资源,为企业提供更好的服务和支持。

四、评述与建议

回望兴鸿翔二十年发展历程,正是"人才强国"战略深入实施的二十年。一路栉风沐雨,二十年春华秋实,兴鸿翔公司用"专业、诚信"为人才、企业、社会搭建了一座坚实有温度的桥梁,让人才发挥价值、让企业快速发展、让员工获得成就,在助力地方发展与乡村振兴的同时,不断面向全国乃至世界发展,不断运用数字赋能与业态创新,成为 2023 年度湖北省人力资源服务业创新创业大赛的特等奖获得者。

在初创与发展时期,兴鸿翔公司不断拓展创新,强化主营业务的同时布局延伸产业链,形成全业务链条服务业态,主、副营业务协同发展,为客户带来高效、专业、全面的人力资源服务。公司专业人才济济,服务效能稳步提升,党建带动工建充分激发员工工作热情,员工幸福感、获得感显著提升,在行业中具有显著的影响力,推动行业机构积极发展。

"十四五"期间,兴鸿翔公司将一如既往发挥地区行业引领示范担当,积极助力人才强省、人才强市战略,为襄阳打造"四度"人力资源和社会保障体系提供有力保障;以行业影响力及品牌知名度吸引、构建多元化人才库,健全多层次人才引进体系,为襄阳产业、经济高质量发展提供强劲引擎;通过深化应用数字化手段,进一步规范数字管理体系,充分挖掘服务信息价值,拓宽客户服务范围;加快布局全国业务服务网,力争"十四五"末期,服务各类人才 80 万人次以上,服务网络覆盖湖北全省,为全国布局建立新开端。

（一）目前公司及行业面临的困难及挑战

1. 行业外部环境挑战与机遇交织。当前国内外环境日趋复杂，疫情影响广泛深远。疫情后经过一段时期恢复后，经济增速放缓，许多产业及企业均遭受不同程度损伤，就业环境短期压力较大，岗位及人员不稳定因素较之前更高，人力资源服务机构业务需求空间、经营收入均遭到不同程度挤压。针对这一时期情况，湖北及襄阳多措并举，积极出台系列政策扶持企业发展，鼓励企业、人才创新，率先支持重点行业、企业发展，为人力资源服务行业带来新的机遇。

2. 行业准入门槛不高、竞争加剧，经营形势不容乐观。目前人力资源服务行业的门槛较低，服务人员能力及水平参差不齐。当前在从业规范中，无论是技术、管理水平还是对财务状况均无太高限制，从而使得行业机构数量不断增加，市场竞争日益激烈，导致人才竞争白热化、用人成本上升、员工流失率高，不良机构的服务质量及水平无法得到保证，这些因素将会严重制约人力资源服务机构及行业的健康发展。兴鸿翔公司经过多年发展，虽一直注重员工的专业能力及水平的培养，客户也非常认可公司的服务专业度，但从整体市场来看，不良机构的存在仍然占有一定份额，且这些机构带来的恶性竞争可能会影响整个地区的人力资源服务业品牌以及小部分客户的信任度。

3. 地区产业与人才结构局限供需服务更加错综复杂。襄阳地处湖北西北部，相比一线城市对人才的吸引力度不足，而襄阳高等教育资源数量、质量也无法与武汉相比，因此从人才数量、层次、结构等方面与城市人力资源需求总量仍有较大差距，导致本地区企业对高等或高技术人力资源的业务需求增加。同时，襄阳及周边地区汽车及汽车零部件制造业、航空航天、新能源等优质产业发达，但技术型人才紧缺，且部分普通员工职业素养较弱等，这些因素都对地区人力资源服务机构提出了较高的人才输送要求。针对这些情况，兴鸿翔公司通过多年积累，与本外地部分高等职业院校、人力资源服务机构达成合作，在一定程度上缓解了公司客户在人才质量、人才类型等方面的需求压力。

4. 区域人力资源服务机构发展不均衡，面向全国发展更具挑战。与一线城市相比，三、四线城市人力资源服务业受重视程度也不相同，新兴产业和人力资源服务业的跨界融合在一线城市也更迅速。截至2021年末,本地区人力资源服务机构已达近250家,从业人员近万人,但不同规模的人力资源服务机构的发展不平衡也严重制约行业整体的上升发展。大型人力资源服务业发展势头良好,有足够实力和条件进行信息化、数字化、品牌化等方面建设,但是一些中小型人力资源服务企业,却存在专业化程度不高、服务水平参差不齐、品牌建设意识不强、以传统服务业态和服务手段为主体等诸多问题,襄阳整体人力资源服务行业的品牌知名度短期内难以迈出地区之外,兴鸿翔作为地区人力资源行业协会的会长单位责任艰巨。

(二) 公司优势、潜力分析与未来发展的建议

"十四五"时期,兴鸿翔公司将聚焦主营业务,突出优势业务,打造品牌业务,以差异化优势立足湖北布局全国,力争使经营业绩、市场占有率再上一个台阶。我们认为以兴鸿翔现有的优势与潜力可从以下几方面进行拓展。

深化区域客户服务,延伸拓展布局全国服务产业链。兴鸿翔在本地区已拥有一大批优质客户且客户认可度较高,目前业务范围主要集中在劳务派遣、劳务外包、档案数字化加工、人才招聘。公司目前业务链完整,像职业技能培训、就业创业平台搭建运营、人力资源咨询等业务均有较强的专业技术水平及能力,一方面可在省会城市、一线城市中进行新业务、优势业务的开拓,另一方面可在优质客户中以其原有服务业务为基础进行拓宽,同时可与老客户保持密切的业务联系。

提升团队专业服务水平,以更优质服务持续提升企业品牌知名度。多年来,在本地区人力资源服务行业中,兴鸿翔以专业、规范、质优闻名于业内,这是公司长期坚持对人才专业技能的培养、规范服务操作、依法依规办事的必然结果。当前在襄阳着力打造"四度"人社体系的背景下,兴鸿翔率先响应政策号召,以和谐的劳动关系、依法守法的服务准则助力"四度"人社体系的打造。同时以兴鸿翔积极的行业形象及影响力倡导行业内机构摒弃不良行为,共同推动行业良性发展,打造本地区行业机构在省内、外的服务质量与形象,也借此进一步提升公司在更大范围内的品牌知名度和影响力。

数字化赋能服务技术效率,打造全国人力资源智慧服务体系。当前兴鸿翔已完成了第二阶段的数字化管理体系的建设,将公司内部全业务流程应上尽上数字化系统,让服务能力提档升级。但从长远发展来看,兴鸿翔还需进行完全的数字化转型升级,实现员工、客户单位业务操作、手续办理等事项"掌上办、线上办",搭建无纸化全流程平台系统,客户单位、服务员工随时可在系统查询。在竞争日益激烈的环境下,利用大数据、云计算、智能AI等现代新兴技术助力公司服务、管理更加智慧化、场景化、自动化,帮助公司降本增效,提高核心竞争力,在全国乃至世界布局打造人力资源智慧服务体系。

第二部分
专题报告篇

第一章　人力资源服务业各省区市重视度与关注度分析

【内容提要】

本章从公众、政府、媒体和社会组织等不同群体的视角出发,通过大数据方法和文本分析方法对主流社交媒介、纸质媒介、网站、各省政府工作报告以及相关政策法规、规划文件进行数量统计和内容分析,来阐述人力资源服务业在我国各省市受到的重视程度及发展情况。

本章第一部分,通过各地 2023 年政府工作报告、人力资源服务业相关政策、法规、规划,来系统揭示各地政府对于人力资源服务业的政策保障与发展规划支持力度,并对政府间推动人力资源服务业发展的区域合作以及不同地区典型省份发展人力资源服务业的典型案例进行解析。在第二部分,通过可以检索的人力资源服务企业和人力资源社会组织的登记信息、注册信息,各地人力资源服务业企业、行业协会、人力资源服务中心及其他相关社会组织的微博官方账号或官方网站的信息资源进行分析,来反映各地人力资源服务业企业与社会组织的发展度以及对于人力资源服务的关注度。在第三部分,通过具有权威性的三种互联网检索指数来分析各地公众及媒体对于人力资源服务业关注度及其变化趋势,并描绘关注人群的特征;通过大数据分析方法对全国性媒体和地方媒体对于人力资源服务业的关注度和支持度进行分析。

Chapter 1　Analysis on the Importance and Attention of Human Resources Service Industry in Different Provinces, Districts and Cities

【Abstract】

In this chapter, we analyze the quantity and content of mainstream social media, paper media, websites, provincial report on the work of government and relatedpolicies, regulations and planning documents from the perspectives of different groups, including the public, government, media and social organizations, to illustrate the importance and development of human resources service industry in each province in China.

In the first part of this chapter, provincial reports on the work of government, policies, regulations and plans related to human resources service industry in 2023 are used to systematically reveal the policy guarantee and development planning support of human resources service industry by local governments. It also analyzes the regional cooperation among governments to promote the development of human resources service industry and the typical cases of developing human resources service industry in typical provinces of different regions.

In the second part, the registration information of HR service enterprises and HR social organizations that can be retrieved, and the official accounts of Weibo or official websites of HR service enterprises, industry associations, HR service centers and other related social organizations in different regions are analyzed to discuss the development degree of HR service enterprises and social organizations in different regions and the concern for human resources service industry.

In the third part, through three authoritative Internet search indexes, we analyze the public and media's attention to human resources service industry and its changing trend, and describe the characteristics of the concerned people.

We also analyze the attention and support of national and local media for the human resources service industry through big data analysis.

一、各地政府对人力资源服务业的重视度与关注度

地方政府发布的政府工作报告、年度工作计划以及本年度内公布施行的相关法律法规、政策文件能够集中体现该地区政府在年度内的政策关注点与重视度。因此,本节通过各地 2023 年政府工作报告以及人力资源服务业相关政策、法规、规划,来分析各地政府对于"人力资源服务业"关注与重视程度。

(一)各地政府对人力资源服务业的关注度

首先通过对各省、自治区、直辖市(港澳台地区除外)的 2023 年政府工作报告进行文本分析,探究省级政府对人力资源服务业的关注度。

党的二十大指出,要"破除妨碍劳动力、人才流动的体制和政策弊端,消除影响平等就业的不合理限制和就业歧视",这对于各地政府不断推动人力资源服务业发展提出了新的更高的要求。习近平总书记在二十大报告中还强调,发展是党执政兴国的第一要务,人才是第一资源,创新是第一动力。而人力资源服务业是生产性服务业和现代服务业的重要组成部分,对推动经济发展、促进就业创业和优化人才配置具有重要作用。在 2023 年各省的政府工作报告中,山西省、贵州省和云南省在政府工作报告中明确提出了推动人力资源服务业发展,特别是人力资源服务业产业园、人才产业园发展的要求,其他省区市虽无明确在政府工作报告中提及"人力资源服务",但都有间接体现人力资源服务业在实施人才战略以及保增长促就业行动中的重要性,将人力资源服务业视为生产性服务业和现代服务业的重要组成部分,以推动经济发展、促进就业创业和优化人才配置。

表 2-1-1　各地 2023 年政府工作报告与"人力资源服务业"相关内容(节选)

类型	省份	政府工作报告相关内容
加快推进人力资源服务业产业园建设	山西	建设全省统一的人力资源市场,建设一批国家级和省级人力资源服务产业园,做好人才服务。
	贵州	发挥贵阳国家级人力资源服务产业园示范带动作用,建设毕节等人力资源开发培育基地。
	云南	全力做好人才引育用。实施产业急需人才引进、产业人才培养、园区人才汇聚、卓越企业家培养"四大工程"。推进产业工人队伍建设改革。持续提升腾冲科学家论坛影响力,努力打造国际品牌化的"科技达沃斯"。建设国际人力资源产业园。持续开展"百万大学生兴云南"行动。深入实施兴滇英才支持计划和人才安居行动,推行兴滇惠才卡,打造"彩云英才荟"人才服务品牌。
人力资源是产业体系中的重要构成要素	浙江	推进现代服务业与先进制造业深度融合,打造具有国际影响力的数字贸易中心、科创高地、航运服务中心和新兴金融中心。培育壮大商务服务、人力资源、创意设计、节能环保、检验检测等生产性服务业,提升发展现代商贸、文化旅游、健康养老等生活性服务业,全面打响"浙江服务"品牌。
人力资源服务对于实施人才战略的积极作用	安徽	开拓人力资源红利,激发全社会创新创造潜能,让各类要素资源加快汇聚、充分涌流。聚焦高科技、新兴产业等领域,加快构建有利于青年人和人才团队创业的良好生态。以"科技创新+产业创新"为依托,以"制造+工业互联网+服务"为路径,实施"四新"经济市场主体培育工程。开展多种形式大众创业,实施百万大学生兴皖行动、返乡人员创业工程。扩容升级孵化器、加速器等创业平台,完善创业支持政策,给创业者提供科技的引擎、插上资本的翅膀。
	重庆	优化人才发展环境,实施高水平人才集聚计划,支持高校、科研机构和企业联合培养人才,靶向引进高精尖缺科技人才和海外优秀人才。厚植创新文化,弘扬科学家精神,加大科普力度,以市场化社会化手段营造全民创新创业创造的浓厚氛围。
	广东	继续抓好湾区标准和认证、职业资格认可、内地科研人才签注和政务服务跨境通办等工作。携手港澳链接全球高端创新人才,探索"居住在港澳、工作在广东""居住在广东、工作在湾区"等多样化引才用才模式。实施制造业人才"十百千万"专项行动,组建产业创新人才联盟。
	福建	坚持人才引领驱动。全面落实新时代人才强省战略,构建更加积极、开放、有效的人才政策体系,夯实创新人才支撑。强化人才战略布局,支持福州建设数字经济人才基地、厦门建设海峡两岸创新创业领军人才基地、泉州建设先进制造业人才基地,鼓励各地探索建设富有特色的人才平台,推动形成人才发展"雁阵"格局。

类型	省份	政府工作报告相关内容
人力资源服务对于实施人才战略的积极作用	陕西	继续推行"揭榜挂帅""赛马制"等新型项目组织方式,在人才培养认定、分类评价、股权激励等方面大胆创新。用心用情做好人才服务保障,想方设法解决人才住房、就医、子女入学等方面需求,营造自由探索、宽松包容、安心舒适的工作生活环境。
	新疆	落实人才强区战略。实施"天山英才""天池英才"等自治区重点人才计划项目,用好 100 亿元人才基金,抓好人才工作重要政策落实、重大项目实施、重点人才服务,搭建干事创业平台,提高人才自主培养质量和能力,积极为人才松绑、减压、赋能,千方百计留住用好现有各类人才,加快引进高端人才,在全社会努力营造尊重人才、爱护人才、帮助人才的浓厚氛围。
	吉林	大力激发人才活力。落实好人才政策 3.0 版,多元化推进落实高层次人才收入倍增计划,完善人才激励政策配套细则,强化人才服务制度保障。制定汽车、医药等产业专项人才支持政策。叫响"创业有你、就在吉林""奋斗有我、就在吉林",实施"吉人回乡"工程,搭建对接服务平台。
人力资源服务对于实施人才战略的积极作用	江苏	坚持人才引领驱动,实施更加积极、开放、有效的人才政策,纵深推进人才发展体制机制改革,充分发挥两院院士等高端人才作用,造就更多拔尖创新人才,多维度引进培育壮大战略人才力量,积极打造人才发展现代化先行区。 实施重点领域急需紧缺人才支持计划和产业链人才攻坚计划,发挥人才攻关联合体作用,打造"宁苏"高水平人才集聚平台,推进青年发展型城市建设,建设一批省级特色产业人才集聚区。
	辽宁	深入实施"兴辽英才计划"和"百万学子留辽来辽"专项行动,"带土移植"引进 300 个高端人才团队,支持引育 1000 名左右各类拔尖创新人才,建设国家重要的人才中心。优化人才发展生态,解决好人才医疗保障、子女就学等后顾之忧,让各类人才安身、安心、安业,人尽其才、才尽其用。
	宁夏	坚持把就业作为最大的民生工程、民心工程,实施就业优先战略,开展"就业创业促进年"活动,加大稳就业力度。创建政府与企业联动、就业与创业互补、数量与质量并重等"七项机制",把困难群体、脱贫人口、退役军人、青年特别是高校毕业生就业摆在更加突出位置。
	青海	深入实施人才强省战略,推进"昆仑英才"行动计划和卓越人才培养计划,举办"项目+人才+平台"科技引才活动,进一步在全社会形成真心爱才、悉心育才、倾心引才、精心用才的氛围。
	河南	强化人才引育力度。深入实施"中原英才计划"、青年人才倍增行动、顶尖人才突破行动。实施重点高校学术校长引进培养专项行动,积极招引海外一流人才。

续表

类型	省份	政府工作报告相关内容
人力资源服务对于实施人才战略的积极作用	上海	持续壮大科技创新"四支队伍"。深化人才发展体制机制改革，实施更加积极、更加开放、更加有效的人才政策，开展国家科技人才评价综合改革试点，推动落实海外人才出入境、停居留等保障措施，开展青年发展型城市建设试点，营造高品质的人才生态。
	山东	实施高校毕业生就业启航扬帆计划，推进农村劳动力就业集成改革。重大基础设施建设实行"以工代赈"，新创设城乡公益性岗位60万个。完善终身职业技能培训制度，支持创新创业和灵活就业，保障公平就业权益。

（二）各地政府对人力资源服务业的政策保障度

使用"北大法宝 V6 版"数据库的高级检索针对"地方法规规章"进行检索。以"人力资源服务"进行全文检索，发布时间范围为 2022 年 8 月 1 日到 2023 年 7 月 31 日。检索到各地政策主要包括两类，一类是地方性法规，另一类是地方规范性文件。

1. 地方性法规

检索得到与"人力资源服务"相关的地方性法规有 24 篇，与 2022 年的 17 篇相比有所增多。这些法规主要是规范人力资源市场条例及优化营商环境相关的政策。

（1）对人力资源市场的规范性政策。例如，《河北省人力资源市场条例》规定："县级以上人民政府应当将人力资源市场建设纳入国民经济和社会发展规划，建立健全统一规范、公平竞争、充分开放的人力资源市场体系，激发人力资源市场活力，提升人力资源服务业发展水平。乡镇人民政府、街道办事处应当协助做好人力资源市场相关工作。"《河南省人力资源市场条例》规定："县级以上人民政府应当健全引才聚才政策体系，结合当地发展需求开展人才引进工作。建立重点领域、重点产业人才需求预测预警和引才目录定期发布机制。畅通高层次人才引进通道，创新兼职挂职、技术咨询、项目合作等引才方式，吸引聚集高层次、高技能和急需紧缺人才。"《吉林省人力资源市场条例》规定："县级以上人民政府应当建立覆盖城乡和各行业的人力资源市场供求信息系统，实现政府有关部门、用人单位、人力资源服务机构和行业协会的信息共享，分析、预测市场供求变化，完善市场信息发布制度,定期发布市场监测信息和市场工资指导价位。省人民政府人力资源社会保障部门应当制定人力资源市场供求信息系统相关标准,统一建立覆盖各级的人力资源服务机构数据库和网络,组织县级以上人民政府人力资源社会保障部门做好人力资源信息网上采集、归类、分析和发布工作,定期发布人力资源服务业行业发展报告,为求职、招聘等提供服务,促进人力资源开发利用和合理配置。"2023年度,更多的省区市以人力资源市场条例等地方性法规的形式对域内人力资源服务业的健康有序发展、域内各级政府对人力资源服务业提供支持的内容和形式等进行了引导与规范。

(2)对优化营商环境的促进性政策。例如,《云南省优化营商环境条例》中要求:"县级以上人民政府及其有关部门应当加强人力资源服务标准化建设,支持人力资源服务产业园区建设,强化人力资源市场主体培育,完善公共就业服务体系,提高劳动力市场监管和服务能力,促进人力资源有序流动和优化配置。支持市场主体与高等院校、科研院所、职业院校、工会、园区等联合培养人才和熟练技术工人,鼓励企业积极引育人才。"《成都市优化营商环境条例》要求:"市和区(市)县人民政府及其有关部门应当完善人力资源管理服务机制,加强人才引进、流动、评价、培养、激励、保障等服务,优化人力资源流动配置,保障市场主体用工稳定,构建统一开放、竞争有序的人力资源市场体系。"《石家庄市优化营商环境条例》要求:"人力资源和社会保障部门应当加强人力资源服务标准化建设,促进人力资源合理流动和优化配置,保障市场主体用工稳定。加强对新就业形态的用工管理,支持市场主体采用灵活用工机制,引导有需求的企业开展共享用工合作。建立健全劳动人事争议联合调解工作机制,畅通劳动者维权渠道,加大监督执法力度,依法保护劳动者和市场主体合法权益。"云浮市、亳州市、南阳市、济宁市等地级市也制定了本地区的优化营商环境条例,并在条例中对人力资源服务业的发展提出了要求,反映出相关地市对人力资源服务业在打造优秀营商环境中的重要意义有清醒认识。值得注意的是北京市在2022年8月29日进一步优化了《北京市优化营商环境条例》,《条例》指出:"市人力资源和社会保障部门建立健全人力资源服务体制机制,培育国际化、专业化人力资源服务机构,为人力资源合理流动和优化配置提供服务。"

(3)对促进就业和提振经济有关的地方性法规。例如,《上海市就业促进条例》规定:"鼓励公共就业服务机构、公共人才服务机构与经营性人力资源服务机构建立合作机制,创新公共就业服务模式。各级人民政府可以按照有关规定,通过多种方式,支持经营性人力资源服务机构、相关社会组织、专业服务机构等承接公共就业服务,发挥其服务市场主体、促进就业的作用。"《汕尾市人才发展促进条例》规定:"市、县级人民政府应当支持引进人力资源服务机构,培育发展人力资源服务产业园和骨干企业,推动建设人力资源服务中心和人才孵化园区,培养人力资源服务业人才,实现人才服务产业化、规模化发展。鼓励各类人力资源服务机构、职业培训机构和从事人才交流的民间机构等社会组织,为人才提供个性化和多样化服务。"

(4)促进数字经济、开发区发展的专门性法规对人力资源服务业的关注。例如,《上海市促进虹桥国际中央商务区发展条例》规定:"本市打造高水平的国际人才高地,建设虹桥国际商务人才港,通过中国上海人力资源服务产业园虹桥园等功能平台,吸引专业性、国际化、创新型人才集聚商务区。"《广州市增城经济技术开发区条例》规定:"管委会应当建立完善人才政策和服务保障体系,通过建立人力资源服务平台、人才奖励制度、人才公寓、人才培训机构、人才交流机制、引进优质教育医疗资源等方式,为人才提供户口迁移、住房、培训交流、就医、子女义务教育等服务和保障。"《郑州航空港经济综合实验区条例》《无锡市数字化转型促进条例》等也有人力资源服务业相关的规定和要求。

我们注意到,2023年度多个省市推出举措支持和举办地方性的人力资源服务业创新发展、创新创业比赛,以实际行动支持人力资源服务业企业的创新和发展。2023年6月至8月,北京、上海、山东、江西、重庆、陕西、湖北、安徽等省市的人社部门都发布通知或成立工作专班推动举办人力资源服务业的相关比赛。上海市人社局推动举办了上海市第一届人力资源服务创新发展大赛,大赛分为初创组和成长组,分别设置一等奖1个、二等奖2个、三等奖3个以及优胜奖、组织奖若干。为真正促进人力资源服务业的发展,上海市还采取了包括组织专家辅导、提供落户支持、各项人才支持、投融资对接等各方面奖励措施。江西省人社厅也印发了《关于举办江西省首届人力资源服务创新创业大赛的通知》,指定了一系列赛事配套举措:省人社厅组织专家对参加全国大赛项目进行专门培训辅导;对决赛获奖项目,推荐与投融资机构、产业基金对接;对优秀团队和个人在人才计划评选以及参加行业重大活动等方面予以倾斜。重庆市人社局 6 月 16 日发布通知举办重庆市首届人力资源服务创新创业大赛,为获奖项目提供了包括奖金激励、宣传推广、市场对接、资源对接、政策扶持在内的政策激励。值得关注的是湖北省,湖北省人社厅在 6 月发布通知,并在 7 月 28 日举办了全省第一届人力资源服务创新创业大赛,对于参赛人员特别是获奖团队(个人),湖北省除了提供相关政策支持外,还为获奖团队(个人)提供了包括职称评定快速通道在内的实际支持,资金支持方面,特等奖 20 万,一等奖 10 万,二等奖 5 万,三等奖 3 万,优秀奖 2 万,共计投入资金 100 余万元,真金白银激励人力资源服务业发展。

综合比较,同 2022 年各地发布的人力资源服务业相关法规相比,本年度相关法规的发布呈现的趋势主要有:更多的省份研究制定了关于人力资源市场的相关法规,以规范公共性和营利性的人力资源服务机构和从业人员的行为,进一步保障人力资源服务业的有序健康发展,一些地级市也在省一级法规的基础上制定了更加具有针对性的人力资源市场的相关法规;各地方更加重视人力资源服务业在优化营商环境和促进就业、保障民生方面的重要作用;在各类开发区、实验区的发展规划当中,人力资源服务业对于人才引进、人才保障的重要作用也受到各级政府的密切关注,并在相关法规中得到了体现。

在深入贯彻落实《关于实施人力资源服务业创新发展行动计划(2023—2025 年)的通知》等文件精神的基础上,多个省市策划并举办了人力资源服务业的创新类比赛,一方面调动了行业组织和行业企业的创新动能和创新积极性;另一方面通过扎实和有吸引力的政策支持吸引更多的人才加入到人力资源服务业的创新发展进程中来,全方位促进人力资源服务业的发展,这也体现了各省政府对人力资源服务业的积极关注。

2. 地方规范性文件

从 2022 年 8 月 1 日至 2023 年 7 月 31 日,检索得到与“人力资源服务”相关地方规范性文件共 247 件(如表 2-1-2 所示),相比 2022 年 228 件有所上升。

表 2-1-2　"人力资源服务"相关地方规范性文件地域分布

省份	2022年排名	2023年排名	排名变化	2022年数量	2023年数量	数量变化
江苏省	19	1	18	4	22	18
浙江省	1	2	−1	24	20	−4
广东省	3	3	0	18	17	−1
山东省	2	4	−2	23	14	−9
内蒙古自治区	7	5	2	11	11	0
广西壮族自治区	10	6	4	8	11	3
辽宁省	11	7	4	8	11	3
湖北省	16	8	8	5	11	6
河南省	5	9	−4	13	10	−3
北京市	12	10	2	8	10	2
河北省	14	11	3	6	10	4
四川省	4	12	−8	17	9	−8
甘肃省	8	13	−5	11	8	−3
黑龙江省	22	14	8	4	8	4
安徽省	9	15	−6	9	7	−2
上海市	17	16	1	5	7	2
江西省	20	17	3	4	7	3
云南省	6	18	−12	13	6	−7
湖南省	23	19	4	3	6	3
陕西省	29	20	9	1	6	5
贵州省	18	21	−3	5	5	0
宁夏回族自治区	25	22	3	3	5	2
重庆市	26	23	3	2	5	3
青海省	21	24	−3	4	4	0
吉林省	27	25	2	2	4	2
天津市	28	26	2	1	4	3
山西省	30	27	3	1	4	3
福建省	13	28	−15	6	3	−3
新疆维吾尔自治区	15	29	−14	6	1	−5
海南省	24	30	−6	3	1	−2

数据来源:北大法宝、各地政府官方网站,检索时间段:2022年8月1日至2023年7月31日,2022年数据参考《中国人力资源服务业蓝皮书2022》。

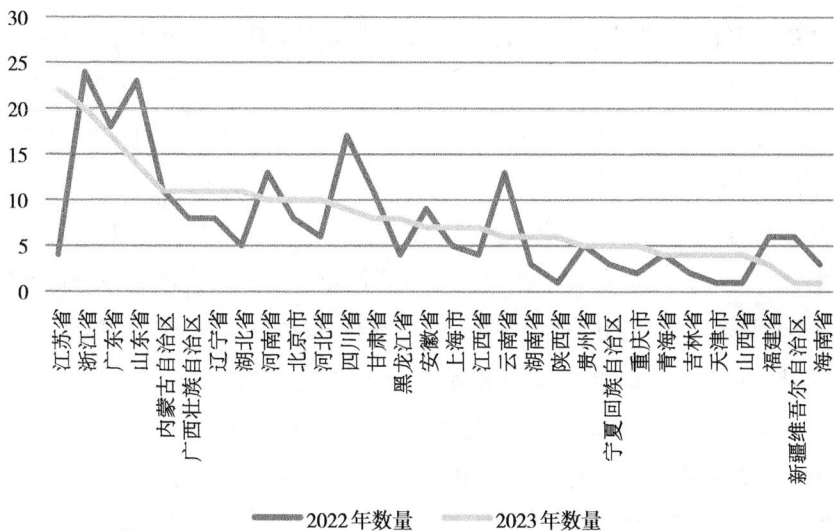

江苏省　浙江省　广东省　山东省　内蒙古自治区　广西壮族自治区　辽宁省　湖北省　河南省　北京市　河北省　四川省　甘肃省　黑龙江省　安徽省　上海市　江西省　云南省　湖南省　陕西省　贵州省　宁夏回族自治区　重庆市　青海省　吉林省　天津市　山西省　福建省　新疆维吾尔自治区　海南省

━━━ 2022年数量　　━━━ 2023年数量

图 2-1-1　"人力资源服务"相关地方规范性文件地域分布

从图表分析可以看出,在 2022 年 8 月到 2023 年 7 月的一年中,江苏省、浙江省、广东省、山东省、内蒙古自治区、广西壮族自治区、辽宁省、湖北省、河南省、北京市、河北省发布的涉及人力资源服务相关内容的地方规范性文件数量超过 10 件,显著高于其他地区;同上一年度相比,出台文件数量超过 10 件的省份由 8 个上升至 11 个,反映出在绝对数量有所提升的同时,对人力资源服务进行重点关注的省份继续增加了。

从地方规范性文件的增幅数据来看,江苏省、湖北省、陕西省、河北省、黑龙江省的地方规范性文件较之上年增长明显,江苏省更是比 2022 年度增加了 18 件。从地方相关规范性文件发布数量的排名来看,江苏省、陕西省、湖北省、黑龙江省同上年相比,名次也有了大幅提升。综合来看,上述省份在规范性文件中对人力资源服务业的关注度和支持力度极大增强了。

综合数量和排名的情况,浙江省连续两年在相关规范性文件的发布方面排名前两名,广东省、山东省也连续两年跻身前五,反映了这三个省份作为人力资源使用、输入、输出大省,对于人力资源服务的重视程度。

应该注意到的是,同人力资源服务相关的地方规范性文件的数量及排名只能从一个侧面部分反映各省区市政府的关注度,由于各地的资源禀赋和政策偏好不尽相同,在规范性文件的发布特别是年度趋势上也必然有各自的特点和影响因素。

总体来看，2023 年度各地政府持续对人力资源服务业投入了很高的关注度。主要表现在几个方面：首先，在 2023 年各省市的政府工作报告中，都将人力资源服务业视为生产性服务业和服务业高质量发展的重要组成部分，同 2022 年的情况相比，山西省、云南省、贵州省在政府工作报告中着重强调了人力资源服务业产业园的建设计划，而不仅仅是在人才工作和就业要求中对人力资源服务业予以关注。各省区市也对人力资源服务业在保障就业、吸引人才等方面的重要作用给予了充分重视，在政府工作报告中进行了规划与展望。其次，从各地政府在本年度中发布的相关地方性法规和规范性文件来看，各地政府对人力资源服务业的规范发展、在优化营商环境举措中发挥的重要价值重点关注。相关的地方性法规、规范性文件在数量、专业性、集中度上都有明显的提升。

在政府关注度的地区分布上，东部地区特别是人力资源使用大省由于自身对于人力资源的巨大需求，对于人力资源服务业的关注度和重视度一直非常突出。本年度从政府层面来看，这一趋势依然在延续，浙江和广东在政策制定与实践探索中仍然走在全国前列，而江苏省取得了长足的进步；西部地区的四川省、广西壮族自治区，继续发挥区域性的人力资源聚集优势，对人力资源服务业的发展作出了新的规划和部署。从各省区市的关注重点来看，全国范围内呈现出一种政策法规的创新扩散效应，对人力资源服务产业园的指导和关注向更多的省份扩展；由部分先进省份（如广东、浙江）提出的人力资源市场条例在 2023 年度也有更多的省区市出台跟进；2022 年度由省一级发布政策与法规，本年度则有更多地市根据自身发展禀赋予以创新和具体化实施。整体而言，人力资源服务业在经济建设、开发区（试验区）建设、保障就业、数字经济等新业态发展中发挥的重要作用，使各省区市政府对于人力资源服务业的关注度和重视度都再上一个新台阶。新冠疫情后，在国民经济快速复苏特别是第三产业的复苏、国内就业市场较为紧迫，党中央提出高质量发展要求的大背景下，各地政府更多地基于本地的需求和政策创新的趋势在政策、文件、法规方面对人力资源服务业给予更多的关注。

二、各地人力资源服务业企业与社会组织的 重视度与关注度分析

（一）各地人力资源服务业相关社会组织的发展概况

本部分通过对在地方民政部登记的地方社会组织进行查询和分析,来反映各地与人力资源服务相关的社会组织的发展程度,拓展政府组织之外的另一观察各地对于人力资源服务业发展关注度的视角。

截至 2023 年 7 月底,各地民政部门登记的社会组织,与"人力资源服务"相关的、登记年限在一年之内的社会组织共有 27 个,同 2022 年度的增长量 36 个相比有所放缓,但同 2021 年 17 个的增长量相比还是有显著提升,其中 26 个为社团组织(主要是各地的人力资源服务行业协会),1 个为民非组织(人力资源服务产业园)。

从存量情况来看,截至 2023 年 7 月底,全国共有与人力资源服务相关的社会组织 240 个,其中 202 个为社团组织(主要是各地的人力资源服务行业协会),38 个为民非组织(主要是各地的人力资源服务中心)。①

除了数量的增长,层级结构逐步完善之外,在新思想、新理念的影响下,人力资源服务业发展迅速,社会组织在行业研究、行业规范、行业领导等方面也发挥了相当大的作用。例如,2023 年,北京市人力资源服务行业协会联合快手快聘宣布启动"灯塔行动",助力传统企业跨入直播招聘新时代。在"灯塔行动"中,快手快聘将通过 1 亿流量扶持、一对一培训服务等方式,助力传统企业解锁直播招聘模式,实现企业账号的快速成长,提高人岗匹配效率,高效完成招聘目标。随着"灯塔行动"的启动,企业能更好地借助快手快聘渠道,实现直播招聘转型升级。

深圳市人力资源服务协会则围绕促进行业发展开展了一系列的活动。据报道,4 月 7 日,2023 年深圳市人力资源服务行业高质量发展大会在深圳人才大市场大厦成功举行。大会现场还同期举行了协会四届六次会员大会,大会提出,深圳市人力资源服务协会将以创新为核心,以服务为主线,持

_____

① 以上新增和存量数据仅包括运行状态正常的社会组织。

续引导行业健全制度机制，提升服务水平和内生竞争力，实现高质量发展，为经济社会发展做出更大的贡献。

2023年度，各地人力资源服务社会组织还积极推进合作与共建。据报道，2023年6月28日，第十五届中国留学人员南京国际交流与合作大会三大特色活动之一的南京都市圈·粤港澳大湾区人力资源服务联盟（以下简称联盟），在南京国际博览会议中心惊艳亮相，这是在南京市委市政府有关部门高度重视和积极推动下，由南京市人力资源产业协会发起、南京都市圈和粤港澳大湾区14个城市（区）人力资源协会、13个城市头部人力资源服务机构参与成立的。据记者了解，这个联盟是目前国内首个内地链接粤港澳大湾区人力资源服务的联合体，旨在发挥留交会跨区域综合引才平台的辐射带动效应，构架横跨南京都市圈与粤港澳大湾区这两大区域的引才大平台，协同推进人力资源服务业创新发展。

（二）各地人力资源服务企业的发展概况

本部分通过"天眼查"进行查询，通过登记企业的数量等信息综合分析人力资源服务相关的企业的发展程度，拓展政府组织、社会组织之外的另一观察各地对于人力资源服务业发展关注度的视角。

我们通过天眼查，以"人力资源服务"为关键词，对业务范围为人力资源服务且注册时间为2022年8月1日到2023年7月31日之间的企业进行了查找筛选，共查找到人力资源服务企业1975家，其中注册资本在1000万人民币以上的企业67家，企业名称直接同人力资源服务业有关的476家，注册资本在1000万人民币以上的8家。2023年度新注册资本在1000万人民币以上且处于存续状态的人力资源服务企业地区分布情况见表2-1-3。

表2-1-3　2023年度新注册资本在1000万人民币以上
人力资源服务企业地区分布

省份	四川	浙江	广西	辽宁	江苏	贵州	福建	湖北	山东	河南
企业数量	8	7	6	6	5	4	4	4	3	3
省份	上海	安徽	广东	吉林	河北	云南	重庆	湖南	西藏	山西
企业数量	3	3	2	2	2	1	1	1	1	1

表 2-1-3 部分反映了在 2023 年度各省新增较大规模人力资源服务业企业的状况,四川、浙江、广西、江苏、辽宁发展速度较快,新增较大规模人力资源服务业企业数量较多。

而关注 2021 年 8 月 1 日到 2022 年 7 月 31 日即上一年度的情况,注册且仍存续企业 3845 家,其中注册资本在 1000 万人民币以上的企业 136 家,企业名称直接同人力资源服务业有关的 901 家,注册资本在 1000 万人民币以上的 29 家。

经过比较可以发现,后疫情时代人力资源服务业企业新建发展速度同上一年度相比有所放缓,但整体来说人力资源服务业企业仍然蓬勃发展,也仍然是现代服务业发展的重要领域。本年度,行业龙头企业也对人力资源服务业的发展投注了精力,付出了行动。

在广西壮族自治区工商联召开的《中共中央国务院关于促进民营经济发展壮大的意见》专题学习会议上,广西锦绣前程人力资源股份有限公司董事长表示,《意见》特别强调要"强化人才和用工需求保障"。锦绣前程全体员工将坚定不移地执行《意见》要求,发挥人力资源企业在就业领域的渠道优势,运用大数据、人工智能等现代化技术,持续推进人力资源服务向数字化转型,继续在校企合作、产教融合、职业技能培训等领域发力,千方百计为劳动者扩大就业选择,在推动就业、提升素质、市场竞争中大显身手。

（三）各地人力资源服务业企业与社会组织的微博官方账号情况与发布分析

截至 2022 年四季度末,微博月活跃用户达到 5.86 亿,同比增长 1300 万,日活跃用户达到 2.52 亿,同比增长 300 万。微博已经是公众了解新鲜事物、参与社交活动的重要平台。各地人力资源服务企业、社会组织与个人也关注到微博的传播效应和积极影响,我们可以通过相关数据了解企业与社会组织的关注度与参与度。

通过新浪微博的用户高级搜索界面,搜索到了"人力资源服务"相关用户数量为 8782 个,比去年同期减少了 59 个,降幅为 0.6%。其中机构认证用户数量 2344 个,个人认证用户数量 366 个。通过对微博用户的标签信息进行检索,搜索到了 176 个机构认证用户,与上年基本持平;9 个微博个人认证用户，同比减少4个。

表2-1-4 "人力资源服务"相关微博账户地域分布

地区	2022 年数量	2022 年排名	2023 年数量	2023 年排名
北京	312	1	317	1
广东	242	2	279	2
上海	196	3	199	3
江苏	131	4	129	4
山东	115	6	125	5
河南	125	5	121	6
河北	83	9	105	7
湖北	86	8	86	8
浙江	103	7	85	9
四川	73	10	80	10
辽宁	59	12	64	11
福建	61	11	56	12
陕西	54	13	55	13
重庆	42	15	52	14
天津	44	14	49	15
安徽	35	16	45	16
湖南	34	17	40	17
广西	31	18	32	18
甘肃	26	19	32	19
贵州	14	23	23	20
山西	12	25	21	21
海外	20	20	20	22
云南	15	22	15	23
江西	0	28	15	24
吉林	18	21	11	25
黑龙江	12	24	11	25
新疆	0	28	11	25
内蒙古	0	28	8	28
香港	6	27	7	29
海南	0	28	7	30

地区	2022 年数量	2022 年排名	2023 年数量	2023 年排名
宁夏	0	28	5	31
青海	12	26	2	32
西藏	0	28	0	33

注:新浪微博的系统当中将无法确定地区位置的账户判断为"其他",这部分用户因为同地域分布的关系不大,因此本年度不再单独将其列出。

从表 2-1-4 中可以看到,"人力资源服务"相关微博账户的地域分布同 2022 年度基本一致,各省区市的排名也基本保持一致,前十名的省份同上一年度保持一致,大多数省区市的相关微博账户数量都有一定的增加。北京、广东、上海仍稳居相关微博账户数量的前三名,其相关的个人账户和机构账户数量均远高于其他地区,广东省相关微博账户数量在本年度还保持了较高的增长速度,反映出这些地区人力资源服务企业、机构、从业人员的繁荣发展态势。从用户数量来看,北京、广东、上海属于第一梯队;江苏、山东、河南、河北区域内的相关账户数量在 100 个以上,相对较高,属于第二梯队;而账户数量在 50 到 100 个之间的湖北、浙江、四川、辽宁、福建、陕西、重庆等省市属于第三梯队。相对而言,西北、西南、东北部分省份的相关账户数量较少,排名较为靠后。值得关注的是,归属江西、新疆、内蒙古、海南、宁夏等省区的"人力资源服务"微博相关账户在 2022 年度的统计中为 0(可能存在被微博平台未分类的情况),而在 2023 年的统计中,五个省份均有突破,江西省的相关账户数量更是达到了 15 个,从一个侧面显示出五省区在人力资源服务业方面的发展。整体而言,从微博相关账号的地域分布来看,仍然呈现出全国性的经济中心、经济发达地区、人力资源流入流出大省的数量较多,机构账号数量也明显较多的趋势,意味着地区机构与企业的关注程度较高。

三、人力资源服务业的公众关注度与媒体关注度

(一) 人力资源服务业的公众关注度

1. 百度指数

百度指数是以百度海量网民行为数据为基础的数据分享平台。通过检

索特定关键词,可以呈现关键词搜索趋势、洞察网民兴趣和需求、监测舆情动向、定位受众特征。

"人力资源"是输入百度指数的关键词,将时间段限定为2022年8月1日到2023年7月31日,得到的搜索指数①如图2-1-2所示。

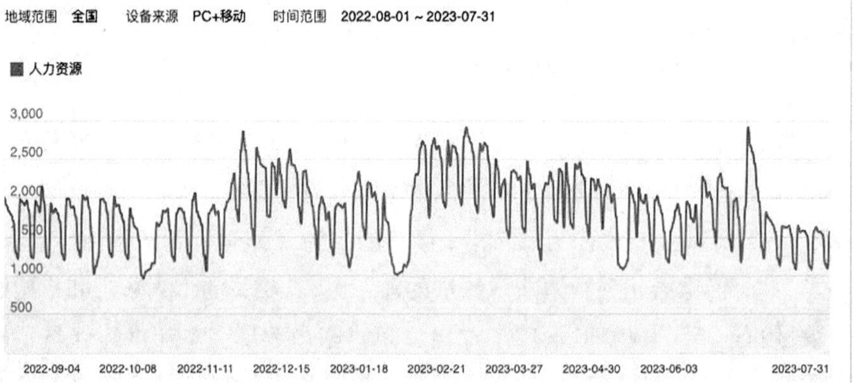

图2-1-2 "人力资源"百度指数关键词搜索趋势

本年度百度指数呈现一个不断波动的状态,从趋势上来看,整体呈现一个随着热点话题出现搜索高峰的情况;在2023年农历新年前后属于用工和就业的相对低潮期,搜索指数也出现了明显的下降;春节后随着应届毕业生就业需求的上涨,整体的搜索也较春节前有显著的增长。

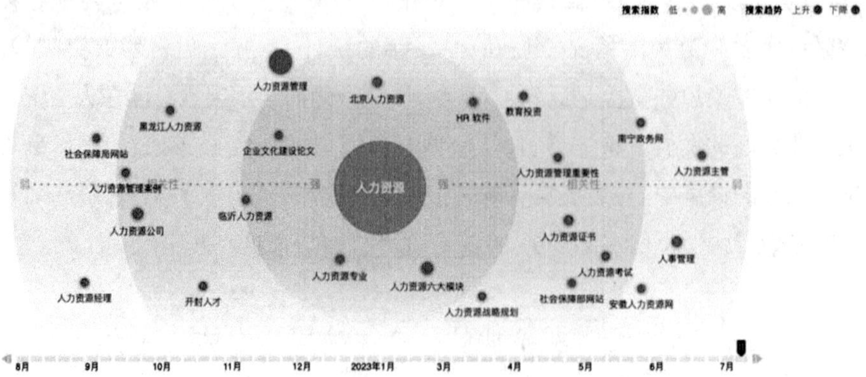

图2-1-3 "人力资源"百度指数需求分布图

---

① 搜索指数是以网民在百度的搜索量为数据基础,以关键词为统计对象,科学分析并计算出各个关键词在百度网页搜索中搜索频次的加权和。

需求分布图所呈现的是近一年(2022 年 8 月 1 日到 2023 年 7 月 31 日)与"人力资源"相关的检索关键词,图 2-1-3 是针对特定关键词的相关检索词进行聚类分析而得的词云分布。从中可以看出公众对于人力资源的检索关注点在于"人力资源专业""企业文化建设""人力资源管理"等领域,对于"人力资源服务业"的关注虽未有明确的体现,但其中"人力资源公司""社会保障局"等都是与人力资源服务业相关的词语。

对关注"人力资源"的人群展开分析,各地区人们对于"人力资源"这一关键词的搜索指数,总体上东部沿海地区的关注度明显高于其他地区,华北、华南次之,而中西部地区的社会公众搜索指数相对较低,地域分布情况与 2022 年相比,东北的吉林和西南的川渝都有明显的提升。

从城市来看,北京、上海、广州、深圳等特大城市仍是社会公众关注度相对高的地区,西部地区的重庆在搜索指数上更是高居全国第一,整体上呈现东西南北各成中心的趋势。从检索关注的人群地域分布可以发现,经济发达地区对于人力资源服务业的关注度相对较高,重庆市这一年中人力资源服务业高速发展,体现在搜索指数上则是排名稳中有升,侧面反映出这些地区人力资源服务业发展具有相对良好的社会环境基础和广泛的社会关注度。

2. 微信指数

微信指数①是腾讯开发的整合了微信上的搜索和浏览行为数据,基于对海量云数据的分析,形成的当日、7 日内、30 日内以及一年内的"关键词"的动态指数变化情况,即用具体的数值来表现关键词的流行程度。相较于长时间段的百度指数和微博指数,微信指数提供的数据异动查看功能能够更加精确地反映某个词语在短时间段内的热度趋势和最新指数动态,能够预测该关键词成为热词的潜力。并且考虑到微信作为"国民 App"在覆盖度和使用率上的优势,以及微信搜索和浏览对传统搜索引擎的冲击,微信指数从实际应用的层面反映了公众对人力资源服务业的关注度。

以"人力资源服务业"作为检索关键词,我们得到了近一年(2022 年 8

---

① 微信指数计算采用数据:总阅读数 R、总点赞数 Z、发布文章数 N、该账号当前最高阅读数 Rmax、该账户最高点赞数 Zmax。采用指标:总阅读数 R、平均阅读数 R/N、最高阅读数 Rmax、总点赞数 Z、最高点赞数 Zmax、点赞率 Z/R。

月 5 日到 2023 年 8 月 4 日）"人力资源服务业"微信指数变化趋势图（图 2-1-4）。

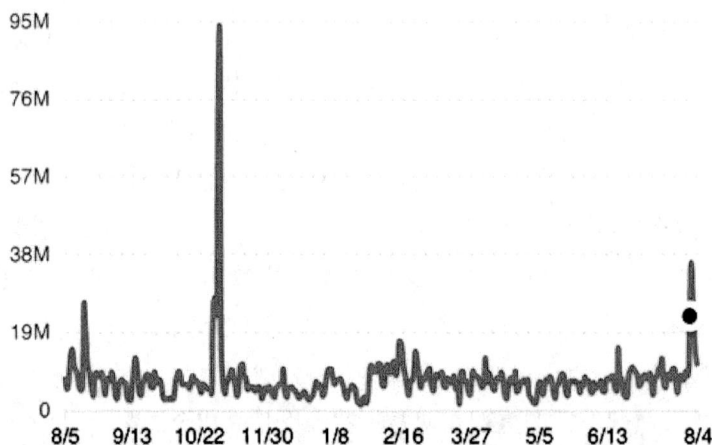

图 2-1-4　"人力资源服务业"微信指数变化趋势图

与 2022 年同时段微信指数相比，微信用户对于人力资源服务业的浏览量、搜索量和关注度是有提升的。

使用数据异动查看功能对几个微信指数大幅提升的时间节点进行查看，我们发现指数显著较高的时间主要有几个。例如，2022 年 10 月 30 日，指数出现了非常显著的增长，经过对新闻资讯的检索，当日，人力资源和社会保障部发布了关于开展"2023 年春风行动暨就业援助月"专项服务活动的通知。由此可见，公众的关注度同行业事件特别是与人才、就业有关的行业事件密切相关，随着人力资源服务业对于稳增长促就业的行业效益进一步体现，公众的关注度和重视程度会不断提高。

3. 360 指数

360 指数平台是以 360 网站搜索海量网民行为数据为基础的数据分析统计平台，在这里可以查看全网热门事件、品牌、人物等查询词的搜索热度变化趋势，掌握网民需求变化。"人力资源"是在 2022 年 8 月 1 日至 2023 年 7 月 31 日中浏览较多的关键词，可以通过分析其 360 指数的变化趋势来分析社会公众对于"人力资源"领域的关注度。

同 2022 年度的变化趋势比较，我们发现本年度中 360 指数的变化更加

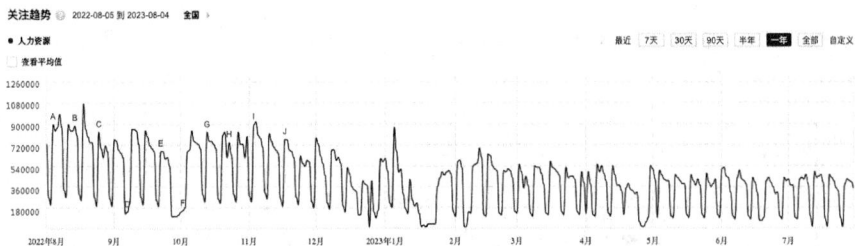

图 2-1-5　"人力资源"360 指数变化趋势（2022 年 8 月 1 日至 2023 年 7 月 31 日）

频繁,"热搜"出现的次数增多,热点程度也明显超越上一年度,这同百度指数、微信指数以及我们对各省区市对人力资源服务业重视程度的分析是高度吻合的,公众对于人力资源和人力资源服务业的作用和影响都更加重视。

　　360 指数平台除了提供热搜词汇和热搜事件的信息外,还提供了同关键词相关的科研院所排行。广东财经大学拥有全国第一个人力资源学院,在本年度的科研院所排行中以较大优势位居首位。

表 2-1-5　360 指数——科研院所指数排行

	科研院所	
1	广东财经大学	244
2	山东大学	168
3	广州大学	116
4	西南财经大学	104
5	重庆工商大学	92
6	南京大学	92
7	安徽财经大学	92
8	华中师范大学	92
9	浙江工商大学	88
10	厦门大学	88

　　与百度指数反映出的结论类似,广东、北京、河南、山东等地区对于人力资源服务的热议度最高。与 2022 年度相比,中部省区市对人力资源的关注度有显著提升,区域间的关注度差距正在不断缩小。

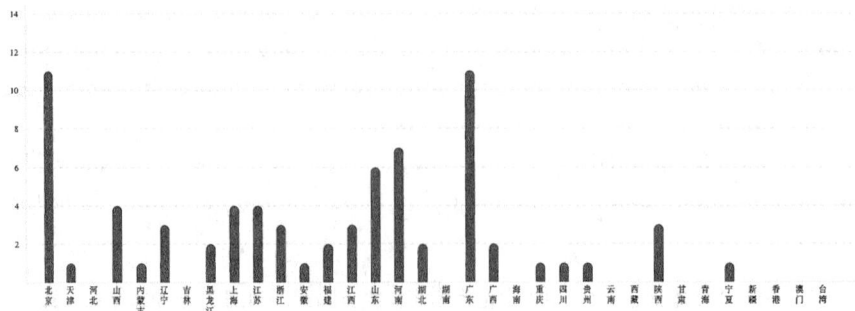

图 2-1-6　"人力资源"关注人群地区分布（2022 年 8 月 1 日至 2023 年 7 月 31 日）

（二）人力资源服务业的媒体关注度

在公众关注度之外，媒体对于人力资源服务业的关注度也一定程度上反映了人力资源服务业受到关注的程度和这一年度人力资源服务业行业事件和整体的发展状况。本书延续以往的研究思路，选取在全国范围内有知名度的主流媒体（主要是纸媒及其在线平台）以及各省区市的代表性纸媒，对其报道中同人力资源服务业有关的报道数量进行检索，并对相关数据进行分析和比较。

1. 全国性主流媒体的关注度

通过搜索引擎及各平台自己的内部搜索，在光明网、人民网、环球时报、中国青年报、新京报官方网站查找"人力资源服务业"相关新闻，得到下列数据（见表 2-1-6）。

表 2-1-6　2018—2023 年全国性主流媒体关于人力资源服务业新闻报道数量

	光明网	人民网	环球时报	中国青年报	新京报	总量
2023 年相关报道篇目	184	484	55	4	8	735
2022 年相关报道篇目	104	331	39	2	10	486
2021 年相关报道篇目	176	381	44	5	12	618
2020 年相关报道篇目	128	324	35	13	2	502
2019 年相关报道篇目	154	373	57	8	3	595
2018 年相关报道篇目	96	257	40	16	1	410

数据来源：各媒体官网，检索时间段：2022 年 8 月 1 日到 2023 年 7 月 31 日，2018 年、2019 年、2020年、2021 年、2022 年数据参考各年度《中国人力资源服务业蓝皮书》。

从我们检索的结果来看,全国性主流媒体对于人力资源服务业的新闻报道的数量相较 2022 年大幅上升,人民网和光明网的相关报道数量更是比以往年度有比较明显的提升。从报道内容来看,主要同疫情后保增长稳就业的大趋势以及政府、企业、行业协会等主体的积极行动密切相关。此外,2023 年中国人力资源服务业发展战略高端论坛暨《中国人力资源服务业蓝皮书 2022》发布会也受到了主流媒体的关注和报道。

2. 地方媒体的关注与报道

本部分通过对各省区市(港澳台地区除外)代表性纸媒对"人力资源服务业"的相关报道数量进行统计分析。

表 2-1-7　2019—2023 年各地报纸媒体关于人力资源服务业相关报道数量

	2023 年相关报道篇目	2022 年相关报道篇目	2021 年相关报道篇目	2020 年相关报道篇目	2019 年相关报道篇目
北京日报	11	6	22	21	1
天津日报	9	7	8	12	1
上海新民晚报	*	*	5	8	7
重庆日报	23	22	31	6	11
河北日报	25	15	9	11	8
河南日报	16	2	9	7	14
云南日报	13	8	5	2	3
辽宁日报	9	3	11	8	4
黑龙江日报	7	4	4	3	2
湖南日报	6	3	13	11	8
安徽日报	*	*	5	7	9
山东齐鲁晚报	*	*	5	6	*
新疆日报	9	7	*	1	5
江苏扬子晚报	*	*	1	*	*
浙江日报	10	1	6	2	5
海南日报	10	2	2	1	2
江西日报	9	7	2	2	3
湖北日报	*	3	2	5	1
广西日报	14	8	6	3	8
甘肃日报	8	1	7	2	3

续表

	2023 年相关报道篇目	2022 年相关报道篇目	2021 年相关报道篇目	2020 年相关报道篇目	2019 年相关报道篇目
山西日报	15	2	2	3	4
呼和浩特日报	9	5	4	*	1
陕西日报	8	6	3	13	4
吉林日报	12	11	7	4	6
福建日报	5	4	8	5	1
贵州日报	10	14	12	13	10
广东日报	*	*	3	1	*
青海日报	10	5	1	2	4
中国西藏新闻网	1	*	*	*	*
四川日报	8	13	2	8	2
宁夏日报	5	5	1	*	*
总计	262	164	196	168	127

数据来源:中国知网—报纸系统,全文检索"人力资源服务业",检索时间跨度为 2022 年 8 月 1 日到 2023 年 7 月 31 日,http://kns.cnki.net/kns/brief/result.aspx? dbprefix = CCND。2019 年、2020 年、2021 年、2022 年数据参考各年度《中国人力资源服务业蓝皮书》。

从统计数据可以看出,无论是总量还是各省区市纸媒报道的数量,同2022 年度相比都有非常显著的上升,更是五个年度以来报道总量最多的一年。北京、重庆、河南、河北等人口资源、人力资源大省在纸媒报道数量上仍然居于前列,中西部地区、东北地区的相关报道数量也有明显的增加。这一方面反映了五年来人力资源服务业的快速发展以及社会各界给予的关注,另一方面反映了后疫情时代人力资源服务业在推动高质量发展进程中的重要作用。同微信、微博等民众自发关注的观察视角相比,主流纸媒引导下的公众更加关注同就业、民生、人才、服务等相关的人力资源服务主体和行业的动向和事件。总体而言,主流媒体的关注反映出的不仅仅是人力资源服务业在数量与规模上的发展,更标志着人力资源服务业作为现代服务业的重要组成,其服务于经济、社会、民生、就业的重要价值和作为高质量发展内生动力和重要创新助推器的功用正在越来越深入人心,受到广泛的关注。

从地区间的比较来看,地方媒体对于人力资源服务业报道的差异,整体而言并不像我们在本章中所关注的其他维度的区域间比较那样,反映出同经济发展水平、人口资源和人力资源禀赋高度相关的差异性特征。例如从表2-1-7中可以发现,同为经济较发达省市,北京和浙江的地方媒体对人力资源服务业的关注度较高,但上海、广东的主流纸媒过去一年中对人力资源服务业的关注度并不算高。这同新经济发展格局下各省区市政府对于人力资源服务业普遍较高的关注度,以及中西部地区省区市政府对于通过人力资源服务业等新型服务业的发展,带动盘活区域经济,吸引并留住各类人才,实现经济的创新发展和跨越式发展的关注和努力是密切相关的。

　　本章主要是从政府、社会组织、公众与媒体等不同群体的视角出发,通过大数据方法和文本分析方法,使用主流平台作为数据源对主流社交媒介、纸质媒介、网站、各省政府工作报告以及相关政策法规、规划文件进行数量统计和内容分析,来阐述人力资源服务业在我国各省市受到的重视程度及关注程度。

　　同2022年度相比较,本年度各省区市政府对于人力资源服务业的关注度和重视度进一步提升。各地政府在政府工作报告中不仅对2022年区域内人力资源服务业的发展状况和发挥作用进行了回顾总结,更是以各种方式对人力资源服务业做出了指导与规划。云南等省份对本省人力资源产业园的发展提出了要求与规划,其他省区市也对人力资源服务业发展方向以及在高质量发展进程中引入人才、保护人才、开发人才的重要作用进行了指导和规划。各省区市在2023年度都有出台新的政策文件,关注、指导人力资源服务业发展的多个方面。在中央相关文件精神的指导下,在2023年6—7月间,各省区市发布通知、文件,比较密集地筹备、支持、举办了省一级的人力资源服务业创新发展(创新创业)大赛。这是同上一年度相比非常鲜明的政策亮点,通过大赛,各省市探索出推动人力资源服务业高质量发展、创新发展的新路径。而从各省区市之间的比较来看,中东部省区市特别是沿海较发达地区在政策研判和政策创新方面依然走在全国前列,中西部地区中,川渝两省发展亮眼,从全国的趋势来看,政策创新的传播效应比较显著。

　　在本书的统计口径内,2023年度的人力资源服务业仍然受到新冠疫情和国内外形势的影响,如新注册人力资源服务业企业数量较上一年度相比有比较明显的回落,但各省区市的人力资源服务业企业和社会组织从数量和规模上看仍然保持了稳定的发展趋势，特别是疫情防控措施放开以来，行业企业和社会组织复苏迅速，并为国民经济发展作出了很大贡献。从区域比较的角度来看，行业关注度的分布和经济发展水平以及政府关注程度有很强的关联性，人力资源服务业企业大多密集分布在北上广深及成渝地区，因此行业关注度也较为集中在这些地区；而从新注册人力资源服务业企业的分布来看，中部地区特别是几个人力资源大省的行业关注度也呈现稳步上升的趋势。

公众和媒体对于人力资源服务业的重视度和关注度分别是通过对权威搜索指数和主流媒体（特别是纸媒）的大数据分析进行的。从搜索指数来看，2023 年以来，公众和媒体对就业、民生的关注度迅速提高，这同公众和媒体对人力资源服务业关注度的提高有很强的同步性。对人力资源服务业的关注度同区域经济发展以及人力资源的流入流出有着密切关系，经济发展优势突出的省区市的人力资源服务业关注度非常高。主流纸媒的关注度区域差异则比较小，整个人力资源服务业的发展和现代服务业概念的传播是这一现象背后的主导因素。

第二章　人力资源服务业发展环境
指数与各省区市水平排名

【内容提要】

中国人力资源服务业发展环境指数研究对指导中国人力资源服务业的健康发展具有十分重要的意义。本年度课题组在充分吸收借鉴往年指数体系以及最新研究及实践成果的基础上,基于科学性与系统性、客观性与引领性、全面性与简约性等原则对指数体系进行了修订,形成了包括政治维度、经济维度、社会维度、技术维度、人才维度共计 14 个指标在内的指数评价体系。与上一年度指标体系相比,本年度新增或更新了 7 项指标,并将第一章的部分重视度与关注度指标也纳入其中。在收集 2022—2023 年全国 31 个省区市相关数据的基础上,对各省区市人力资源服务业发展环境指数进行了排名,并从整体情况、具体维度和趋势变化三个方面对指数进行了分析。排名与分析结果显示,各省区市人力资源服务业的发展环境存在一定的差异性,其中广东省、北京市、江苏省、上海市、浙江省处于领先水平,宁夏回族自治区、黑龙江省、辽宁省、吉林省、湖北省、广西壮族自治区、青海省呈现出蓬勃发展的向好态势,不同省区市各维度对于整体人力资源服务业指数的拉动效应有所差异。最后,基于指数分析结果提出改进建议,包括在政治方面重视顶层设计,优化产业政策;在经济方面推动经济转型,变革动力机制;在社会方面强化社会兜底,完善保障体系;在技术方面推进技术创新,实现数字赋能;在人才方面保障居民就业,防范失业风险。

Chapter 2　The Development Environment Index of Human Resource Service Industry and the Ranking of Each Province, District and City Level

【Abstract】

The research on the development environment index of China's human resource service industry is of great significance to guide the healthy development of China's human resource service industry. This year, on the basis of fully absorbing and learning from previous index systems as well as the latest research and practical results, the research group revised the index system based on the principles of scientificity and systematization, objectivity and leadership, comprehensiveness and simplicity, and formed an index evaluation system that includes 14 indicators including political dimension, economic dimension, social dimension, technical dimension and talent dimension. Compared with the previous year's indicator system, 7 indicators were added or updated this year, and some of the emphasis and attention indicators in Chapter 1 were also included. On the basis of collecting the relevant data of 31 provinces, autonomous regions and municipalities in 2023, the development environment index of human resource service industry in each province is ranked, and the index is analyzed from three aspects: the overall situation, specific dimension and trend change. The ranking and analysis results show that there are some differences in the development environment of human resource service industry among provinces, regions and municipalities, among which Guangdong Province, Beijing, Jiangsu Province, Shanghai and Zhejiang Province are in the leading position, while Ningxia Hui Autonomous Region, Heilongjiang Province, Liaoning Province, Jilin Province, Hubei Province, Guangxi Zhuang Autonomous Region and Qinghai Province show a good trend of vigorous development. Different provinces, districts and cities have different pulling effects on the overall human resource service industry index. Finally, based on the results of index analysis, the author puts forward some suggestions for improvement, including attaching importance to top-level design in politics and optimizing industrial policy; on the economic side, promote economic transformation and change the dynamic mechanism; in the social aspect, strengthen the social protection and improve the security system; in terms of technology, promote technological innovation and realize digital empowerment; in terms of talent, we will ensure the employment of residents and prevent the risk of unemployment.

　　人力资源服务业属于服务业,是产业经济中的一个门类,在完善市场生产经营管理、优化社会人力资源配置、提升政府经济发展效能等方面发挥着至关重要的作用。近年来受到新冠疫情等复杂因素的影响,经济增速整体放缓,然而人力资源服务业持续走高,呈现出良好的发展态势,成为当前与未来中国经济发展的新增长点。事实上,任何一个产业想要发展,除了自身的发展实力和潜力外,都离不开外界环境因素的影响和干预。人力资源服务业作为一个朝阳产业,必然存在影响其发展的各种复杂环境因素的综合作用,并且该作用呈现出动态发展且不断变化的过程。人力资源服务业发展环境是人力资源服务业培育、成长、勃发的土壤,环境好,则产业兴,人才聚;环境劣,则产业衰,人才散。党和国家始终坚持优化人力资源服务业发展环境,并将其作为推动人力资源服务业产业升级和发展创新的重要抓手。在充分归纳概括人力资源服务业现实经验的基础上,建构一套专门化的评价指标体系,对于客观认识人力资源服务业发展环境现状,科学指导人力资源服务实践活动,引领人力资源服务业健康发展,具有重要的现实意义。

一、人力资源服务业发展环境指数修订与说明

(一)人力资源服务业发展环境指数的概念及研究现状

人力资源服务业发展环境指数,是指依据特定的人力资源业发展环境

指标评价体系所计算出的综合数量结果。在学术研究中,叶红春和邓琪
(2015)①、田永坡(2016)②、王凌(2016)③、陈超(2021)④、王建兰(2021)⑤
等多位学者围绕人力资源服务业发展环境的影响因素和评价方法进行了探
讨,陆晓敏(2011)⑥、莫荣和陈玉萍(2013)⑦、董小华(2013)⑧、侯增艳
(2014)⑨、董良坤(2014)⑩、郭璐(2017)⑪、王林雪和熊静(2016)⑫等学者
设计提出了具体的人力资源服务业发展环境评价指标。其中最具代表性和
影响力的是北京大学萧鸣政教授领衔的《中国人力资源服务业蓝皮书》团
队的研究成果。该团队深耕中国人力资源服务业发展环境的影响因素研
究,探讨影响其发展的内在机理和关键因素,于2019年首次开发了中国人
力资源服务业发展环境指数评价体系并一直延续至今,主要观点见表2-
2-1。上一年度课题组对人力资源服务业发展环境指数进行了全面优化,
将原有指标整合为就业、社保、土地、收入、消费、财政、生产、技术、研发、市
场、贸易等11项复合指标,并基于2021年全国31个省区市数据进行了测

① 叶红春、邓琪:《湖北省人力资源服务业服务效率的影响因素研究》,《湖北大学学报
(哲学社会科学版)》2015年第4期。
② 田永坡:《人力资源服务业发展环境评估及其取向》,《重庆社会科学》2016年第
9期。
③ 王凌:《人力资源服务产业集聚建设的影响因素及其突破》,《江西社会科学》2016年
第7期。
④ 陈超:《基于SWOT分析人力资源服务业发展——以湖北荆门为例》,《中国人力资源
社会保障》2021年第12期。
⑤ 王建兰:《基于人力资源服务视角的无锡人才发展服务环境建设》,《江南论坛》2021
年第9期。
⑥ 陆晓敏:《提高人力资源服务性企业的核心竞争力》,《东方企业文化》2011年第
22期。
⑦ 莫荣、陈玉萍:《国外人力资源服务业的发展》,《第一资源》2013年第4期。
⑧ 董小华:《人力资源服务业发展问题初探》,《中国人力资源开发》2013年第5期。
⑨ 侯增艳:《我国人力资源服务产业园区发展状况及对策研究》,《经济研究参考》2014
年第56期。
⑩ 董良坤:《构建上海人力资源服务产业发展的制度环境研究——以中国上海人力资
源服务产业园区为例》,《第一资源》2014年第2期。
⑪ 郭璐:《地方政府促进人力资源服务业集聚的行为研究》,硕士学位论文,西安电子科
技大学,2017年。
⑫ 王林雪、熊静:《人力资源服务业空间集聚组织模式研究》,《科技进步与对策》2016
年第14期。

算和对比,论证了指标体系的科学性和合理性①。

表 2-2-1　《中国人力资源服务业蓝皮书》人力资源
服务业发展环境指数体系总结

	框架背景	维度	指标
萧鸣政等 (2019)②	无	未分类	人均国内生产 总值等 10 项 指标
萧鸣政等 (2020)③	PEST 分析	政治、经济、社会、技术、空间	政府关注度等 21 项指标
萧鸣政等 (2021)④	国内国际双 循环	"人""源""资""技""外"	教育经费等 16 项指标
萧鸣政等 (2022)⑤	复合型指数 评价	就业、社保、土地、收入、消费、财政、生产、 技术、研发、市场、贸易	城镇就业毕业 等 13 项复合 型指标

（二）本年度人力资源服务业发展环境指数修订原则

本年度人力资源服务业发展环境指数修订主要基于以下三方面的原则。

一是科学性与系统性相结合。指标体系的权威性取决于指标选取和指标体系设计是否科学合理。在评价指标体系中,既要强调单个指标内涵的准确性,也要注重指标体系的系统性和合理性。这就决定了评价指标体系要尽量避免使用单一指标的简单结构,而应将概念相近的指标归入为更高阶的维度。本年度课题组在参考相关研究以及实践调查的基础上,提出了政治、经济、社会、技术、人才五大维度,以便开展进一步的比较

---

① 萧鸣政等著:《中国人力资源服务业蓝皮书2022》,人民出版社2023年版,第105—125页。

② 萧鸣政等编著:《中国人力资源服务业蓝皮书2019》,人民出版社2020年版,第190—210页。

③ 萧鸣政等著:《中国人力资源服务业蓝皮书2020》,人民出版社2021年版,第158—183页。

④ 萧鸣政等著:《中国人力资源服务业蓝皮书2021》,人民出版社2022年版,第115—139页。

⑤ 萧鸣政等著:《中国人力资源服务业蓝皮书2022》,人民出版社2023年版,第105—125页。

和分析。

二是客观性与引领性相结合。人力资源服务业发展环境评价指标体系的提出，其核心目标是客观反映不同地区人力资源服务业发展环境的现状，为政府制定相关产业发展政策提供全面清晰的依据。因此在修订指标时，要尽可能使用官方正式发布的权威数据或客观统计数据，剔除实效性不强、与人力资源服务业发展环境关联不大的指标，以期客观反映当前各省区市人力资源服务业发展的环境因素情况，引导地方政府着力改善行业发展环境。

三是全面性与简约性相结合。评价指标体系应尽可能涵盖人力资源服务业发展环境的各个方面，既要反映行业发展的现状和规律，也要体现行业未来发展的方向和趋势。本年度课题组在上一年度指标体系的基础上新增或更新了 8 项指标，并将能够反应各省区市重视度（规范性文件数量）和关注度（微博机构认证用户数量）的指标纳入其中。同时在众多相似指标中反复对比择优，在不过多增加调查成本的前提下设计出最能反映人力资源服务业发展环境情况的指标体系。

（三）修订后的人力资源服务业发展环境指数体系及结构

本年度课题组邀请了多位人力资源服务业领导干部、专家学者、从业人员对原有指数体系进行修订，形成了包括政治维度、经济维度、社会维度、技术维度和人才维度共计 14 个指标在内的指数评价体系，具体见表 2-2-2。

表 2-2-2　中国人力资源服务业发展环境指数体系（2023 年修订版）

维度	指标	含义	来源
政治维度	规范性文件数量	"人力资源服务"相关地方规范性文件数量（篇）	北大法宝、各地政府官方网站
	公共服务质量指数	用于反映政府提供的公共服务所能满足民众期望与需求程度的指数（满分为 100）	各地政府官方网站
	政府网站服务能力指数	用于反映政府网站在信息服务、事务服务、参与服务、服务传递、服务创新等方面能力的指数（满分为 100）	中社智库

续表

维度	指标	含义	来源
经济维度	第三产业增加值	按市场价格计算所有常住单位在一定时期内从事第三产业生产活动的最终成果(亿元)	国民经济和社会发展统计公报
	居民消费价格指数	一定时期内城乡居民所购买的生活消费品和服务项目价格变动趋势和程度的相对数(上年为100)	国家统计局
	外商投资企业进出口总额	外商投资企业在我国的进口与出口金额之和(亿美元)	国家统计局
社会维度	微博机构认证用户数量	"人力资源服务"相关机构认证用户数量(个)	新浪微博
	城镇化水平	城镇人口占总人口的比重(%)	国家统计局
	失业保险参保比例	参加了失业保险的城镇企业、事业单位的职工及地方政府规定参加失业保险的其他人员占总人数的比例(%)	国民经济和社会发展统计公报
技术维度	专利授权量	由专利行政部门授予专利权(发明、实用新型和外观设计)的件数(万件)	国民经济和社会发展统计公报
	技术市场成交额	全国技术市场合同成交项目的总金额(亿元)	中国第三产业统计年鉴
	规模以上工业R&D经费	规模以上企业用于内部开展R&D活动(基础研究、应用研究和试验发展)的实际支出(亿元)	国家统计局
人才维度	城镇就业人数	在各级国家机关、政党机关、社会团体及企业、事业单位中工作,取得工资或其他形式的劳动报酬的全部人员数量(万人)	国家统计局
	平均受教育年限	本地区人口接受学历教育年数总和的平均数(年)	人口普查数据

政治维度主要包括规范性文件数量、公共服务质量指数、政府网站服务能力指数三项指标。其中规范性文件数量是指"人力资源服务"相关地方规范性文件数量。地方政府发布的政府工作报告、年度工作计划以及本年度内公布施行的相关法律法规、政策性文件能够集中体现该地区政府在年度内的政策关注点和重视度,体现了一个地区人力资源服务业发展的制度环境。公共服务质量指数是用于反映政府提供的公共服务所能满足民众期

望与需求程度的指数,涵盖了科技、公共安全、文化娱乐、行政管理、市政建设及环保、社会保障、就业服务、教育、医疗卫生等各领域相关指标,较为全面地反映了一个地区提供公共服务的水平和能力。政府网站服务能力指数是用于反映政府网站在信息服务、事务服务、参与服务、服务传递、服务创新等方面能力的指数,综合考虑了省级和所辖各地市级政府的网站服务能力。在数字治理的宏观背景下,电子政务平台是人力资源服务业发展的重要平台,其服务能力直接影响到行业的发展水平和速度。

经济维度主要包括第三产业增加值、居民消费价格指数、外商投资企业进出口总额三项指标。其中第三产业增加值是指按市场价格计算所有常住单位在一定时期内从事第三产业生产活动的最终成果。人力资源服务业属于现代服务业的一个重要分支,一个地区的第三产业发展状况包含并影响着人力资源服务业的发展。第三产业增加值能够较好地反映一个地区人力资源服务业的发展状况。居民消费价格指数是指一定时期内城乡居民所购买的生活消费品和服务项目价格变动趋势和程度的相对数。该指数的统计范围涵盖 8 大类、262 个基本分类的商品与服务价格,涉及城市居民和农村居民两类人群,反映了人力资源服务项目价格变动对城乡居民实际生活费支出的影响程度。外商投资企业进出口总额是指外商投资企业在我国的进口与出口金额之和。外资进入中国市场不仅带来资金,还带来了先进的知识、技术和管理理念,加快了中国人力资源服务机构与国外机构之间关联效应,形成理念、管理和信息等方面的互补,对于我国人力资源服务业发展具有一定的促进作用。

社会维度主要包括微博机构认证用户数量、城镇化水平、失业保险参保比例三项指标。其中微博机构认证用户数量是指新浪微博上"人力资源服务"相关机构认证用户数量。微博是公众了解新鲜事物、参与社交活动的重要平台,各地人力资源服务企业、社区组织与个人关注到微博的传播效应和积极影响,因此可以通过微博机构认证用户数据了解社会的关注度与参与度。城镇化水平是指城镇人口占总人口的比重,是一个地区城镇化所达到的程度,是反映人口向城市聚集以及区域发展水平的重要标志。各省区市的城镇化水平直接影响到劳动力水平和结构的变化,既影响人力资源服务业的人才供给,也影响人力资源服务业的市场需求。失业保险参保比例是指参加了失业保险的城镇企业、事业单位的职工及地方政府规定参加失业保险的其他人员占总人数的比例。失业保险制度是保障民生的重要内容,作为人力资源服务的重要形式,设立失业保险可以为失业人员提供基本保障,使失业后的人员在短时间内能够得到一定的补助,度过艰难的时期。

技术维度主要包括专利授权量、技术市场成交额、规模以上工业 R&D 经费三项指标。其中专利授权量是指由专利行政部门授予专利权(发明、实用新型和外观设计)的件数。专利是一个地区科技资产的核心和最富价值的部分,专利的拥有量能反映该地区拥有自主知识产权的科技和设计成果情况和创新能力,体现了科技人力资源的水平和质量。科技人力资源作为科技活动的原动力,对一个地区科技创新能力的发展至关重要。技术市场成交额是指全国技术市场合同成交项目的总金额。技术市场是技术商品的营销场所和领域,是人力资源服务业的技术环境和潜在市场。技术市场成交额反映了技术交易转移的活跃程度以及创新环境的整体情况,对于人力资源服务业发展具有重要的支撑作用。规模以上工业 R&D 经费是指规模以上企业用于内部开展 R&D 活动(基础研究、应用研究和试验发展)的实际支出。区域创新能力是在一定区域的范围内,创新主体根据当地的发展需要,充分使用各种创新资源,并将其投入到生产中,持续产出新产品和新工艺的一种能力,R&D 投入是区域技术创新能力的影响因素之一。

人才维度主要包括城镇就业人数和平均受教育年限两项指标。其中城镇就业人数是指在各级国家机关、政党机关、社会团体及企业、事业单位中工作,取得工资或其他形式的劳动报酬的全部人员数量。就业与一个地区的人力资源数量以及人力资源服务业所要服务对象的情况紧密相关,可以反映一个地区的就业状况和劳动就业环境。平均受教育年限是指本地区人口接受学历教育年数总和的平均数。教育是人力资源服务行业良好有序发展的基础性、战略性支撑,教育为人力资源服务行业这一人力资本密集型行业培养了大量优秀人才,能够从人才层面推动人力资源服务行业高质量发展。

与上一年度的人力资源服务业发展环境指数相比,本年度评价指标体系的创新主要体现在三个方面:第一,回归"一级维度—二级指标"的分级评价模式,将所有指标归纳为政治、经济、社会、技术、人才五类维度,确保指数评价的层次性和准确性,为分别揭示不同维度的得分与排名奠定基础;第二,新增"规范性文件数量"以及"微博机构认证用户数量"指标,分别反映了人力资源服务业发展环境中政府重视度以及居民关注度情况,相关数据主要来自本书第二部分第一章"人力资源服务业各省区市重视度与关注度分析",增加了章节之间的连贯性;第三,客观指标与主观指标结合,调查指标与统计指标结合,单一指标与复合指标结合,尽可能全面覆盖人力资源服务业发展环境的各个方面,提高评价指标的丰富性以及评价的科学性。

二、各省区市人力资源服务业发展环境指数排名与分析

(一) 各省区市人力资源服务业发展环境指数排名

本章进行人力资源服务业环境指数分析时主要采用的是 2022 年的数据,受限于可得性,部分指标使用了 2021 年甚至之前的数据。数据来源主要有三类:一是人口普查、国家及地方统计年鉴、国民经济和社会发展统计公报、中国第三产业统计年鉴等统计数据;二是从北大法宝、新浪微博等网络公开平台手动获取的调查数据;三是来自中社智库等智库机构的研究数据。

在上述指标体系中,每种指标的量纲是不同的,有总量指标,也有比例指标,不同量纲的指标之间没有综合性,无法进行运算,因此要先对数据进行标准化处理,即无量纲化处理,解决不同指标数值不具有综合性的问题,处理方式如下:

$$X_i = (x_i - \mu)/\sigma$$

其中, X_i 表示处理后的指标值, x_i 表示指标的原值, μ 表示该指标值的期望, σ 表示该指标的标准差。本书使用 SPSS24.0 完成这一标准化的处理。

上述指标体系包含了多种具体指标,根据每个单项指标对全国各地(不包括港澳台)进行排名都能得到一个排序,而综合评价需要综合考虑所有这些指标对各省(不包括港澳台)的人力资源服务业发展状况进行评价和排序。本书将采用主成分分析法,选取特征值大于 1 的主成分,再根据主成分各自的权重通过加总得到一个综合的主成分,以综合的主成分表示各

地区人力资源服务业发展环境状况,最后根据综合主成分的得分为不同地区的人力资源服务业发展状况排序。具体操作是以上述评价指标体系选取的 14 个指标作为变量对数据进行 KMO 检验和 Bartlett 检验,结果表明,Bartlett 球度检验近似卡方值为 585.003,显示指标变量间具有较强的相关性;KMO 为 0.719,适合做主成分分析。根据特征值大于 1 的原则,从变量中提取公因子,可以解释原有变量总方差的 85.09%,表明指标体系具有较好的解释力,能够反映人力资源服务业环境水平,具体见表 2-2-3、表 2-2-4。

表 2-2-3　KMO 和巴特利特检验

KMO 和巴特利特检验		
KMO 取样适切性量数		.719
巴特利特球形度检验	近似卡方	585.003
	自由度	91
	显著性	.000

表 2-2-4　指标体系的总方差解释

成分	初始特征值			提取载荷平方和		
	总计	方差百分比	累积 %	总计	方差百分比	累积 %
1	8.060	57.571	57.571	8.060	57.571	57.571
2	2.501	17.866	75.438	2.501	17.866	75.438
3	1.351	9.647	85.085	1.351	9.647	85.085
4	.709	5.068	90.153	—	—	—
5	.455	3.253	93.406	—	—	—
6	.317	2.267	95.672	—	—	—
7	.168	1.202	96.874	—	—	—
8	.142	1.015	97.890	—	—	—
9	.117	.838	98.728	—	—	—
10	.088	.628	99.357	—	—	—
11	.054	.383	99.739	—	—	—
12	.020	.143	99.882	—	—	—

续表

成分	初始特征值			提取载荷平方和		
	总计	方差百分比	累积 %	总计	方差百分比	累积 %
13	.011	.082	99.964	—	—	—
14	.005	.036	100.000	—	—	—

提取方法：主成分分析法。

对原始数据进行标准化变换之后，以各指标的因子载荷系数为权重，采用回归法估计因子得分系数矩阵，计算各因子得分；并以旋转后的各因子对应的方差贡献率为权数对各因子值进行加权，计算出 2022 年全国各省、自治区、直辖市服务业发展环境的指数得分及其排名，并根据得分 0.5 分及以上的为 A 类，0—0.5 的为 B 类，-0.5—0 的为 C 类，-0.5 及以下的为 D 类进行等级划分。

（二）各省区市人力资源服务业发展环境指数总体分析

表 2-2-5 展示了 2022 年各省区市人力资源服务业发展环境得分、排序及分类结果。从总体来看，广东省、北京市、江苏省、上海市、浙江省等地评级为"A"，山东省、湖北省、天津市、四川省、辽宁省、河南省等地评级为"B"，福建省、重庆市、安徽省、陕西省、河北省、湖南省、山西省、江西省、内蒙古自治区、广西壮族自治区、吉林省、黑龙江省、宁夏回族自治区、新疆维吾尔自治区等地评级为"C"，海南省、青海省、甘肃省、贵州省、云南省、西藏自治区等地评级为"D"。

具体而言，广东省、北京市、江苏省、上海市、浙江省等地 2022 年评级为"A"，说明这些地区人力资源服务业发展环境非常优秀，在全国范围内处于领先地位。这些省区市大多位于首都或东南沿海地区，具有良好的政治、经济、文化基础，科技创新水平较高，外商投资高度活跃，为人力资源服务业发展提供了良好的环境条件和基础。

山东省、湖北省、天津市、四川省、辽宁省、河南省等地 2022 年评级为"B"，说明这些地区人力资源服务业发展环境比较良好，对其他省区市具有一定的参考借鉴的价值。这些省区市在政治、社会、人才等特定维度表现较为亮眼,在促进人力资源服务业发展方面取得了显著成效,但在经济和科技等方面相对较为不足。

福建省、重庆市、安徽省、陕西省、河北省、湖南省、山西省、江西省、内蒙古自治区、广西壮族自治区、吉林省、黑龙江省、宁夏回族自治区、新疆维吾尔自治区等地 2022 年评级为"C",说明这些地区人力资源服务业发展环境具有一定的特点,能够因地制宜发挥自身的比较优势,为人力资源服务业提供针对性、特色化的发展平台和机会,但整体的人力资源服务业环境与第一梯队存在着一定差距,亟待进一步改善。

海南省、青海省、甘肃省、贵州省、云南省、西藏自治区等地 2022 年评级为"D",说明这些地区人力资源服务业发展环境亟待改进。这些省区市大多分布在西部及边疆地区,产业基础相对比较薄弱,人力资源供给相对不足,人才流失较为严重,难以为人力资源服务业高速发展提供有效的环境支撑。

表 2-2-5　2022 年中国各省区市人力资源服务业发展环境指数(总体)

省区市	总分	排名	评级
北京市	1.625	2	A
天津市	0.127	8	B
河北省	-0.143	16	C
山西省	-0.292	18	C
内蒙古自治区	-0.411	20	C
辽宁省	0.035	10	B
吉林省	-0.441	22	C
黑龙江省	-0.443	23	C
上海市	1.216	4	A
江苏省	1.371	3	A
浙江省	0.916	5	A
安徽省	-0.092	14	C
福建省	-0.049	12	C
江西省	-0.361	19	C
山东省	0.461	6	B
河南省	0.000	11	B

省区市	总分	排名	评级
湖北省	0.139	7	B
湖南省	-0.190	17	C
广东省	2.077	1	A
广西壮族自治区	-0.420	21	C
海南省	-0.542	26	D
重庆市	-0.071	13	C
四川省	0.097	9	B
贵州省	-0.627	29	D
云南省	-0.681	30	D
西藏自治区	-1.065	31	D
陕西省	-0.130	15	C
甘肃省	-0.616	28	D
青海省	-0.550	27	D
宁夏回族自治区	-0.456	24	C
新疆维吾尔自治区	-0.482	25	C

（三）各省区市人力资源服务业发展环境指数具体分析

表2-2-6展示了2022年中国各省区市人力资源服务业发展环境指数在政治维度的得分和排序。北京市、浙江省、广东省、上海市、江苏省名列前茅，新疆维吾尔自治区、海南省、山西省、内蒙古自治区政治维度对总体排名的拉动效应较为明显。其中新疆维吾尔自治区在政治建设方面强调坚持党的领导、人民当家作主、依法治国有机统一，党委统筹推进产业建设，为人力资源服务业快速发展提供组织保障；出台地方性法规，为人力资源服务业有序发展提供制度依据；推动全过程人民民主，为人力资源服务业持续发展提供群众基础。

表2-2-6　2022年中国各省区市人力资源服务业发展环境指数（政治维度）

省区市	得分	排序	省区市	得分	排序
北京市	0.372	1	湖北省	0.027	11
天津市	0.046	9	湖南省	-0.042	18

续表

省区市	得分	排序	省区市	得分	排序
河北省	-0.019	13	广东省	0.219	3
山西省	-0.022	14	广西壮族自治区	-0.070	22
内蒙古自治区	-0.034	16	海南省	-0.064	19
辽宁省	0.075	7	重庆市	0.001	12
吉林省	-0.079	24	四川省	0.038	10
黑龙江省	-0.075	23	贵州省	-0.108	27
上海市	0.167	4	云南省	-0.136	30
江苏省	0.144	5	西藏自治区	-0.228	31
浙江省	0.235	2	陕西省	-0.080	25
安徽省	-0.041	17	甘肃省	-0.118	28
福建省	-0.066	20	青海省	-0.123	29
江西省	-0.068	21	宁夏回族自治区	-0.108	26
山东省	0.117	6	新疆维吾尔自治区	-0.030	15
河南省	0.069	8			

表 2-2-7 展示了 2022 年中国各省区市人力资源服务业发展环境指数在经济维度的得分和排序。广东省、江苏省、上海市、浙江省、山东省名列前茅，青海省、宁夏回族自治区、江西省、安徽省经济维度对总体排名的拉动效应较为明显。其中安徽省作为长三角一体化战略的重要载体，区域经济协调发展，经济新动力加快成长，高质量发展迈出新步伐，在经济转型升级的过程中急需大量各类高层次人才，人力资源服务协作交流进一步加强，人力资源市场化配置和服务实体经济发展的成效愈加显著。

表 2-2-7　2022 年中国各省区市人力资源服务业发展环境指数（经济维度）

省区市	得分	排序	省区市	得分	排序
北京市	0.045	7	湖北省	0.029	8
天津市	-0.058	19	湖南省	-0.050	18
河北省	-0.063	22	广东省	0.514	1
山西省	-0.044	16	广西壮族自治区	-0.072	23
内蒙古自治区	-0.119	26	海南省	-0.179	30

续表

省区市	得分	排序	省区市	得分	排序
辽宁省	-0.028	14	重庆市	0.005	10
吉林省	-0.062	21	四川省	0.063	6
黑龙江省	-0.105	24	贵州省	-0.158	29
上海市	0.371	3	云南省	-0.140	28
江苏省	0.449	2	西藏自治区	-0.218	31
浙江省	0.167	4	陕西省	-0.011	12
安徽省	-0.003	11	甘肃省	-0.114	25
福建省	0.009	9	青海省	-0.027	13
江西省	-0.040	15	宁夏回族自治区	-0.045	17
山东省	0.071	5	新疆维吾尔自治区	-0.126	27
河南省	-0.060	20			

表2-2-8展示了2022年中国各省区市人力资源服务业发展环境指数在社会维度的得分和排序。北京市、上海市、广东省、天津市、江苏省名列前茅,海南省、宁夏回族自治区、天津市、重庆市、河北省社会维度对总体排名的拉动效应较为明显。其中海南省打造了"游艇驾驶员""儋州月嫂""定安护工""洋浦技工"等人力资源服务品牌,提供"一站式"灵活用工解决方案等,人力资源服务创新能力不断提升;建设中国海南人力资源服务产业园海口分园和三亚分园,充分发挥集聚产业、优化服务、培育市场、孵化企业、拓展业态等功能。

表2-2-8　2022年中国各省区市人力资源服务业发展环境指数(社会维度)

省区市	得分	排序	省区市	得分	排序
北京市	0.818	1	湖北省	-0.017	11
天津市	0.229	4	湖南省	-0.117	23
河北省	-0.035	12	广东省	0.419	3
山西省	-0.076	19	广西壮族自治区	-0.171	27
内蒙古自治区	-0.069	18	海南省	-0.068	17
辽宁省	0.064	7	重庆市	0.048	9
吉林省	-0.109	21	四川省	-0.064	15

省区市	得分	排序	省区市	得分	排序
黑龙江省	-0.098	20	贵州省	-0.196	28
上海市	0.540	2	云南省	-0.242	30
江苏省	0.198	5	西藏自治区	-0.370	31
浙江省	0.171	6	陕西省	-0.056	14
安徽省	-0.116	22	甘肃省	-0.198	29
福建省	0.035	10	青海省	-0.157	26
江西省	-0.157	25	宁夏回族自治区	-0.068	16
山东省	0.050	8	新疆维吾尔自治区	-0.134	24
河南省	-0.055	13			

　　表 2-2-9 展示了 2022 年中国各省区市人力资源服务业发展环境指数在技术维度的得分和排序。广东省、江苏省、北京市、浙江省、山东省名列前茅,贵州省、云南省、湖南省技术维度对总体排名的拉动效应较为明显。其中湖南省围绕"三高四新"战略等重大发展战略,部署实施人力资源服务业行业发展"四行动、四计划",依托湖南长沙经济技术开发区等平台培育市场主体,推进业态创新;加快推进通信基础设施建设以及互联网规模化应用,实现"技术链""产业链""人才链"深度融合,助力人力资源服务业行业高质量发展。

表 2-2-9　2022 年中国各省区市人力资源服务业发展环境指数(技术维度)

省区市	得分	排序	省区市	得分	排序
北京市	0.329	3	湖北省	0.078	7
天津市	-0.042	15	湖南省	0.010	10
河北省	-0.026	13	广东省	0.631	1
山西省	-0.124	22	广西壮族自治区	-0.079	18
内蒙古自治区	-0.134	25	海南省	-0.151	29
辽宁省	-0.057	16	重庆市	-0.088	19
吉林省	-0.135	26	四川省	0.009	11
黑龙江省	-0.118	20	贵州省	-0.122	21
上海市	0.107	6	云南省	-0.124	23

续表

省区市	得分	排序	省区市	得分	排序
江苏省	0.426	2	西藏自治区	-0.159	31
浙江省	0.247	4	陕西省	0.026	9
安徽省	0.061	8	甘肃省	-0.130	24
福建省	-0.029	14	青海省	-0.155	30
江西省	-0.074	17	宁夏回族自治区	-0.149	28
山东省	0.126	5	新疆维吾尔自治区	-0.146	27
河南省	-0.010	12			

表2-2-10展示了2022年中国各省区市人力资源服务业发展环境指数在人才维度的得分和排序。广东省、江苏省、山东省、浙江省、北京市名列前茅，云南省、贵州省、湖南省人才维度对总体排名的拉动效应较为明显。其中云南省围绕促进人力资源服务业快速发展，实施"骨干企业培育计划"和"领军人才培养计划"，着力提高从业人员的专业化、职业化水平，培养骨干型、领军型人才。伴随着人才数量和质量的增加，相应的人力资源服务业中的派遣、外包、人才寻访等新业务得以快速发展。

表2-2-10　2022年中国各省区市人力资源服务业发展环境指数（人才维度）

省区市	得分	排序	省区市	得分	排序
北京市	0.060	5	湖北省	0.021	9
天津市	-0.049	24	湖南省	0.010	10
河北省	0.000	13	广东省	0.294	1
山西省	-0.027	17	广西壮族自治区	-0.028	18
内蒙古自治区	-0.055	25	海南省	-0.080	28
辽宁省	-0.019	15	重庆市	-0.037	19
吉林省	-0.057	27	四川省	0.051	7
黑龙江省	-0.047	22	贵州省	-0.043	21
上海市	0.030	8	云南省	-0.040	20
江苏省	0.154	2	西藏自治区	-0.091	31
浙江省	0.096	4	陕西省	-0.009	14
安徽省	0.007	11	甘肃省	-0.055	26

续表

省区市	得分	排序	省区市	得分	排序
福建省	0.002	12	青海省	-0.088	30
江西省	-0.022	16	宁夏回族自治区	-0.086	29
山东省	0.097	3	新疆维吾尔自治区	-0.047	23
河南省	0.056	6			

（四）各省区市人力资源服务业发展环境指数变化分析

为了进行趋势研究以及纵向比较,课题组对 2019—2023 年的数据进行了收集和分析,按照相同的计算方式得到近 5 年来中国各省区市人力资源服务业发展环境指数得分及排名,详见表 2-2-11。发现近 5 年指数变化呈现出以下特点。

一是各省区市人力资源服务业发展环境指数近 5 年来得分及排名变化不大,未发生明显波动,说明近年来我国各省区市人力资源服务业发展环境整体上较为稳定。此外,不同地区在人力资源服务业环境方面存在一定的差异性。从得分和排名来看,人力资源服务业发展环境指数与地理位置呈现出较强的相关性,东部沿海地区普遍领先于中西部地区。事实上,一个地区人力资源服务业的发展环境与当地的经济地位和产业发达程度密切相关。东部地区大多经济发达、对外开放、产业层级较高,属于人力资源服务业发展环境良好、发展潜力巨大的区域,中西部地区则属于人力资源服务业发展环境相对落后的区域。

二是从短期来看,一方面,宁夏回族自治区、黑龙江省、辽宁省、吉林省、湖北省、广西壮族自治区、青海省等省区市 2023 年人力资源服务业发展环境指数相较于 2022 年明显上升,其中宁夏回族自治区排名长期落后,2023 年上升至第 24 名,相较于 2022 年上升 6 名,创造了历史最佳成绩。黑龙江省由 2022 年的第 28 名上升至 2023 年的第 23 名,进步较为明显。另一方面,福建省、海南省、湖南省、云南省、西藏自治区等省区市 2023 年人力资源服务业发展环境指数相较于 2022 年有所下滑。排名变化的原因是复杂的,从指标来看,这些地区尽管在个别维度具有一定优势,但在政治、社会、技术等方面与第一梯队存在较大差距。

　　三是从长期来看，一方面，辽宁省、天津市、内蒙古自治区、宁夏回族自治区、山西省、青海省等省区市 2023 年人力资源服务业发展环境指数相较于 2019 年明显上升。其中辽宁省进步幅度最大，上升了 6 个位次，说明其人力资源服务业发展环境相较于五年前得到了明显改善。这些地区的人力资源服务业发展环境指数大多处于全国中游水平，排名尽管有所波动，但仍然呈现出上升的趋势。另一方面，河南省、湖南省、贵州省、云南省等省区市的人力资源服务业指数排名存在一定程度的下滑，下降幅度普遍在 4—8 个位次，说明这些省区市的人力资源服务业发展环境的相对水平相较于五年前有所回落。

表 2-2-11　2019—2023 年中国各省区市人力资源服务业发展环境指数

省份	2019		2020		2021		2022		2023	
	排名	评级	排名	评级	排名	评级	排名	评级	排名	评级
北京市	3	A	3	A	3	A	3	A	2	A
天津市	13	C	15	C	13	C	15	C	8	B
河北省	14	C	13	C	14	C	13	C	16	C
山西省	21	C	21	C	21	C	21	C	18	C
内蒙古自治区	25	C	24	C	25	C	24	C	20	C
辽宁省	16	C	17	C	16	C	17	C	10	B
吉林省	19	C	22	C	26	C	26	D	22	C
黑龙江省	24	C	25	C	25	C	28	D	23	C
上海市	4	A	4	A	4	A	4	A	4	A
江苏省	2	A	2	A	2	A	2	A	3	A
浙江省	5	A	5	A	5	A	5	A	5	A
安徽省	12	C	12	C	12	C	12	C	14	C
福建省	9	B	9	B	9	B	9	B	12	C
江西省	18	C	18	C	18	C	18	C	19	C
山东省	6	A	6	A	6	A	6	A	6	B
河南省	7	B	8	B	7	B	8	B	11	B
湖北省	8	B	7	B	12	B	11	C	7	B
湖南省	11	C	11	C	11	C	11	C	17	C

续表

省份	2019		2020		2021		2022		2023	
	排名	评级	排名	评级	排名	评级	排名	评级	排名	评级
广东省	1	A	1	A	1	A	1	A	1	A
广西壮族自治区	20	C	19	C	21	C	25	D	21	C
海南省	26	D	27	D	29	D	22	D	26	D
重庆市	15	C	14	C	15	C	14	C	13	C
四川省	10	B	10	B	10	B	10	B	9	B
贵州省	23	C	23	C	23	C	23	C	29	D
云南省	22	C	20	C	22	C	20	C	30	D
西藏自治区	31	D	31	D	30	D	21	D	31	D
陕西省	17	C	16	C	17	C	16	C	15	C
甘肃省	28	D	28	D	28	D	28	D	28	D
青海省	30	D	30	D	31	D	31	D	27	D
宁夏回族自治区	29	D	29	D	28	D	30	D	24	C
新疆维吾尔自治区	27	D	26	C	27	D	26	C	25	C

三、基于人力资源服务业发展环境
指数分析结果的改进建议

对人力资源服务业发展环境的研究可以从优化社会经济活动、人力资源的配置、促进社会经济民生发展等角度来归纳中国人力资源服务业的发展实践,兼具理论意义和现实意义。从指标体系的修订到数据的处理与结果分析来看,我国各省区市人力资源服务业发展环境具有一定的差异性。中国幅员辽阔,发展不平衡始终存在,这种差异既包含了社会文化的差异,也包含了经济发展水平的不一致,人力资源服务业也不例外。认识这种地域差异性是了解整个行业发展态势的重要组成部分,对于政府制定统筹发展的经济产业政策以及私人部门的投资决策而言具有重要的参考价值。为引领实现人力资源服务业高质量发展，提出以下政策建议。

（一）重视顶层设计，优化产业政策

政治方面，扶持政策持续出台，政策红利不断涌现，能够为人力资源服务业发展提供良好的政治环境。各地政府应加强顶层设计，科学制定人力资源服务业的发展规划，构建和完善支持服务业发展的政策体系。明确人力资源服务业的发展条件、路径和目标，以及具体的扶持政策和配套的监管措施，为企业创新与转型升级创造良好的制度环境。进一步加大对人力资源服务业的支持力度，出台各类扶持政策，为人力资源服务业发展注入新的政策红利。积极转变职能，积极引导和推进本地区人力资源服务业发展，避免政府管理错位、监管不足等问题。持续深化"放管服"改革，不断提升行政效能，下放行政审批权限，推进省际资格互认，简化入驻审批程序。建立区域合作协调机制，合理规划布局城市集群，形成产业集聚和联动优势，实现优质资源共享，全面提升人力资源服务业的协同效应和溢出效应，促进人力资源服务业在不同地区均衡、健康发展。在保持政策延续性和平稳性的同时，创新管理模式，不断推动实现政策完善化、精确化，根据不同地区实际情况制定有针对性的产业发展政策，避免各省间政策趋同，因地制宜保证政策落地实施。

（二）推动经济转型，变革动力机制

经济方面，发展经济、促进经济社会转型升级有利于优化人力资源服务业发展的经济环境，进而促进人力资源服务业发展水平持续提升。人力资源服务业的发展必然受到宏观经济形势的影响，但人力资源服务业作为一个整体，存在明显的抗周期属性，变革动力、调节矛盾是人力资源服务业发展的应有之义。这就要求从宏观层面调整经济结构，实现高质量发展。充分发挥市场主体作用，改善人力资源服务业发展的市场环境，鼓励和引导各类人力资源服务机构参与市场的有序竞争，不断提升人力资源服务机构的竞争力以及相关从业者的素质水平，推动人力资源服务业技术进步和管理创新。对供给侧进行纵深扩展，从简单的供需关系扩展到生产、分配、消费、流通的各个方面，在稳定国内基本盘的基础上进一步提升外部需求、国际供

应链的掌控能力,持续推进产业结构调整,着力畅通供需循环,支持实体经济降本增效,加快发展流动,促进商业消费。扩大人力资源服务领域对外开放,深度融入全球人才链、产业链、创新链,在激发国内市场巨大活力的同时打通国际国内双循环市场,推动对外贸易迈上新台阶。

(三) 强化社会兜底,完善保障体系

社会方面,社会保障是保障和改善民生、维护社会公平、增进人民福祉的基本制度保障,关乎人民群众最关心最现实的利益问题,影响人民群众的获得感、幸福感、安全感。社会保障事业是人力资源服务业发展的基础性工程,能够为人力资源服务业发展提供有力支撑。因此要建立中国特色社会保障体系,要坚持人民至上,坚持共同富裕,围绕全覆盖、保基本、多层次、可持续等目标,做到立足国情,与时俱进。按照兜底线、织密网、建机制的要求,加强社会保障精细化管理,完善从中央到省、市、县、乡镇(街道)的五级社会保障管理体系和服务网络,提升社会保障治理效能。完善社会保障针对突发重大风险的应急响应机制,既能抵御可以预见的生老病死等各种常规风险,又能应对难以预料的非常规风险。坚持制度的统一性和规范性,增强全国"一盘棋"意识,加强统筹协调,强化监督考核,及时发现和解决实施中的问题。此外,结合人口和经济结构变化的特征,建议将社会保障的重点关注对象由劳动年龄阶段扩展到全生命周期,扩大人力资源市场有效供给,优化市场配置效率。

(四) 推进技术创新,实现数字赋能

技术方面,伴随着5G、人工智能、大数据、云计算、区块链等技术颠覆传统人力资源服务业的供应和交易模式,出现了产品交互、业态多元、精准订单、智能操作等新产品、新业态。人力资源服务业应把握机遇,实施"互联网+人力资源服务"行动,推进技术与产业深度融合,促使人力资源服务业最大程度地向数字经济、共享经济、社群经济等新业态渗透。加速数字化转型,树立以用户为中心的发展理念,重视用户体验和管理效率,为企业提供精细高效的人才服务。搭建人才库、智能化简历搜索、候选人匹配等人力资源服务平台,利用技术为人才整个职业生命周期及企业不同发展阶段提供

全覆盖的人力资源闭环服务。建设人力资源服务产品和基础创新的共性平台，通过税收、财政和科技政策，鼓励人力资源服务企业进行产品创新。加强新型基础设施建设，发展新一代信息网络，建立全国统一的人力资源服务管理信息系统，加强人力资源服务基础数据建设，制定人力资源公共数据资源开放清单，推进人力资源服务数据资源依法有序向企业和个人用户开放，实现人力资源服务企业间的动态管理和信息协同共享。

（五）保障居民就业，防范失业风险

人才方面，人口结构变化、流速加快、人力资源服务业目标群体持续壮大是我国的基本现状。近年来我国呈现出第三产业就业人口增加、人才流动速度加快等新特点，给行业同时带来更多岗位需求以及对口劳动力供给，人力资源服务业的业务空间也随之扩展。在后疫情时代，要强化就业优先政策，千方百计稳定和扩大就业，将保居民就业摆在重要位置。根据就业形势变化调整政策力度，稳定就业总量，改善就业结构，提升就业质量。加大援企稳岗力度，因地因企因人分类帮扶，着力防范化解规模失业风险。例如强化对高校毕业生、农民工、退役军人等重点群体帮扶，实施部分职业资格"先上岗、再考证"阶段性措施，用好职业技能提升行动专账资金，加强对就业困难人员特别是贫困劳动力的就业援助。加大职业技能培训力度，从劳动力市场需求出发，围绕产业转型升级、知识更新、技术进步以及新业态、新兴产业的新职业、新工种开展培训，推动就业市场供需匹配。探索灵活就业、共享用工等新就业形态，倡导流动、开放的就业方式，建立灵活就业监测平台以及一站式共享云平台，为失业者提供必要的就业服务、资金支持和生活支援。

第三章　各省区市人力资源服务业
发展水平评价与排名

【内容提要】

本章根据新的研究对 2022 年度的人力资源服务业发展水平评价指标体系进行了修订,在搜集各地有关数据资料基础上,依托新修订的指标体系对各省区市人力资源服务业的发展现状、发展潜力与竞争力水平进行了分析与评价、排序与分类,并对相关数据结果进行速度和效益的单项分析、纵向和横向的比较分析,最后基于相关分析与总结评价结果提出了相应的政策建议。分析结果发现,我国人力资源服务业整体发展环境持续优化,发展状态稳中向好;各省区市人力资源服务业发展现状、发展潜力与竞争力水平排名相互之间存在差异,不同区域的发展水平仍存在显著差异;区域人力资源服务业发展水平与经济发展间具有相互协同与良性互动作用;政府的政策扶持与宏观调控对人力资源服务业的发展至关重要;人力资源服务业将成为区域经济增长的新引擎。基于以上结果,本章最后针对性地提出了配套的政策建议,包括依据经济发展状况确立本地人力资源服务业的发展目标;应加大各级政府政策扶持力度,助力行业发展;增强各地人力资源服务业发展中的联系与互动,在更高层面上实现产业区域发展的总体布局;建立创新发展的复合型人力资源服务业人才培养机制;利用大数据和“互联网+”技术,加强行业数据库建设;大力推进产业园区建设;等等。

Chapter 3 Evaluation and Ranking of the Development Level of HR Service Industry in Each Province, District and City

【Abstract】

Based on the new research, this chapter revises the evaluation index system of the development level of human resource service industry in 2022. Relying on the newly revised index system, this paper analyzes and evaluates, sorts and classifies the current situation, development potential and competitiveness level of the human resources service industry in various provinces, districts and cities, and the related data results of the speed and efficiency of a single analysis, vertical and horizontal comparative analysis, and finally based on the analysis and summary of the evaluation results of the corresponding policy recommendations. The results show that the overall development environment of human resources service industry in China is continuously optimized and its development status is stable and positive; there are differences among provinces, districts and cities in the development status, development potential and competitiveness ranking, and the development level of different regions still has significant difference; the development level of regional human resource service industry and economic development have mutual synergy and positive interaction; government policy support and macroeconomic regulation and control are critical to the development of human resource services; human resource service industry will become the new engine of regional economic growth. Based on the above results, this chapter finally puts forward some corresponding policy recommendations, including setting the development goal of local human resource service industry according to the economic development status; strengthening the support of government policies at all levels to promote the development of local human resources service industry; strengthening the connection and interaction in the development of human resource service industry, and realize the overall layout of the regional development of the industry at a higher level; establishing a mechanism for training talents with innovative and developing human resources services; strengthening the construction of industrial databases with big data and Internet plus technology; vigorously promoting the construction of industrial parks and so on.

　　人力资源服务业作为现代服务业的重要组成部分,是促进就业和人力资源开发配置的重要载体,对国民经济的健康快速发展具有重大的战略意义。因此,了解我国人力资源服务业的发展状况,对于未来国家制定合理的产业发展战略规划与政策、统筹地区发展大有裨益。为了帮助人们了解不同省区市人力资源服务业发展状况、发展潜力与发展水平的差异,本章在构建人力资源服务业发展水平评价指标体系的基础上,通过宏观数据对各省区市人力资源服务业发展水平进行了综合排序,这无疑具有很重要的意义。

　　本章有关的各地区人力资源服务业发展水平评价指标体系和数据结果,可以更加直面地凸显出人力资源服务业与一系列经济社会发展指标间的密切联系,提供了一种联系而非孤立的视角来看待该行业的发展,使其更好地借助服务业改革的浪潮来推动产业向纵深方向发展,如建设产业园区、扶植行业龙头企业、促进咨询等高端业态的发展等,在行业不断完善、提升中更好地发挥对整个经济社会发展的推动作用,进而实现经济社会发展与人力资源服务业发展之间的协同效应。

一、新修订的人力资源服务业发展水平评价体系

(一) 新修订的评价内容与指标

　　综合往年蓝皮书有关研究和已有的相关文献,本章进行了人力资源服务业发展水平评价指标体系的设计,在充分关照行业内部重要指标的基础上,对该行业与整体经济社会发展间的潜在关系进行了把握,以在更深入的层面展开了实证测度与分析。需要指出的是,服务业发展水平评价涉及多

方面信息资源的获取，是一项系统工程，单一指标的评价不足以全面反映31个省区市的发展水平，故而本章在研究多种指标体系建构视角和维度的基础上，力求构建一套相对完整的评价体系，即它至少应当包含三个层级的指标。具体来看，评价内容应该有较大的覆盖面，应该包括条件指标、过程指标与结果指标；指标体系应当分层建构，包括直接绩效指标、间接绩效指标与发展绩效指标；指标体系中要突出能够反映人力资源服务业发展水平特点的指标，包括发展规模、发展速度、发展效果与发展潜力等方面。

根据人力资源服务业涵盖的范围，结合蓝皮书往年确立的人力资源服务业发展水平评价指标体系构建的原则，吸收竞争力评价理论中的有关内容，从两个方面出发为人力资源服务业竞争力综合评价体系选取指标，两大板块分别是人力资源服务业发展水平和人力资源服务业发展潜力。每个板块内部都包括了若干细分的维度和指标，具体如表2-3-1所示。

表2-3-1　人力资源服务业竞争力综合评价指标说明

指标		
发展水平	发展效益	人均人力资源服务业增加值
		人力资源服务业产业园区建设情况
		人力资源服务业对GDP的贡献率
		人力资源服务业对服务业的贡献率
		区域就业情况
	发展规模	人力资源服务业增加值
		人力资源服务业产值
		人力资源服务业机构数量
		人力资源服务业从业人数
	发展速度	人力资源服务业生产率增速
		人力资源服务业增加值增速
		人力资源服务业从业人员数量增速

续表

指标		
发展潜力	人均国内生产总值	
	城镇化率	
	第二产业增加值比重	
	居民人均消费性支出	
	利用外资情况	
	未全日制就业人口数比重	
	城镇居民储蓄余额	

从表2-3-1中可以看出,2023年度指标体系与2022年度指标体系相比,除在"发展效益"二级指标下新增一个"区域就业情况"指标,"发展潜力"一级指标下新增一个"未全日制就业人口比重"指标外,其余基本保持稳定,这与过去一年行业平稳有序发展的现实形成映照。同2021年及之前的指标体系相比,有若干变化得以稳定下来:一是将指标总标题由发展水平评价指标变更为竞争力综合评价指标,以更好地反映各地区人力资源服务业的综合竞争力;二是将"发展现状"一级指标改为"发展水平",更科学地概括了各地区行业发展的整体情况;三是对二级指标发展规模、发展速度、发展效益的顺序排列及其下的三级指标进行了针对性的内部调整;四是在二级指标"发展效益"下新增了"人力资源服务业对服务业贡献率"指标,更好地体现对人力资源服务业评价的业绩结果导向。

人力资源服务业发展水平主要反映一个地区现有人力资源服务业发展的总体状况,具体包括三个部分:发展效益、发展规模、发展速度。

人力资源服务业发展效益主要反映该地区人力资源服务业转型升级的效果和其对国民经济的贡献,是本地人力资源服务业发展水平的一个集中体现,细分来看:人均人力资源服务业增加值反映了该地区人均占有人力资源服务产品的情况。人力资源服务业产业园区建设情况主要由当地国家级人力资源产业园区数量来体现,国家级人力资源服务产业园区是经人力资源社会保障部同意,具有功能完善的人力资源社会保障公共服务体系,经营性人力资源服务机构集聚,人力资源服务业及相关产业链集中度高,创新能力强,对全国或区域人力资源服务业及相关产业发展起示范、引领作用的特定区域,能集中反映当地人力资源服务业产业园区建设的成熟情况。人力资源服务业对 GDP 的贡献率指的是人力资源服务业总产值的增量占国内生产总值的增量的比重,反映了人力资源服务业增量对国民经济的综合贡献率,是行业有无正式成长为国民经济支柱产业的有力测度方式。人力资源服务业对服务业的贡献率指的是人力资源服务业总产值的增量占第三产业总产值的增量的比重,反映了人力资源服务业增量对第三产业的综合贡献率,是行业有无正式成长为现代服务业支柱产业的有力测度方式。人力资源服务业紧紧围绕促进就业这个根本,为广大劳动者提供更多优质就业岗位,为各类人才提供人尽其才、才尽其用的发展机会,既能够有力保障和改善民生,也能够激发各类人才创新创业活力,更好满足人民对美好生活的需要。以促进就业为根本,也意味着不能简单地以产值、利润等经济指标来衡量人力资源服务业的发展,更需要将所服务的就业人数、促进就业的成效等社会效益指标,作为衡量人力资源服务业发展的重要指标,因此纳入2022 年中国 31 个省级行政区的区域就业情况来体现人力资源服务业的就业服务导向。

人力资源服务业发展规模主要包括人力资源服务业增加值、人力资源服务业产值、机构数量和从业人数情况,这些都是对某一地区人力资源服务业静态发展水平的最直接说明。其中又以人力资源服务业增加值最为直接,这一指标能清楚地反映出人力资源服务业在当地整个国民经济中所占的份额;当年当地人力资源服务业产值反映了额定期限内行业生产的最终产品和提供劳务活动的总价值量;人力资源服务业机构数量则反映了地区行业机构的规模和发展程度;人力资源服务业从业人数体现了该地区行业从业人员总规模,是行业蓬勃发展的一个有力参照。

人力资源服务业发展速度主要反映了一个地区人力资源服务业的增长情况,有的地区可能因占据先发优势和规模效益而在产业总量有关指标上占有优势,但受制于增长速度低下,后续依然会为后进高增长地区所超越,因此我们也应将人力资源服务业发展速度作为考察产业发展评估的重要方面,并将它看作对一个地区人力资源服务业动态发展水平的最直接说明。具体的,发展速度下的三个指标均为增速指标,其中人力资源服务业生产率增速反映了一个地区人力资源服务行业从业者的生产效率变化,是该地区人力资源服务业服务供给速度的一个直接体现,其余两项分别反映了人力资源服务业增加值和人力资源服务业就业人员数量的增长速度。

人力资源服务业发展潜力指标主要反映了一个地区人力资源服务业未来可能的发展水平,这部分指标虽然与人力资源服务业本身不直接相关,但却能较好地说明该地区行业未来的发展潜力。人均国内生产总值反映了一个地区的整体经济发展水平,相关经济理论指出区域产业结构和经济发展间有较高关联,随着一个地区国民经济的发展,其产业结构也在相应发生变化,从业人员和社会资源会逐步从第一、第二产业向第三产业转移。从当前国情出发,中国整体经济发展水平正从高速增长向中高速增长转变,从注重"增量"到注重"提质"转变,中国应该处于人口和资源大规模向第二产业转移、部分地区向第三产业转移的阶段,人力资源服务业作为第三产业下的分支,当一个地区人均 GDP 水平较高时,预示着其第三产业将会迎来一个较大的发展空间,人力资源服务业也将从中受益;反之,人力资源服务业的发展仍会受到低人口和资源转移的限制。城镇化率是一个反映地区居民结构的指标,城镇化率高说明人口更加集中在少数地区,更加集中的人口会促进包括人力资源服务业在内的现代服务业的发展。此外,城镇化率高意味着更多的农民离开乡土流入城镇,这部分农民流动带来的就业需求,会转变成对人力资源服务的需求。第二产业增加值占 GDP 的比重描述了一个地区产业结构的现状,根据产业迭代规律,当一个地区第二产业较为发达时,意味着这个地区会更早地开始产业升级,大量资源和要素将从第二产业流向第三产业,人力资源服务业将从这个过程中受益;反之,则说明该地区产业结构偏落后,服务业快速发展的阶段远未到来。居民人均消费性支出反映了一个地区的消费状况,根据生产—消费关系理论,消费旺盛的地区第三产业往往更为发达,居民的有效消费将会刺激包括人力资源服务业在内的现代服务业的发展。利用外资情况反映了一个地区的对外开放程度,总体来说人力资源服务业在国内依然属于朝阳产业,但在发达国家属于比较成熟的产业,向发达国家学习管理模式、制度规章等人力资源服务业发展经验可以帮助国内的人力资源服务企业快速成长并提供专业化的服务,引入外资就是一条很重要的学习途径。未全日制就业人口数是指本地区除全日制就业人口外的人口数，其占总人口比例的高低可以反映未来该地区人力资源服务业的潜在服务规模。城镇居民储蓄余额反映了一个地区的投资潜力，任何行业的长期发展都离不开投资的支持，人力资源服务业的发展也会从一个地区巨大的投资潜力中受益。

（二）数据来源

考虑到数据的时效性和可获得性，本章进行人力资源服务业发展水平评价的数据均为 2023 年的数据，数据来源为国家统计年鉴及有关公报、各地方统计年鉴及有关公报、国家和地方人力资源和社会保障部门官网、国家企业信用信息公示系统网站和其他相关网站。①

（三）评价方法

对行业发展状况进行评价的方法较多，比较常见的有综合指数法、聚类分析法、因子分析法等。按照其属性可划分为：定性评价方法、分类评价方法、排序评价方法和操作型评价方法。综合指数评价法是一种指标体系综合评价法②。该方法通过选取一定的定性指标以及定量指标，经过无量纲化处理，达到统一量化比较的目的，从而得出具体的综合评价指数。

表 2-3-1 所呈现的指标体系包含了诸多具体的指标，根据每个单项指标对全国各地进行排名都可以得到一个具体的排序，而综合评价需要通盘考虑所有这些指标对各地人力资源服务业发展水平进行评价和排序。本章在进行各地发展水平、发展潜力和竞争力评价时将采取降维的思想把多个指标转换成较少的几个互不相关的综合指标，使得研究更简单易操作。具体来看是在对原始数据进行标准化变换之后，以各指标的因子载荷系数为权重，采用回归法估计因子得分系数矩阵，计算各因子得分；并以旋转后的

---

① 需要说明的是，国家统计局现有的行业分类中是没有人力资源服务业的，人力资源服务业的统计散布于不同行业类别中，如商业服务业中包含了人力资源服务业的企业管理、咨询与调查及职业中介服务等；教育中包含了人力资源服务业的培训服务等。除少部分省份对于人力资源服务业进行了专项统计外，本书所主要采用的关于人力资源服务业的数据是从相关行业数据中筛选提取出来的，是一种近似的代替。

② 在这里主要采用的综合指数评价法，包括主成分分析法、因子分析法、集对分析法、层次分析法、功效系数法等。

各因子对应的方差贡献率为权数对各因子值进行加权,计算出全国各省区市服务业发展水平(发展效益、发展规模、发展速度)、发展潜力和竞争力的指数①,进而得出各省区市发展效益评价情况排序表(反映该地本年度现有人力资源服务业发展的质量)、各省区市发展规模评价情况排序表(反映该地本年度现有人力资源服务业发展的规模)、各省区市发展速度评价情况排序表(反映该地本年度现有人力资源服务业发展的速度)、各省区市发展水平评价情况排序表(反映该地本年度现有人力资源服务业发展的总体状况)、各省区市发展潜力评价情况排序表(反映该地区人力资源服务业未来可能的发展水平)和各省区市竞争力评价情况排序表(综合行业发展现状与未来成长前景),并以此作为后续分析的依据。

二、各省区市人力资源服务业发展情况评价与排名结果

针对上述指标体系,基于所搜集的 2022—2023 年度数据,对于各省区市的人力资源服务业发展水平(发展效益、发展规模、发展速度)、发展潜力和综合竞争力进行了评判。具体操作过程如上节所述不再赘述,依据得分情况我们进行了排名与分类(在发展水平和发展潜力单独成表的基础上,对发展水平下的三个维度,即发展效益、发展规模、发展速度也进行了单独呈现),具体情况见表 2-3-2、表 2-3-3、表 2-3-4、表 2-3-5、表 2-3-6 和表 2-3-7。

表 2-3-2　各省区市发展效益评价情况及排序

地区	综合得分	2023 年排名
北京	1.635843172	1
上海	0.976045618	2
浙江	0.380057911	3

---

① 在进行竞争力指数分析过程中,在不改变原指标值分布规律的原则上对全部数据进行了线性变换,进行统一的标准化处理,以解决不同指标数值无法统一的综合性问题,处理方式如下: $X_i = (x_i - \mu)/\sigma$。其中,X_i 表示处理后的指标值,x_i 表示指标的原值,μ 表示该指标值的期望,σ 表示该指标的标准差。

续表

地区	综合得分	2023 年排名
广东	0.306604502	4
天津	0.234245936	5
山东	0.189916697	6
江苏	0.163793656	7
福建	0.081900514	8
重庆	0.076096951	9
湖南	0.013440413	10
安徽	0.007255564	11
湖北	−0.028006624	12
江西	−0.037284539	13
四川	−0.044991082	14
海南	−0.069187157	15
河北	−0.087475427	16
贵州	−0.093750537	17
陕西	−0.098206485	18
河南	−0.114142067	19
吉林	−0.141235027	20
辽宁	−0.240398341	21
云南	−0.259575793	22
新疆	−0.263657629	23
西藏	−0.265372332	24
广西	−0.267878873	25
甘肃	−0.306391034	26
青海	−0.313328145	27
山西	−0.329934821	28
内蒙古	−0.348849099	29
宁夏	−0.370124827	30
黑龙江	−0.385411093	31

表 2-3-3　各省区市发展规模评价情况及排序

地区	综合得分	2023 年排名
北京	1.241690503	1
广东	0.735966728	2
上海	0.655178122	3
江苏	0.400108814	4
山东	0.28588405	5
浙江	0.184156509	6
四川	0.13117217	7
湖北	0.078449461	8
天津	0.063587294	9
河南	0.062480391	10
安徽	0.031614045	11
湖南	0.016952342	12
河北	−0.00683615	13
海南	−0.070859194	14
辽宁	−0.071249378	15
重庆	−0.082372127	16
陕西	−0.085090138	17
云南	−0.097421914	18
福建	−0.131265864	19
贵州	−0.139913586	20
吉林	−0.173109981	21
广西	−0.186445055	22
黑龙江	−0.202278109	23
江西	−0.213461964	24
甘肃	−0.223018304	25
内蒙古	−0.276314361	26
新疆	−0.329042351	27
山西	−0.355068565	28
青海	−0.402709061	29
西藏	−0.404481651	30
宁夏	−0.436302675	31

表 2-3-4　各省区市发展速度评价情况及排序

地区	综合得分	2023 年排名
福建	1.04896797	1
安徽	0.987545747	2
浙江	0.957594057	3
内蒙古	0.835524062	4
宁夏	0.763324247	5
海南	0.706100938	6
山东	0.453238949	7
江西	0.4468179	8
江苏	0.412186875	9
河南	0.394908154	10
重庆	0.261811993	11
广西	0.240357278	12
湖南	0.21231484	13
贵州	0.176967208	14
上海	0.071846506	15
广东	0.07180965	16
甘肃	−0.072146172	17
湖北	−0.13051493	18
四川	−0.181193711	19
云南	−0.242389207	20
辽宁	−0.245765853	21
山西	−0.305524432	22
天津	−0.329250235	23
新疆	−0.365871471	24
北京	−0.550950261	25
河北	−0.566997108	26
陕西	−0.624417221	27
吉林	−0.65347655	28
黑龙江	−1.15295656	29
西藏	−1.26826302	30
青海	−1.351599641	31

表 2-3-5　各省区市发展水平评价情况及排序

地区	综合得分	2023 年排名
北京	1.661573899	1
上海	0.973666552	2
广东	0.844400091	3
山东	0.639719101	4
江苏	0.631307663	5
浙江	0.591259525	6
安徽	0.276674135	7
福建	0.256080421	8
湖南	0.170649598	9
河南	0.163681465	10
四川	0.118930783	11
湖北	0.092887511	12
江西	0.043031462	13
天津	0.041245967	14
重庆	0.028325305	15
河北	-0.056145844	16
海南	-0.074343951	17
贵州	-0.106484741	18
陕西	-0.12555625	19
辽宁	-0.217624603	20
云南	-0.228508274	21
广西	-0.303111621	22
甘肃	-0.40727372	23
内蒙古	-0.437361524	24
吉林	-0.457965653	25
宁夏	-0.515372858	26
新疆	-0.546420926	27
山西	-0.547574721	28
黑龙江	-0.64598596	29
西藏	-0.867310393	30
青海	-0.940591998	31

表 2-3-6 各省区市发展潜力评价情况及排序

地区	综合得分	2023 年排名
广东	1.450883223	1
江苏	0.864312371	2
上海	0.726799851	3
北京	0.68200832	4
浙江	0.611056379	5
山东	0.292677464	6
福建	0.212959393	7
天津	0.090246743	8
湖北	0.036318538	9
四川	-0.017268482	10
重庆	-0.055426446	11
辽宁	-0.056458213	12
湖南	-0.058466819	13
河南	-0.066227208	14
安徽	-0.076492412	15
河北	-0.090049195	16
陕西	-0.111056815	17
内蒙古	-0.125286297	18
江西	-0.149973935	19
山西	-0.184699258	20
黑龙江	-0.286124016	21
云南	-0.311978149	22
新疆	-0.316376208	23
广西	-0.323286017	24
海南	-0.325265722	25
吉林	-0.32664713	26
宁夏	-0.331292989	27
贵州	-0.361448793	28
青海	-0.405409527	29
甘肃	-0.423408393	30
西藏	-0.564620258	31

表 2-3-7　各省区市竞争力评价情况及排序

地区	综合得分	2023 年排名	分类
北京	1.339163874	1	A
上海	1.027649377	2	A
广东	0.972562649	3	A
江苏	0.704792892	4	A
浙江	0.624135297	5	A
山东	0.355203704	6	B
福建	0.2713821	7	B
天津	0.188646564	8	B
安徽	0.057505284	9	B
湖北	0.056915447	10	B
重庆	0.024034512	11	B
湖南	0.019738296	12	B
四川	0.014325689	13	B
河南	-0.053674599	14	C
江西	-0.077598665	15	C
陕西	-0.122542568	16	C
河北	-0.129155813	17	C
辽宁	-0.131701197	18	C
内蒙古	-0.210973116	19	C
海南	-0.214587529	20	C
贵州	-0.297543699	21	C
云南	-0.326642508	22	C
山西	-0.334560344	23	C
广西	-0.3517282	24	C
宁夏	-0.358515276	25	C
新疆	-0.394612928	26	C
吉林	-0.410982287	27	C
甘肃	-0.55603237	28	D
黑龙江	-0.556691889	29	D
青海	-0.59355324	30	D
西藏	-0.695482866	31	D

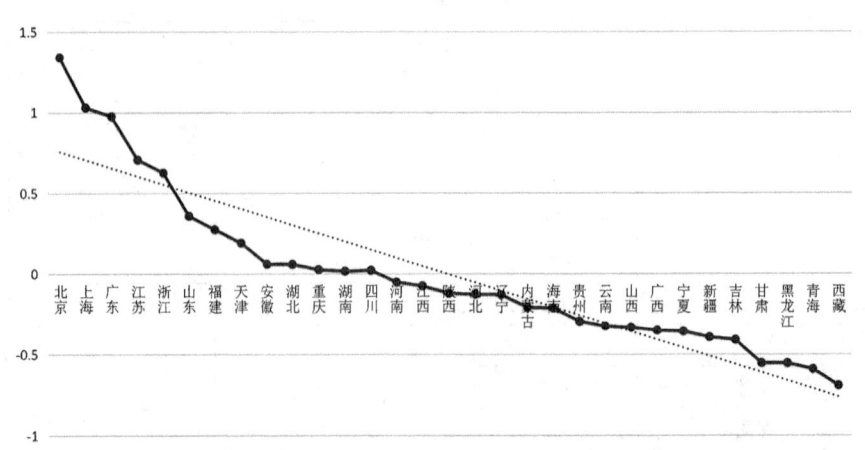

图 2-3-1　各省区市综合评价结果分布曲线图

表 2-3-7 显示了各省区市竞争力综合评价结果具体值,图 2-3-1 直观地显示了各省区市竞争力综合评价结果情况。整体来看,各省区市发展水平、发展潜力和竞争力综合评价的结果基本保持一致,显示出评价指标有良好的内在一致性。同时,也可以看到,各省区市发展水平评价结果相对于发展潜力评价结果更接近于最终的竞争力综合评价结果,这也反映了代表发展现状的发展水平维度在地区人力资源服务业综合竞争力评价中的基础性作用,发展潜力的兑现可能性要立足于发展水平去评判。

从表 2-3-7 和图 2-3-1 来看,北京市、上海市、广东省、江苏省、浙江省等 5 个省市的评价均在 0.5 分以上,有 18 个省市在 0 分以下,分布呈现出了明显的层次性差异。0 分以下说明其发展水平低于全国平均水平,并不说明其没有发展。从全国看仍然呈现出东高西低的特点,尤其是新疆、甘肃、青海、西藏等地的得分依然落后于其他省区市,位于末端,可以看出这些地区的人力资源服务业发展水平虽有进步,但仍落后于全国其他地区。

本书依据评价得分阈值宽度把地区分为四类,其中得分 0.5 分及以上的为 A 类,0—0.5 分为 B 类,-0.5—0 分为 C 类,-0.5 分以下为 D 类。表 2-3-7 第四列显示了这一分类的结果。

北京市、上海市、广东省、江苏省、浙江省等 5 个省市属于 A 类地区;山东省、福建省、天津市、安徽省、湖北省、重庆市、湖南省、四川省等 8 个省市属于 B 类地区;河南省、江西省、陕西省、河北省、辽宁省、内蒙古自治区、海南省、贵州省、云南省、山西省、广西壮族自治区、宁夏回族自治区、新疆维吾尔自治区、吉林省等 14 个省区市属于 C 类地区;甘肃省、黑龙江省、青海省、西藏自治区等 4 个省区市属于 D 类地区。

　　为便于进一步分析,本书按国家地区划分标准分别统计了不同区位的省区市分类情况①,得到表 2-3-8。

表 2-3-8　不同地区省区市类别情况统计表

地区	A	B	C	D
东部	5	3	3	0
中部	0	3	4	1
西部	0	2	7	3

　　表 2-3-8 所显示的分布情况可以更为直观地展示排序结果,东部地区的大部分省市都属于 A、B 两类,中部地区的省区基本集中于 B、C 类,西部地区的绝大部分省区市都属于 C、D 两类。该表说明我国各地区的人力资源服务业发展水平依然呈现出明显的东、中、西部水平差异,东部地区省市的人力资源服务业发展水平明显优于其他地区。这种水平优势不仅体现在人力资源服务业发展的现状上,而且体现在人力资源服务业发展的潜力上。相较之下,中部地区的省区大多处于中等的水平,而西部省区市的人力资源服务业发展水平就比较落后了。这种东中西部地区的人力资源服务业强弱格局与各地区在中国经济发展中的现实状况是相契合的。

三、各省区市人力资源服务业发展
情况排名变化与原因分析

　　前面评价结果表明,同上一年的分类结果相比,从划档角度看:A 类地

---

　　①　依据《中国卫生健康统计年鉴》东、中、西部地区的划分:东部地区包括北京、天津、河北、辽宁、上海、江苏、浙江、福建、山东、广东、海南 11 个省、直辖市;中部地区包括山西、吉林、黑龙江、安徽、江西、河南、湖北、湖南 8 个省;西部地区包括内蒙古、重庆、广西、四川、贵州、云南、西藏、陕西、甘肃、青海、宁夏、新疆 12 个省、自治区、直辖市。

区作为第一梯队，其数量和结构均保持了相对稳定(有一个从 A 类下降至 B 类)；B 类地区数量在保持稳定的同时，内部结构有微调(主要是由 A 类回退到 B 类以及从 B 类下滑至 C 类)；C 类地区数量有较大上升(有 B 类下滑至 C 类，如河南省；也有 D 类上升至 C 类，如新疆维吾尔自治区)，这也显示了在一定程度上我国人力资源服务行业正在朝一个更具均衡性的方向发展；而 D 类地区在数量明显减少的同时，显现出了其内部结构的某些固化(D 类四个地区均为上年排名后五位的地区)。从区域角度看：三大经济板块行业发展状态较去年总体保持稳定。东部地区虽然有小幅的回退，但整体保持稳定，尤其是依然包揽了作为第一梯队的 A 类地区，显示了其在人力资源服务行业中稳健的引领导向作用；中部地区无论在数量还是结构上均保持了高度稳定，但发展后劲略显不足；西部地区依然处于相对落后的位置，但各地区间的发展差异有所减少，发展势头较去年相比有不小的提升。

表 2-3-9 显示了近两年各省市区人力资源服务业发展水平排名的变化情况。

表 2-3-9　近两年各省区市人力资源服务业发展水平排名变化

地区	综合得分	2022—2023 年度排名	分类	2021—2022 年度排名	两个年度的排名变化①
北京	1.339163874	1	A	2	1
上海	1.027649377	2	A	3	1
广东	0.972562649	3	A	1	-2
江苏	0.704792892	4	A	4	0
浙江	0.624135297	5	A	5	0
山东	0.355203704	6	B	6	0
福建	0.2713821	7	B	7	0
天津	0.188646564	8	B	16	8

---

① 此处的排名变化，是排序运算而非代数运算，意义上是 2023 年相对于 2022 年的排名变化(上升+，下降-)，但在计算上则体现为"2022 年排名"-"2023 年排名"。如北京市 2023 年排名为1，2022 年排名为2，则 2023 年与 2022 年排名变化为 2-1=1，即上升 1 名。以此类推。

续表

地区	综合得分	2022—2023年度排名	分类	2021—2022年度排名	两个年度的排名变化
安徽	0.057505284	9	B	10	1
湖北	0.056915447	10	B	8	−2
重庆	0.024034512	11	B	13	2
湖南	0.019738296	12	B	12	0
四川	0.014325689	13	B	11	−2
河南	−0.053674599	14	C	14	0
江西	−0.077598665	15	C	15	0
陕西	−0.122542568	16	C	20	4
河北	−0.129155813	17	C	19	2
辽宁	−0.131701197	18	C	18	0
内蒙古	−0.210973116	19	C	21	2
海南	−0.214587529	20	C	9	−11
贵州	−0.297543699	21	C	17	−4
云南	−0.326642508	22	C	24	2
山西	−0.334560344	23	C	25	2
广西	−0.3517282	24	C	22	−2
宁夏	−0.358515276	25	C	29	4
新疆	−0.394612928	26	C	26	0
吉林	−0.410982287	27	C	23	−4
甘肃	−0.55603237	28	D	27	−1
黑龙江	−0.556691889	29	D	28	−1
青海	−0.59355324	30	D	31	−1
西藏	−0.695482866	31	D	30	1

　　一般情况下，由于受到数据统计口径等因素的影响，3个位次以内的变化我们都可以将之视作是正常的排名波动，因此根据表2-3-9的结果，2022—2023年，天津、陕西、海南、贵州、宁夏、吉林均有较大的排名波动，而其余省区市的排名大都保持相对稳定，波动地区数量较上年保持稳定。与2022年相比，人力资源服务业"第一集团"总体稳定，但出现了局部变动，主要体现在山东因小幅回退而掉出其中。而北京、上海、广东、江苏、浙江均保

持极小变动或不变，稳居人力资源服务业发展水平的"第一梯队"，从侧面反映出评价指标的科学性和合理性，也在一定程度上凸显了人力资源服务业是依托于经济发展水平和市场发展环境的新兴产业，在某种程度上具有相对稳定性，短期内难以实现跨越式发展；但在短期区域内部的经济社会形势也能在一定程度上影响行业发展。

值得注意的是，2022 年度位列第一的广东省在本年度下滑两位来到了第三，这一下滑是相对的。广东省作为经济大省、用工大省和制造业大省，对人力资源需求巨大，人力资源要素活跃，人力资源服务业具有强劲的发展潜力（发展潜力排名全国第一）。但因其巨大体量造成的行业整体发展速度下滑（发展速度排名全国第十六位）、在行业累积性方面相对于京沪的滞后（发展规模在北京之后排名全国第二位）、在省内行业发展均衡性方面的相对欠缺（发展效益排名全国第四位），加之新冠疫情和逆全球化对本省宏观经济环境的影响，导致其在作为竞争力评价核心的发展水平上的排名来到了全国第三，这也在一定程度上反映了广东在 2023 年度人力资源服务业发展方面的客观形势。

在排名上升的省份之中，天津市的进步幅度最大，这可能与天津市近年来良好的产业发展形势和政府对于人力资源服务业发展的政策支持力度日趋加大密切相关。天津市 2023 年政府工作报告指出了过去一年市政府在着力提升本市现代服务业发展水平、助推天津市人力资源服务业加速成长方面取得的进步和作出的努力。简单来看，在 2022 年度，天津市强化了行业发展的制度供给，完善《天津市人才发展促进条例（草案征求意见稿）》，落实《天津市人力资源和社会保障事业发展"十四五"规划》《滨海新区关于支持人力资源服务业高质量发展的实施意见》等政策文件，为人力资源市场的管理、运营及人力资源的流动、配置等，提供了强有力的制度保障。注重行业领军企业的培育，深化"放管服"改革，重点培育一批有核心产品、成长性好、具有国际竞争力的综合性人力资源服务企业。加快发展有市场、有特色、有潜力的专业化人力资源服务骨干企业，引导人力资源服务企业细化专业分工，提供高端人才寻访、甄选推荐、引进培训等定制化服务，向价值链高端延伸。云账户、一合、中轩等一批本土人力资源服务领军企业迅速崛起，服务能力、服务半径、服务水平和经济贡献率稳步提升。在打造平台载体方面,以中国天津人力资源服务产业园为依托,给予入驻园区企业资金支持、加速产业园要素聚集、提升人力资源服务领域对外开放水平。积极推进国家级人力资源服务出口基地建设,搭建"立足天津、服务京冀、辐射全国、世界知名"的综合性人力资源服务平台,为贯彻落实共建"一带一路"和推动天津服务贸易高质量发展提供重要支点。从行业发展延续性看,据天津市人社局相关负责人介绍,近年来,天津市人力资源服务业行业规模持续扩大,产业园体系不断完善,业务形态日益丰富。2020年到2022年三年间,天津市人力资源服务机构从1200家发展到2700余家,年营业额从580亿元增长到945亿元,2023年上半年人力资源服务业规上企业营业收入增幅达17.4%,高于重点服务行业平均增速10.6个百分点,成为助力经济社会高质量发展的新引擎。从行业发展具体效益看,一是作为服务第一要务的必备产业来抓。结合区域、行业发展特点,保障和促进重点领域、重点产业、重点项目、重点人群就业。开展12条重点产业链、十大产业人才创新创业联盟用工需求调查,搭建平台促进人力资源服务机构与12条重点产业链、十大产业人才创新创业联盟深入对接合作,支持人力资源服务机构开展"组团式""点对点""一条龙"服务,满足产业人才需求。二是作为服务第一资源的重点产业来抓。坚持构筑"引育用留"全链条人才发展生态,通过搭建"赛、展、会、盟"引才聚才平台,大力引进优秀青年人才;通过完善博士后制度、创新揭榜领题机制、实施"海河工匠"建设工程、承办第二届全国技能大赛,厚植人才成长沃土;通过推进职称制度改革,构建"一链一策"职称专业体系,激发人才创新创造活力。截至2022年12月底,"海河英才"行动计划累计引进人才45.9万人,全市技能人才达到271万人,为推动经济高质量发展提供了有力人才智力支持。三是作为夯实第一民生的基础产业来抓。支持和引导人力资源服务业全面落实稳就业促就业任务,在疫情防控期间全市人力资源服务组织积极配合"降缓返补"稳岗政策,为市场主体硬核减负300多亿元,稳住了市场主体、稳住了就业岗位、稳定了就业大局。为了贯彻就业优先理念,天津积极打造"想就业、找人社"公共就业服务品牌,推动公共就业服务向前延伸,全力做好高校毕业生等重点群体就业工作,为经济复苏向好打下了坚实基础。接下来,针对人力资源服务业,天津市将进一步推动创新发展,大力提升人力资源服务水平;进一步推动协同发展,不断强化人力资源支撑经济高质量发展作用;进一步推动集聚发展,健全完善高水平人力资源服务产业园体系;进一步推动开放发展,着力促进人力资源服务助力共建"一带一路";进一步推动规范发展,抓紧建设高标准人力资源市场体系。

在2023年的评价结果之中,陕西省一改往年的发展颓势,排名显著提升,表现亮眼。陕西排名向上攀升得益于新兴动能加快成长,近年来固定资产投资持续走高、出口贸易高速增长,过去一年经济运行总体平稳,发展态势持续向好,国民生产总值稳步提高,GDP历史性地进入3万亿大关。具体来看,2022年陕西第三产业(服务业)增加值同比增长2.6%,对经济增长贡献率达到22.7%,拉动GDP增长4.3个百分点,已经成为支撑全省经济持续较快增长的主动力,表明其产业结构调整、经济转型升级的速度加快。据了解,陕西人力资源服务业近年来取得了长足发展,在促进就业、优化人力资源配置以及服务区域发展战略中发挥了积极作用。全省人力资源服务机构超过1200家,其中年营业收入达5亿元的10家,全省人力资源服务业年营业总收入突破340亿元。与此同时,陕西通过举办首届人力资源服务创新创业大赛,汇聚陕西省最具潜力的人力资源服务项目,也帮助发现顶尖创业人才、重大突破性技术和创业明星企业,为人力资源产业提供交流合作的省级双创平台,人力资源服务创新能力不断提升。在2022—2023年度,陕西省政府先后发布或修订《西安市地区优秀人才和实用储备人才分类评价确认办法》《西咸新区"秦创原创新人才计划"认定办法》《西咸新区"秦创原创新人才计划"奖励支持措施》等政策文件,召开陕西省委人才工作会议,提出要坚持"四个面向",建设战略人才力量,建强高校人才培养主阵地,提升企业承载科技创新人才能力,扩大人才对外开放。建立党委政府领导干部联系服务专家制度。省委、省政府领导带头,每人直接联系服务3名院士,市、县党委政府领导结合实际,积极主动联系服务院士专家;落实人才编制"周转池",调剂6000个编制引进急需紧缺人才;集中实施省高层次人才引进计划、省"特支计划"、"三秦学者"创新团队计划、"三秦工匠计划"四大省级人才计划;开展全省正高级工程师等高层次人才的评选和认定工作,同时加强创新载体建设和创业支持、放开人才落户限制,不断加大柔性引才引智力度和荐才引才奖励力度。在产业规范化发展方面,省政府积极贯彻中央精神,出台《关于公布全省人力资源诚信服务示范机构的通知》,通过专项行动开启本地人力资源市场征信机制建构,加强人力资源服务机构事中监管,引导人力资源服务机构依法经营、诚信服务,切实维护劳动者和用人单位合法权益,改善了本省人力资源市场秩序,为促进劳动者就业营造了良好的社会环境。此外,2022年,照"一园多区"布局的中国西安人力资源服务产业园,作为西北地区首家国家级人力资源服务产业园,还被认定为全国首批(12个)、全省唯一的国家级人力资源服务领域特色服务出口基地。西安人力资源服务产业园将形成集人力资源服务企业聚集、人才创新创业、人才成果展示、资源交流共享为一体的人才服务新链接,以高精度人才服务、全要素市场化人力资源服务,为陕西秦创原创新驱动平台量身打造人才全程化便捷服务。由此可见,过去一年陕西省多措并举大力推进区域人才队伍和人力资源服务建设,为将陕西打造成全国内陆型经济开发开放战略高地、西部地区重要的经济中心、西部大开发的新引擎、国家向西开放的重要枢纽、全国重要的科技研发和文化教育中心,提供人才人力支持。这一系列努力有利于培育市场主体、推进业态创新、加快开放合作,进一步改善了人力资源服务业的发展环境。除政府大力支持外,陕西省人力资源服务业发展规模指标和发展潜力指标也整体增长迅速,如人均人力资源服务业增加值、人均国内生产总值等指标均已达到或超过全国中游水准,市场环境日趋成熟,产业基础逐渐完善。但不能否认,当前陕西人力资源服务业发展水平与"第一梯队"仍有一定差距,现有发展水平与跨越式发展目标仍不协调,发展的质量相对有限,发展的持续性有待观察,这不仅与陕西本省经济发展的客观实际有关,还受制于行业从业人员的素质偏低和高层次人才吃紧等因素。

此外,宁夏的显著进步让人眼前一亮,这是其整体经济实力稳步提升带来的厚积薄发。过去五年,宁夏深入贯彻新发展理念,经济高质量发展取得新成就。地区生产总值由3200亿元提高到5000亿元以上,年均增长6%左右。人均地区生产总值由4.6万元增加到6.8万元以上,年均增长5%左右。与之相伴的是,2022年全区实现生产总值5069.57亿元,比上年增长4.0%。其中第二产业增加值2449.10亿元,增长6.1%;第三产业增加值2212.99亿元,增长2.1%,在整体经济形势低迷的环境下实属不易。具体来看,宁夏人力资源服务业实现了连续两年的较快增长:截至2022年末,宁夏共有各类人力资源服务机构481家,其中民营性质的服务企业达到451家,帮助实现就业和流动人数104.58万人次,服务用人单位5万家次。建成宁夏(银川)、吴忠市2个市级人力资源服务产业园,全省专业技术人才和高技能人才总量达到45.7万人。这背后,是宁夏以促进市场化社会化就业和人才顺畅有序流动为主线,聚焦重点产业发展,打造人才优质服务平台,加快推动人力资源服务产业园建设,使得人力资源服务业高质量发展呈现良好态势。首先是培育专业服务机构。宁夏近年来持续鼓励创办聚焦主业、专精特新的人力资源服务企业。实施骨干企业培育计划,入规企业按规定享受服务业发展引导资金有关政策。坚持高端引领,吸引一批领军人力资源服务企业。其次是提升人力资源服务供给水平。宁夏坚持丰富人力资源服务业态,坚持市场需求导向,推进管理、技术、服务、产品创新发展,完善猎头机构市场化引才机制。培育人力资源服务优质品牌,鼓励参与全国性赛会活动。再次是建立协同发展产业体系。宁夏扎实落实产业园区建设计划,培育发展自治区级产业园,鼓励社会资本投资建设面向生产领域的人力资源服务共享平台项目。实施人力资源服务促就业行动、助力乡村振兴行动。实施人力资源服务助才引智行动,鼓励各级机关、企事业单位通过人力资源服务机构引进急需紧缺人才。推动人力资源服务业深度融入制造业产业链,向现代服务业细分行业拓展经营范围。最后是加强人才队伍建设。宁夏已开始实施从业人员能力素质提升计划,依托自治区企业经营管理人员素质提升工程,每年选派50名左右高级管理人员研修培训,完善人力资源管理专业职称评审制度,开辟职称评审"绿色通道",符合条件的可直接申报高级职称。综上可见,近年来宁夏大力培育人力资源服务市场,人力资源服务业健康发展,为当地经济社会发展提供了重要支撑。

在排名下跌的省份之中,海南和贵州均下滑较大。海南省下跌的原因较为明晰,即逆全球化带来的外贸萎缩、外向型经济发展受阻、人口老龄化进一步加深、企业亏损面较大、重大疫情负面影响尚未完全化解等因素叠加,对本省的国民经济造成了较大影响。2022年海南GDP增速为0.2%,位于31个省区市末位,使得其在一系列行业发展评价重点指标上的表现大幅下滑。具体表现在海南人力资源服务业从业人员数量增量为负,即出现了明显的负增长(全国第四)。从业人员数的较多流出造成了全省人力资源服务业产值、人力资源服务业增加值增速等指标在全国范围内排名的相对下滑,这和海南前两年行业的高速发展形成了明显的对比。人力资源服务业的发展规模和发展速度,直接反映出一个地区人力资源服务业的发展和增长状态,在这些关键指标上的疲软表现,说明 2022 年海南人力资源服务业的总体发展活力、速度的确受到了客观经济社会形势的较大影响。相应地,海南人力资源服务业对 GDP 和服务业的贡献率也随之出现相对下滑,已滑落至 31 个省区市下游位置。这些反映人力资源服务业发展现状的核心指标出现相对下滑,势必会影响海南的排位。加之海南地处南部沿海地区,城市化和工业化起步相对落后,现代服务业发展基础相对薄弱,虽然近年来借助自贸区优惠政策对外开放程度不断提高,但市场体系仍不完善,总体教育水平和人口素质偏低,区域协同发展效果尚不明显,也让其失去了部分的产业发展机会。在这里我们看到,一个产业的发展不能只关注发展的速度,产业发展的基础以及未来发展的潜力等均是产业水平的重要组成部分,短期内发展速度指标的快速提升确实能带来短期排名的上升(如海南前两年的强劲表现),但若想真正取得长期的进步甚至跻身于全国前列,还应注重产业发展的健康性、长期性和持续性积累。

贵州省的排名下跌了 4 位。贵州省排名下跌主要有以下两方面原因:一是在经过前些年的稳步发展后,人力资源服务业发展速度指标增长趋于放缓。具体来看,贵州省上年人力资源服务业增加值增速为 3.2%,虽然在整体经济形势下行的背景下尚可接受,但在全国范围内已从 2022 年的全国第 13 位下跌到了 2023 年的全国第 24 位;上年人力资源服务业从业人数增速为-4%,也在全国中下游水平。二是反映人力资源服务业发展水平和发展潜力的部分指标排名已相对落后,如反映发展规模的人力资源服务业增加值比重、反映发展效益的人均人力资源服务业增加值,以及反映发展潜力的第二产业增加值比重、利用外资情况、城镇居民储蓄余额等指标均处于全国中等或中等偏后的水平,发展后劲有所不足。加之贵州的现代服务业发展起步较晚,本区本行业相关常驻国企央企较少,发展引领效果不明显,私营企业相对东部地区活力不足效率低下,商业发展效益不高,法治环境、营商环境和管理方式亟待进步,也让贵州很难出现行业的领军企业。此外,贵州的相对下滑也与近年来其他地区行业的强势崛起有关，特别是在长三角一体化、粤港澳大湾区、成渝城市群、中部崛起等区域集聚效应的影响下，全国各地的人才要素也在加速汇集上述地区，且成渝双城经济圈战略尚未面向贵州显示出应有的辐射效力，贵州的区域协同发展效果尚不明显，致使其人才流出状况较为严重。

位于东北地区的吉林跌幅也较大，一方面是因为近年来该地区整体经济形势不乐观，吉林作为东北地区的重要经济基地，2022 年的整体经济运行情况很不理想，客观来讲还是比较低迷的。与 2021 年相比，一产增加值比重上升 4 个百分点，二产增加值比重下降了 5.1 个百分点，三产增加值下降了 1.2 个百分点。东北三省中，吉林省的 GDP 增速较辽宁、黑龙江两省差距明显，更远低于全国平均增速，在全国范围内排名 25。这背后反映的是区域产业转型升级滞后，增长乏力，使得诸如人力资源服务业相关的重要指标如国民生产总值、第三产业增加值等增速放缓，而且在全国的排名相对落后。另一方面，吉林 2022 年人口流失 27.68 万，人口净流出较为严重，人口自然增长率持续呈现负增长，全省人口结构步入深度老龄化，一定程度上限制了其人力资源服务业的产业发展步伐。基于上述数据与分析可以看到，人力资源服务业的良性发展并不完全依靠人力资源服务业本身，其需要与产业发展基础、经济发展环境、市场成熟条件、社会人口结构等因素综合作用、协调互动。想要保持人力资源服务业的良性健康发展，应注重人力资源服务业发展的健康性、长期性和持续性等影响因素的建设、培育与累积，并且保持和推动多方联动。

四、评价总结与政策建议

人力资源服务业作为为劳动者就业和职业发展、用人单位管理和开发人力资源提供相关服务的专门行业，有着巨大发展潜力，在中国属于朝阳产业。现代知识经济对人才的重视使得这一产业在国民经济中的地位迅速提升，并引起人们的广泛关注和重视。党的二十大报告明确提出人才是第一资源，系统部署了"深入实施人才强国战略"的目标任务，在中国式现代化的宏大视野中赋予"人才"新的时代内涵。国家、政府和社会都希望人力资源服务业能健康、快速发展,为整个国民经济的持续健康发展作出应有的贡献,因此,了解人力资源服务业在不同地区的发展水平就成为实现这一期许的前提。中国幅员辽阔,南北差异巨大,这种差异既包括了社会文化的差异,也包含了内在经济发展水平的不一致,大部分产业在中国的地域差异是巨大的,人力资源服务业也不例外。了解这种地域差异是了解这个行业整体发展状况的重要组成部分,它对政府制定统筹发展的经济产业政策以及私人部门的投资决策有着巨大参考价值。

(一)结果总结

本章通过设计人力资源服务业发展水平评价指标体系,在搜集2023年全国31个省区市的相关数据基础上,依托这一指标体系对各地区人力资源服务业发展水平进行了排序、分类,并对相关的数据结果进行了阐释与说明。通过这一研究过程,并综合对比前些年的排名结果,我们可以总结出以下认识。

1. 我国人力资源服务业整体发展环境持续优化,发展状态稳中向好

2022年我国高效统筹疫情防控和经济社会发展,有效应对内外部挑战,国民经济顶住压力持续发展,国内各地区整体经济发展环境持续优化,各地区人力资源服务业运转也开始走上正轨。就整年看,机构数量进一步增长、行业规模进一步扩大、高端业态快速发展、人力资源服务业产业园区持续铺开、人力资源市场配置能力进一步提高,人力资源服务业总体发展水平稳中有进,发展环境不断改善,日益成为现代服务业和生产性服务业的重要组成部分,成为实施创新驱动发展战略、就业优先战略和人才强国战略的关键举措,成为构建人力资源协同发展产业体系的重要力量,成为经济社会长效健康发展的有力推手。

2. 我国人力资源服务业区域发展水平仍存在显著差异

根据2023年人力资源服务业区域发展水平评价结果来看,我国人力资源服务业区域发展水平仍存在显著差异,且相对差距趋于稳定,中西部地区行业发展空间依然广阔。与我国经济发展水平的区域性差异类似,我国东部、中部和西部地区的人力资源服务业发展水平差距仍然明显。这种差异在相当一段时期内依旧会存在,但会随着不断发展而逐渐缩小。通过对比

2023 年和 2022 年我国各地区人力资源服务业发展水平的排名便可以发现,2023 年在 A 类省区和 B 类省区数量保持稳定的前提下,C 类省区的总数有了大幅增加,而 D 类省区的总数有了明显减少,在一定程度上呈现出聚敛趋势(尤其是西部省区已有 2 个来到了 B 类),这也可以从一定程度上看出西部省区市人力资源服务业的发展水平在整体上有了提升。未来我们一方面不能忽视中西部省区市在行业发展中作出的努力,采取多方措施为人力资源服务业发展创造更好的环境与空间,不断提升其发展速度,发挥中西部行业后发优势;另一方面也要总结东部省市在人力资源服务业发展中的经验教训,注重行业的可持续性发展与长期积累,追求行业发展数量与质量的统一。

3. 应正确理解地区人力资源服务业发展与经济发展间的相互协同关系,重视两者间的良性互动

经济发展主要体现为经济水平和产业基础。经济水平是人力资源服务业发展的基础,而成熟的产业条件则是人力资源服务业发展的前置条件。具体来看,经济水平为人力资源服务业的发展提供了诸如资源、市场、基建等基础性条件,而产业积累则为人力资源服务业的发展提供了平台和依托。也即人力资源服务业的发展并不是孤立的,一个地区的经济发展水平可以反衬出产业发展的未来潜力,反映在本书中就是指标体系中人力资源服务业发展现状和人力资源服务业发展潜力两部分指标相辅相成,缺一不可。因此,人力资源服务业的发展在空间上并不是孤立的,需要地区整体经济建设和产业发展的支撑;在时间上并不是能够短期速成的,需要长期性的经验积累和要素沉淀。反过来讲,人力资源服务业的不断发展也会促进地区产业结构的优化调整,繁荣地区的就业,提升企业运行效益,促进地区整体经济发展。这启示地方政府要兼顾人力资源服务业发展的速度和效益,打好产业发展的基础,注重产业发展的长期性、健康性和持续性积累。

4. 政府及时积极的政策扶持与宏观调控对人力资源服务业的发展至关重要

政府大力完善相关产业政策、优化环境、增强监管、提升服务,如明确产业发展目标、具体扶持政策和监管措施,推动人才队伍建设和地方标准化的实施,搭建供需平台,引进人才等一些具体措施的推行,对于一个地区人力

资源服务业的发展(尤其是发展速度指标)能起到极大的促进作用。2023年天津市排名的迅速提升和贵州省排名的小幅下滑,可以从很大程度上证明这一点。

5. 人力资源服务业将成为区域经济增长的新引擎

根据《中国统计年鉴》的数据显示,我国适龄劳动力人口占总人口比重逐年下降,已从 2013 年的 73.9% 跌落至 2022 年的 62%,与此同时,人口抚养比也从 2013 年的 35.3% 上升到 2021 年的 46.44%。在这一人口结构性变化大背景下,企业的人力成本势必不断增加,倒逼人力资源需求从数量向质量转变,招聘、培训等人力资源环节应发挥更加大的人才人力合理配置作用,对人力资源服务业的需求也会更加旺盛。因此,人力资源服务业的发展对地区产业结构的优化与调整意义重大,对于增加地区人口的就业数量、提升企业运行效率具有更积极的影响。特别是在当前我国多个区域经济一体化进程如火如荼的情况下,人力资源服务业将成为加强区域智慧联结、促进区域经济发展的新推手。

(二) 政策建议

基于本章所构建的人力资源服务业发展水平评价指标体系以及以此为依托而计算出的近些年各地区人力资源服务业发展水平排名结果,吸取排名靠前地区人力资源服务业发展的先进经验与做法,在综合考虑产业发展与区域发展相结合的背景下,提出以下政策建议。

1. 依据经济发展状况确立本地人力资源服务业的发展目标

各省、自治区、直辖市人力资源服务业的发展目标应依据其经济发展状况而定,产业发展的相关政策也应与当地整体的社会经济发展政策相吻合,不能脱离现实而盲目追求产业发展的高速度。自 2014 年《关于加快发展人力资源服务业的意见》首次从国家层面对发展人力资源服务业作出全面部署以来,各省也相继出台了关于加快人力资源服务业发展的实施意见,支持人力资源服务业的发展。从近两年各地区人力资源服务业发展水平的实际排名结果来看,一些省区市在科学的发展目标和政策支撑下产业发展取得了长足的进步。总结其经验,重要的一点在于地方政府在发展人力资源服务业时,不能孤立地只从产业出发制定发展目标与发展政策,还应综合考虑地方的经济社会发展水平以及相关的发展政策，不能单单追求产业发展的高速度。我们也基于实证研究发现，各地区人力资源服务业发展水平与其经济社会发展水平密切相关。人力资源服务业作为现代服务业的组成部分，其主要意义就是服务于经济社会的发展，尤其是在当代中国，人力资源服务业作为新兴产业还不能起到显著的引领经济社会发展的作用，这就更应将其发展融于经济社会发展的大环境中，避免跨越式的产业推进带来的低效与资源浪费。这启示各地区在发展的过程中，应因地制宜地制定人力资源服务业发展规划，各地政府应通过系统调研，厘清人力资源服务业的现状，摸清机构、从业人员、服务内容等基本情况，全面了解经济社会发展对人力资源服务业的需求状况以及业务完成情况，拟定不同阶段的发展规划，确定整个区域的人力资源服务业的战略目标。

2. 加大各级政府政策扶持力度，助力行业发展

各省、自治区、直辖市政府应在政策层面大力扶持人力资源服务业的发展，不断实现政策的完善化、精准化，保持政策的延续性和平稳性，因地制宜地保证政策实施落地，避免各省间政策条文的相互模仿。首先，政府应积极转变职能，积极做好本地区人力资源服务业引导者与推进者的角色工作。充分发挥市场的主体作用，改善人力资源服务业发展的市场环境，鼓励和引导各类人力资源服务机构参与市场中的有序竞争，不断提升人力资源服务机构的竞争力以及相关从业者的素质水平。其次，重视顶层设计，要构建和完善支持人力资源服务业发展的政策体系，在因地制宜的基础上明确人力资源服务业的发展目标、具体的扶持政策以及配套的监管措施。再次，根据"放管服"改革要求，提升和创新监管服务能力，如进一步深化行政审批改革、推进诚信体系建设、推进行业标准化实施、加强行业队伍建设等，不断提升公共服务的供给能力和供给效率。最后，重视人才的作用，以政策优惠为吸引，依托各类人力资源服务机构搭建供需平台开展各类招才引智活动。

3. 增强各省、自治区、直辖市人力资源服务业发展中的联系与互动，在更高层面上实现产业区域发展的总体布局

尽管本章以省为单位对各地区人力资源服务业发展水平进行了排名，但是这并不意味着各地区人力资源服务业的发展是相互割裂的，反而彼此间存在着很强的联动性。本章研究的意义之一在于可以让各地区直观了解

目前人力资源服务业的发展状况,摆正位置,更好地树立学习标杆,向行业发展较好的地区借鉴与学习,实现各地区人力资源服务业在发展中的优势互补,同时人力资源服务业发展水平较高地区应发挥好辐射带动作用,这样才能实现人力资源服务业的有效整合,实现行业的发展壮大。我国东部地区目前仍保有经济、科技、人才等多重优势,作为我国现代人力资源服务业的发源地,扮演着产业领头羊的角色。中西部地区虽然目前发展水平处于弱势,但具有较大发展空间和后发优势。未来要持续调动东部地区对中西部地区产业发展的带动拉动作用,形成对中西部地区产业拉动和资源输入的影响效应,通过政策优惠等方式进一步推动其开拓中西部市场,以产业发展的先进经验带动中西部地区的产业结构转型升级。与此同时,中西部地区尚处于跨越发展阶段,在多数领域并不具备领跑能力,应采取跟跑策略。但跟跑并不是保守的,因为它要求始终贴近行业前沿、快速跟进创新业态,通过模仿创新、再创新和集成创新等手段,形成自己的成长模式和竞争优势,充分把握自身"后发优势",积极主动地学习东部地区先进经验,尽可能规避东部地区在产业发展中的弯路岔路,降低发展成本。

然而从全国范围看,各地区人力资源服务业在发展中的联动效应尚未凸显,人力资源服务业发展水平较高地区的辐射带动作用尚未充分发挥。若想实现这种联动和辐射效应,应从以下三个方面着手。第一,以产业集聚为基础,在更高层面上实现产业区域发展的总体布局。目前来看,各省均在积极推进人力资源服务产业园的建设,试图依托已形成的产业发展优势,发挥产业集聚效应。然而依托人力资源服务产业园而形成的产业集聚目前看仍仅局限在某一个城市或者区,尚未在某个区域范围内以点带面形成合力,这就需要未来在更高层面上实现产业区域发展的总体布局,这里的区域选择可以是京津冀、长三角、珠三角、成渝经济圈、中部六省经济圈等。围绕某个区域,合理规划布局,形成集聚优势,提升溢出效应,可成为产业未来发展的重要路径选择。第二,完善各地区间人力资源服务业沟通与协调机制,加强相互间的资源要素共享,发挥行业协会在地区间合作交流中的作用。第三,为各地区间人力资源服务业发展的联系与互动配套相应的制度保障。

4. 建立人力资源服务业创新发展的复合型人才培养机制

人力资源日益成为经济社会发展的第一资源,任何行业的发展都离不开专业人才,人力资源服务业的发展也不例外。基于人力资源服务业高技术含量、高人力资本、高成长性和辐射带动作用强等特点,其在识人、选人、用人、育人、留人、送人等各环节都有其特定的专业要求,因而人力资源服务业的繁荣更需要创新发展的复合型人才。同时,人力资源服务业志在促成百业兴旺,其服务对象具有跨行业的特点,要为各行各业的管理者提供岗位配备、人才激励等各种形式的人才管理服务,因而人力资源服务业人才不仅要拥有人力资源管理专业的理论知识,还要掌握所服务行业机构的用人标准和模式,唯其如此才能提供有的放矢的高品质服务。此外,从企业成长角度看,小型人力资源服务业机构往往从事低层次的人才服务,中型人力资源服务业机构的主营业务往往依托于特定的某类行业,大型综合实力强的人力资源服务业机构才能提供更广、更深、更多层次的业务服务,因而创新发展的复合型人才也是人力资源服务业机构实现跨越成长的必要条件。

培养创新发展的复合型人力资源服务人才需要建立理论与实践相结合的培训机制。首先以培养人力资源服务人才为主的人力资源管理学科要做到理论素养和实践技能深度融合,如构建人力资源管理专业专家学者参与实务的机制。离开现场谈管理知识是空中楼阁,必须加强行业理论派的实践意识和技能。在此基础上构建产学研三合一教学模式,增设实务类课程,培养学生的实践技能,推进构建创新发展的复合型人才培养机制。其次,加强行业培训。行业培训不仅要充分对接国家和各地人社部,做好行业服务标准的学习和解读工作,还要充分发挥行业协会在行业代表、行业自律、行业协调等方面的功能,以学术论坛、技能大赛等形式促行业技术经验的交流。总之,要夯实人力资源服务业发展的基石,培养更多创新发展的复合型人才,从而促进各地人力资源服务业的发展。

5. 利用大数据和"互联网+"技术,加强行业数据库建设

利用大数据和"互联网+"技术发展人力资源服务业是落实国家"互联网+"发展战略的要求。发展人力资源服务业要推动人力资源服务和互联网的深度融合,积极运用大数据、云计算、移动互联网、人工智能等新技术,促进人力资源服务业创新发展、融合发展。加强人力资源服务信息化建设,构建人力资源信息库,实现数据互联互通,信息共享,是促进人力资源优化配置的基础,是未来人力资源服务业发展的基石。智能化人力资源服务正

在兴起,一些互联网背景的人力资源服务公司,依托人才大数据库,可以做到智能化人岗匹配。然而,谙熟大数据和"互联网+"技术的现代人力资源服务业机构并不多,大部分企业还停留在传统的人工技术操作层面。因此,加强IT精英加盟人力资源服务行业是突破行业发展瓶颈的有效途径。

此外,大数据和人工智能也有助于解决我国人力资源服务业行业数据库统计不完善的问题。目前人力资源服务业相关实证研究中所面临的最大困难在于统计数据严重不足,仅有的一些统计数据还存在着各省间统计口径差异的问题。制定人力资源服务业发展政策应基于对行业发展状况的精准认识和把握,而目前人力资源服务业相关统计数据的缺乏使得决策者在制定相关政策时更多地依赖自己的主观经验和主观判断,这种对于行业发展认识的模糊性直接降低了决策的科学性和准确性。因此,未来将人力资源服务业作为一个独立的行业门类,纳入国民经济统计的范畴,定期公布相关统计数据,就显得尤为重要。一方面这有利于相关研究者在深入处理相关数据信息的基础上构建更为科学合理的行业发展水平/竞争力评价体系和机制,深入了解行业发展状况;另一方面可以为人力资源服务机构制定自身的发展规划、人力资源服务业主管部门制定和优化政策提供依据。

6. 大力推进产业园区建设,扶持新机构可持续发展

国家要继续大力推进人力资源服务产业园建设。一个产业园区能搭建起一个行业集聚发展的实体平台,它有利于加快市场主体的培育,促使新机构的产生,促进行业规范有序发展,激发人力资源服务业市场有序竞争,从而激发服务创新、完善服务链条,提升服务能力和水平。国家现有26个国家级人力资源服务产业园,涉及22个省市,广东省、浙江省、上海市和山东省人力资源服务业发展一直名列前茅,与四地人力资源服务业产业园区建设密不可分。上海市拥有全国第一家国家级人力资源服务产业园,广东拥有广州、深圳两个国家级人力资源服务产业园,浙江也拥有杭州、宁波两个国家级人力资源服务产业园,而山东更是拥有烟台、济南和青岛3个国家级人力资源服务产业园,这在全国都是独一无二的。四地产业园区的发展为其他各行业的发展提供了强有力的人才支撑,落实满足了经济社会发展产生的人力资源服务需求,促使当地人力资源服务业成为现代服务业发展的增长点。

要根据各地人力资源服务业发展水平，建立国家级、省级、县域级的产业园区，以适合当地经济社会发展对人才需求的需求，因地制宜地扶持人力资源服务业的发展。例如2022年人社部新批复将中国天津人力资源服务产业园和中国西安人力资源服务产业园列为首批国家级人力资源服务出口基地，足以证明这两个地方产业园区对天津市和陕西省的人力资源服务业起到的极大促进作用。

促生品牌人力资源服务机构发展，扶持新机构可持续发展。人力资源服务业作为新兴产业，其机构实体层次多样，不乏实力雄厚、成立较早的机构，还有一些中小型新机构，这些新机构是人力资源服务业的有机组成部分，其可持续发展值得关注。据国家企业信用信息公示系统和企查查网站查询，我国以"人力资源"冠名的企业并在2022年后注册的有54500家，其中在业/存续企业有47730家，有6770家企业存在吊销、迁出、停业等经营异常情况，占总注册企业的12.42%，这表明新建机构在人力资源服务业存活很不容易。尽管中小型人力资源服务业运营成本低，但如果没有固定的客户源和稳定的效益收入，维持运营也很艰难，因而国家有必要加大对中小人力资源服务业机构的扶持力度，以满足各类企业对人力资源服务的不同层次需求。

机构的发展人才是关键。人力资源服务业更应践行人才是第一社会资源的理念，做好全国人力资源服务行业人才的配置，鼓励东部发达地区的人力资源服务业机构主体开拓中部、西部市场，打破专业人才流动的壁垒，促使东部人力资源服务业精英到中西部人力资源服务业市场创业，发掘促生中西部人力资源服务业市场潜力；结合西部开发战略，弥补发展的不均衡，才能促进全国人力资源服务业实现快速普惠发展。

党的二十大报告再次强调要促进区域协调发展，深入实施区域协调发展战略、区域重大战略、主体功能区战略、新型城镇化战略，优化重大生产力布局，构建优势互补、高质量发展的区域经济布局和国土空间体系。中国是发展中大国，各个区域具有各自比较优势，发展呈现差异性是必然的，但区域差距不能过大，应打破区域分割、各自为政的状况，按照优势互补、互利共赢的原则，加强区域合作，不断缩小区域差距。人力资源服务业作为一种服务人力资源与人才的创新创业以及促进人力资源协同发展的产业，对增加地区人口的就业数量,优化与调整地区产业结构有显著的推动作用,凸显了其在实现区域协调发展目标中的战略性意义。

　　本章对中国各省区市人力资源服务业发展情况评价及政策建议,有利于更加直观地把握人力资源服务业发展的阶段性特征和区域性差异。一方面,可以为未来国家实现更高视角和层次的产业布局和规划打下基础,在制定产业政策时能够更加注重统筹发展,提升政策制定的针对性和有效性;另一方面亦可以为各地区未来进一步展开行业监管、制定行业规范提供借鉴与参考,基于自身情况制定出更为合理的发展目标与产业政策,进而推动整个产业的均衡协调发展,为实现我国区域协调发展和现代化的目标助力。

第四章　人力资源服务行业十大事件

【内容提要】

《中国人力资源服务业蓝皮书2023》记载的大事件,较好地覆盖了人力资源服务业发展的各个维度,与2022年蓝皮书相比,本章既有延续,又有创新。"延续"体现在评选方法、流程、标准、述评框架;"创新"体现在事件及其述评内容上。

其中政策事件3件,学术事件3件,行业事件2件,会议事件2件。按照排名先后分别是:第一,《中国人力资源服务业蓝皮书2022》;第二,《人力资源服务机构管理规定》;第三,第二届全国人力资源服务业发展大会新闻发布会在深圳举行;第四,《人力资源蓝皮书:中国人力资源服务产业园发展报告(2022)》;并列第四,北京市举办人力资源服务创新发展大赛暨国家级人力资源服务产业园北京峰会;第六,《人力资源社会保障部关于实施人力资源服务业创新发展行动计划(2023—2025年)的通知》;第七,《人力资源蓝皮书:中国人力资源发展报告(2022)》;第八,"2023年中国人力资源服务业发展战略高端论坛暨研究成果发布会"在重庆举行;第九,《人力资源社会保障部办公厅关于进一步做好人力资源服务许可告知承诺制工作的通知》;第十,北京国管所属北京国际人力资本集团上市仪式,在上海证券交易所成功举办,股票代码600861证券简称正式变更为"北京人力"。

Chapter 4　Top Ten Events of Human Resource Service Industry

【Abstract】

The top events in the 2023 *Blue Paper for Human Resource Service In-*

dustry in China have covered almost all the aspects of the development of China's Human Resource Service Industry in 2023. Compared to the 2022 *Blue Paper*, this chapter is both successive and innovative. The successive side is reflected in the appraisal method, procedure, criteria, framework of review and comment, while the innovative side is reflected in the ten events which are all new and the content of review are brand new correspondingly. Among the top ten events, there are 3 policy events, 3 academic events, 2 industry events and 2 conference events. The ranking is as the following:

1. *Blue Paper for Human Resource Service Industry in China* 2022; 2. *Management Regulation of the Human Resource Service Institutions*; 3. the press conference of the 2nd National Conference on the Development of Human Resource Services were held in Shenzhen; 4. *Annual Report of the Development of the Human Resource Service Zone in China*(2022) and Innovative Development Tournament of Human Resource Service and Beijing Summit of National Human Resource Zone were held in Beijing; 6. *Notice of Implementing the Creative Development Initiative of Human Resource Service Industry*; 7. *Annual Report on the Development of China's human resources*(2022); 8. 2023 High-level Forum on Human Resource Service Industry and Release Conference of Research Achievements were held in Chongqing; 9. *Notice of Further Accomplish the Notification-Promise System Work of Human Resource Service Permit*; 10. The IPO ceremony of the Foreign Enterprises Service Corporation were held in the Shanghai Stock Exchange, and the stock code 600861 stock short name was officially altered to Beijing Renli.

2022 年 7 月至 2023 年 7 月,我国人力资源服务业持续健康发展,在经济社会发展大局中发挥了积极作用,加快进入高质量发展阶段。本章延续以往蓝皮书相关章节,继续记载中国人力资源服务业的发展历程,旨在让公众深入了解 2022—2023 年这一段时间内,中国人力资源服务业在政策、学术、行业和会议这四个方面所取得的突破性进展。

本章首先介绍大事件评选的指导思想、评选目的与意义、评选的原则与标准以及评选的流程,然后对评选出来的十大事件分别进行述评。

一、行业大事件评选概述

2022 年 7 月至 2023 年 7 月期间,中国人力资源服务行业持续创新发展,进一步激发了市场活力和发展新动能,促进了劳动力、人才顺畅有序流动,为全面建设社会主义现代化国家提供了有力支撑。

为了圈点中国人力资源服务业在这一年度所取得的突破性进展,进一步厘清并记录中国人力资源服务业的发展历程,我们对发生在 2022 年 7 月至 2023 年 7 月的、与人力资源服务业相关的事件进行了搜集和征集。为了保持本书的延续性,事件的筛选基本延续了往年《人力资源服务业蓝皮书》中大事件评选的指导思想、选拔的目的和意义、评选原则与标准,同时结合时代要求和阶段性特征,在指导思想、评选方式等方面进行了一定的开拓和创新。此次评选继续采用网络问卷评选的方式,将搜集、征集进而筛选出的大事件制作成问卷,发给全国及地方的各专业机构、协会、学会,同时采用网络、电话、面对面等方式邀请行业专家及从业人员进行评选,最后由专家委员会进行增补、研究评定,进而最终确定出本年度人力资源服务业十大事件。

(一)指导思想

以习近平新时代中国特色社会主义思想为指导,深入贯彻党的二十大精神和习近平总书记在二十届中央财经委员会第一次会议上的讲话精神,明确人力资源服务业在建设现代化产业体系、推动人口高质量发展中的定位,立足新发展阶段,贯彻新发展理念,服务构建新发展格局,围绕实施就业优先战略、人才强国战略、乡村振兴战略,以促进就业为根本,进一步提高人力资源服务水平;以提高人力资源要素配置效率为导向,推动行业向专业化和价值链高端延伸;以培育壮大人力资源服务力量为抓手,进一步形成发展新动能;以建设高标准人力资源市场体系为目标,打造多层次、多元化的人力资源市场格局。加快构建中国特色的人力资源服务产业体系,为提高我国经济综合竞争力、持续改善民生、促进高质量发展提供有力支撑。

（二）评选目的与意义

人力资源是推动经济社会发展的第一资源，人力资源服务业是生产性服务业和现代服务业的重要组成部分，对推动经济发展、促进就业创业和优化人才配置具有重要作用。近年来，我国的人力资源服务业快速发展，新模式、新业态不断涌现，服务产品日益丰富，服务能力进一步提升。"十一五"以来，党和国家高度重视人力资源特别是人力资源服务业。党的十九大明确提出，要加快建设人力资源协同发展的产业体系，在人力资本服务等领域培育新增长点、形成新动能。《国家中长期人才发展规划纲要》《关于加快发展服务业的若干意见》《人力资源和社会保障事业发展"十四五"规划纲要》《人力资源服务业发展行动计划》等文件对发展人力资源服务业提出了明确要求，要大力发展人力资源服务业，坚持"市场主导，政府推动""融合创新，集聚发展""促进交流，开放合作"的基本原则，深入实施人力资源服务业高质量发展行动，加快建设统一规范、竞争有序的人力资源市场，推动人力资源服务创新发展。

经过多年的努力，我国的人力资源服务业发展取得了长足的进步。2023年6月，人力资源和社会保障部发布了《2022年度人力资源和社会保障事业发展统计公报》，从公报数据来看，人力资源服务业表现出较好发展韧性和活力，保持了稳健增长，为经济社会发展提供了有力的人力资源支撑。

《中国人力资源服务业蓝皮书2023》编委会延续传统，组织开展了2022—2023年促进人力资源服务业发展的十大事件评选活动（以下简称"十大事件"），重点描述和刻画中国人力资源服务业在过去一年的快速发展，以期让更多的人了解和认识中国人力资源服务业的发展动态，进一步提高全社会对人力资源服务业的关注，从而为我国人力资源服务业未来的高速发展打造良好的内外部环境。

（三）评选原则与标准

本次评选活动遵循"严格筛选、科学公正、公平合理、公开透明"的原则，在编委会和相关顾问的指导下进行，整个评选活动严格按照预定的流程进行规范操作。此次大事件评选的标准如下：

1. 先进性，反映出行业发展的新趋势，能带动全行业朝向世界先进水平发展；

2. 开拓性，在行业的发展历程中具有里程碑式的意义；

3. 推动性，对行业的未来发展与变革起到了推动性的作用；

4. 典型性，与行业发展直接、高度相关，在行业发展中发挥了表率作用；

5. 影响性，具有广泛的社会影响力以及积极的社会反响。

（四）事件收集

蓝皮书编委会通过学术搜索、新闻检索、政府网站、行业网站、期刊、报纸等多个渠道对人力资源服务业的相关事件进行了广泛的、粗放的、持续的搜集与整理，然后按照前述原则与标准对搜集到的所有事件进行初步的筛选；同时邀请了与人力资源服务业直接相关的政府机构、行业协会、企业以及从业人员进行组织或个人对行业事件进行推荐与补充，充分听取意见与建议。在此阶段，编委会初步确定了 2022 年 7 月至 2023 年 7 月的人力资源服务业重大事件共 35 个，建立起事件库。事件库中的事件分为四类，分别是政策类 9 件、学术类 3 件、行业类 12 件、会议类 11 件。为了确保最终上榜事件与备选事件比例不低于 1∶3，编委会按照先进性、开拓性、推动性、典型性、影响性的标准又对初选事件进行了更加细化、更加深化的排名与筛选，最终筛选出 30 件事件进入备选事件库，其中政策类 9 件、学术类 3 件、行业类 8 件、会议类 10 件，按照时间倒序，事件名称及内容详见表 2-4-1。

表 2-4-1　备选事件库中的事件及其相关说明

类别	事件名称	事件介绍
政策类	2023 年 6 月 29 日，人社部公布《人力资源服务机构管理规定》	这是首部系统规范人力资源服务机构及相关活动的专门规章，适用于在我国境内从事人力资源服务活动的人力资源服务机构
政策类	2023 年 4 月，北京市发布《北京市人力资源服务业创新发展行动计划（2023—2025 年)》	以产业引导、政策扶持和营造环境为重点，培育壮大市场化就业和人才服务力量，进一步激发市场活力和发展新动能，促进劳动力、人才顺畅有序流动，加快提升北京市人力资源服务水平

续表

类别	事件名称	事件介绍
政策类	2023 年 2 月 21 日,人力资源社会保障部办公厅关于印发《新就业形态劳动者劳动合同和书面协议订立指引(试行)》的通知	其中包含劳动合同、书面协议相关范本,为新就业形态劳动者与平台企业或合作用工企业之间提供详细指引
政策类	2023 年 2 月 7 日,人力资源社会保障部办公厅关于进一步加强人力资源市场现场招聘会安全管理工作的通知	以确保相关活动安全有序举办,切实保障劳动者权益,积极促进复工复产和稳就业
政策类	2022 年 12 月 24 日,人力资源社会保障部等 11 部门关于开展 2023 年春风行动暨就业援助月的通知	组织劳务工作站、人力资源服务机构、劳务经纪人等积极参与,为有意愿外出人员提供精准匹配、高效输出全流程服务
政策类	2022 年 12 月 5 日,人力资源社会保障部关于实施人力资源服务业创新发展行动计划(2023—2025 年)的通知	以指导各地深化人力资源服务供给侧结构性改革,培育壮大市场化就业和人才服务力量,为全面建设社会主义现代化国家提供有力支撑
政策类	2022 年 11 月 9 日,人力资源社会保障部、国家发展改革委、财政部、农业农村部、国家乡村振兴局关于进一步支持农民工就业创业的实施意见	要求优化零工服务,加大零工信息归集推介力度,建立"即时快招"服务机制,动员人力资源服务机构提供优质高效的专业服务;推广"隔屏对话""无接触面试"等线下服务新模式,有序组织线下招聘活动,优化"互联网+就业"线上服务,满足农民工求职就业需求
政策类	2022 年 9 月 28 日,人力资源社会保障部向社会征求《人力资源服务机构管理规定(征求意见稿)》公开征求意见的通知	为促进人力资源服务机构健康有序发展,规范人力资源服务活动,保障市场主体合法权益,促进就业和优化人力资源流动配置,根据《中华人民共和国就业促进法》《人力资源市场暂行条例》等法律法规,研究起草了《人力资源服务机构管理规定(征求意见稿)》,向社会公开征求意见
政策类	2022 年 9 月 23 日,人力资源社会保障部办公厅关于进一步做好人力资源服务许可告知承诺制工作的通知	进一步规范实施人力资源服务许可告知承诺制,提高市场主体办事的便利度和可预期性
学术类	2023 年 3 月,萧鸣政等著的《中国人力资源服务业蓝皮书 2022》由人民出版社出版	该书对 2021 年 8 月 1 日至 2022 年 7 月 31 日这一时间段内中国人力资源服务业的发展状况进行了深入调查、系统梳理,力图更加宏观全面地展现当前中国及主要国家人力资源服务业的发展现状、重点、亮点、问题和最新进展

续表

类别	事件名称	事件介绍
学术类	2022年10月,于兴安、李志更主编的《人力资源蓝皮书:中国人力资源发展报告(2022)》由社会科学文献出版社出版	该书由总报告和六组专题报告组成,主要关注2021年初至2022年上半年我国人力资源发展的总体情况,分析未来一段时间人力资源发展面临的主要挑战和任务,提出促进人力资源发展的相关建议
学术类	2022年7月28日,中国劳动和社会保障科学研究院与社会科学文献出版社联合发布《人力资源蓝皮书:中国人力资源服务产业园发展报告(2022)》	该书回顾了近年来人力资源服务业取得的新成效,梳理了2021年行业相关重要会议、政策文件、重大活动精神,全面总结了国家级人力资源服务产业园在产业集聚、政策创新、管理服务、信息化建设等方面取得的显著成效
行业类	2023年7月24—25日,北京市人力资源和社会保障局举办人力资源服务创新发展大赛暨国家级人力资源服务产业园北京峰会	大会设立了北京市人力资源服务创新发展大赛、峰会开幕式、"展翼未来 才子朝阳"促进高校毕业生就业招聘会、主题论坛、参观走访交流等环节
行业类	2023年6月25日,上海外服旗下"Global Desk"平台焕新上线(原GPTP全球专才平台升级),推出护航企业"出海"的资讯和服务平台——"Go Global"走出去咨询和服务平台	作为上海外服海外人力资源服务的宣传和推广平台,"Go Global"走出去平台将为客户提供海外雇佣相关政策和信息解读,帮助客户了解各国和地区政治形势、地方保护主义反对国际化和世界贸易的挑战,海外运营中的风险防范,以及法律问题、劳工冲突等,致力于成为政府相关部门与出海企业的桥梁和纽带
行业类	2023年5月19日,北京国管所属北京国际人力资本集团上市仪式在上海证券交易所成功举办,股票代码600861证券简称正式变更为"北京人力"	FESCO通过重大资产重组,顺利登陆A股,亮相资本市场
行业类	2023年3月19日,人社部启动职引未来——2023年大中城市联合招聘高校毕业生春季专场活动	活动面向2023届及往届未就业高校毕业生,广泛动员各类用人单位和人力资源服务机构参与,灵活、密集组织专业化、精准化、定制式、各种规模的现场招聘会,重点发动企业进校园招聘
行业类	2023年1月18日,东浩兰生集团服务上海高水平人才高地建设暨外服控股收购远茂股份交割仪式在上海市虹口区外服大厦成功举行	通过与远茂在资本、人才和技术上的强强对接,外服控股在技能人才灵活用工和业务外包领域打开了新局面,实现了从传统服务向新兴业务的延伸

续表

类别	事件名称	事件介绍
行业类	2022年12月2日,第二届全国人力资源创新大赛云端颁奖典礼顺利举行	大赛自5月启动以来,共吸引了417家企业,131位个人、30家产业园报名参赛。最终共有58家企业、22位个人、6家产业园脱颖而出
行业类	2022年8月18日,国家人力资源服务出口基地暨滨城人才大厦启动活动成功举行,京津冀人力资源服务与发展联盟正式宣布成立	由天津市人力资源和社会保障局、天津市商务局统筹指导,天津市滨海新区人民政府主办,天津经济技术开发区管委会承办
行业类	2022年8月16日,中国(山东)首届人力资源服务创新大赛决赛在东营市成功举办	本次赛事作为首届人力资源服务创新大赛,共吸引全国13个省(区、市)的197家企业参与、206个项目报名参赛,范围不仅涵盖人力资源服务企业,还包括了在产品、技术、管理等方面拥有创新成果的各类企事业单位和其他相关机构
会议类	2023年7月13日,第二届全国人力资源服务业发展大会新闻发布会在深圳举行	人力资源社会保障部流动管理司、宣传中心,广东省人力资源社会保障厅、深圳市人民政府以及深圳市人力资源社会保障局负责同志出席发布会
会议类	2023年5月5日至6日,人力资源社会保障部在福州市召开人力资源流动管理工作座谈会	深入学习贯彻党的二十大精神,交流经验,分析形势,部署工作
会议类	2023年4月28日,首届人力资源服务国际贸易交流合作大会在青岛市市北区举行	由山东省人力资源和社会保障厅、山东省商务厅、青岛市人民政府主办,青岛市人力资源和社会保障局、青岛市商务局、青岛市市北区人民政府承办
会议类	2023年3月26日,"2023年中国人力资源服务业发展战略高端论坛暨研究成果发布会"在重庆举行	本次会议由北京大学人力资源开发与管理研究中心、重庆市人力资源和社会保障局、重庆市南岸区人民政府、重庆经济技术开发区管理委员会共同主办,北京大学政府管理学院与中国人力资源开发研究会人才测评专业委员会协办,重庆人才大市场集团有限公司、中共重庆市南岸区委宣传部、南岸区人力资源和社会保障局、重庆经济技术开发区创新创业服务中心承办
会议类	2023年3月9日,全国人力资源服务业标准化技术委员会第三届二次工作会议在北京举行	人社部党组成员、副部长俞家栋出席会议并讲话。会议对全国人力资源服务标准化技术委员会2023年重点工作作出部署

续表

类别	事件名称	事件介绍
会议类	2022 年 12 月 31 日,2022 年中国人力资源服务业博士后学术交流会在中国社会科学院大学召开	本届交流会由全国博士后管委会办公室、中国博士后科学基金会、人力资源社会保障部人力资源流动管理司、中国社会科学院博士后管委会共同主办,中国社会学科学院大学承办,劳动经济学会协办
会议类	2022 年 9 月 2 日,"2022 年服贸会人力资源服务贸易高峰论坛"在北京成功举办	人社部副部长汤涛、北京市人民政府副市长卢彦、商务部服务贸易和商贸服务业司司长王东堂等出席论坛并致辞
会议类	2022 年 9 月 1 日至 5 日,2022 年服贸会人力资源服务主题活动在北京国家会议中心和首钢园区举办	主题活动期间,北京、天津、上海、重庆、青岛 5 家人力资源服务出口基地和兰州人力资源服务产业园,及 9 家领军人力资源服务企业举办人力资源服务产品成果展,开展供需洽谈,促进人力资源服务交易对接,展示我国人力资源服务业开放发展良好风貌
会议类	2022 年 8 月 30 日,由中国人才交流协会人力资源服务业数字化研究工作委员会联合中智集团主办、HRoot 提供支持的"一切皆可量化"线上论坛成功举办	论坛以"一切皆可量化"为主题,汇聚 12 位人力资源服务行业先锋、专家及知名企业高管,以人力资源服务业数字化为核心,从智慧组织、数字化应用与实践、数据安全与合规、数据资源合作四个维度,精彩呈现了 4 场重磅主题演讲与 1 场深度圆桌对话,共同探讨了有关人力资源服务行业数字化发展的重要话题,向观众奉上了一场人力资源服务数字化发展领域的知识盛宴
会议类	2023 年 7 月 27 日,中国重庆人力资源服务产业发展研究院首届专家会暨"百名专家企业行"活动在重庆举行	旨在打造具有国家级影响力的人力资源服务产业发展智库

(五) 评选方式与程序

在事件收集、筛选的基础之上,本年度大事件的评选继续采用线上线下结合的方式。经过评选和研究评定两个阶段,最终选出了 2023 年度中国人力资源服务业十大事件。

评选阶段的主要任务是通过线上线下结合投票的形式,对 30 个大事件进行进一步的筛选。编委会依据第一阶段的结果在问卷星上制作了问卷,在相关协会、企业的网站以及北京大学人力资源开发与管理研究中心网站发布。此外,还向参与事件推荐的专家及相关单位通过微信公众号、专业微信群进行了广泛而又集中的投放,包括各省区市人力资源和社会保障厅(局)相关部门、中国对外服务协会、上海对外服务协会、各地人力资源服务行业协会以及中国人力资源研究会测评专业委员会等。网络投票开始于2023 年 8 月 1 日,该通道保持持续开放,问卷的最后一项邀请参与投票的人员补充他们认为重要的事件进入备选事件库,旨在防止出现遗漏重大事件的情况。在此阶段,我们还通过电话的方式与行业的一流专家学者进行了一对一的沟通,请他们继续补充、推荐事件。通过回收和统计,对 30 个大事件按照得票率高低进行排序,最终结果如表 2-4-2 所示。

表 2-4-2　30 个候选事件得票比例汇总表

排序	事件名称	总得票率
1	2023 年 3 月,萧鸣政等著的《中国人力资源服务业蓝皮书 2022》由人民出版社出版	98%
2	2023 年 6 月 29 日,人力资源社会保障部公布《人力资源服务机构管理规定》	81%
3	2023 年 7 月 13 日,第二届全国人力资源服务业发展大会新闻发布会在深圳举行	56%
4	2022 年 7 月 28 日,中国劳动和社会保障科学研究院与社会科学文献出版社联合发布《人力资源蓝皮书:中国人力资源服务产业园发展报告(2022)》	55%
4	2023 年 7 月 24—25 日,北京市人力资源和社会保障局举办人力资源服务创新发展大赛暨国家级人力资源服务产业园北京峰会	55%
6	2022 年 12 月 5 日,人力资源社会保障部关于实施人力资源服务业创新发展行动计划(2023—2025 年)的通知	52%
7	2022 年 10 月,于兴安、李志更主编的《人力资源蓝皮书:中国人力资源发展报告(2022)》由社会科学文献出版社出版	50%
8	2023 年 3 月 26 日,"2023 年中国人力资源服务业发展战略高端论坛暨研究成果发布会"在重庆举行	49%
9	2022 年 9 月 23 日,人力资源社会保障部办公厅关于进一步做好人力资源服务许可告知承诺制工作的通知	48%
10	2023 年 5 月 19 日,北京国管所属北京国际人力资本集团上市仪式在上海证券交易所成功举办,股票代码 600861 证券简称正式变更为"北京人力"	40%
11	2023 年 3 月 19 日,人社部启动职引未来——2023 年大中城市联合招聘高校毕业生春季专场活动	35%

续表

排序	事件名称	总得票率
12	2023 年 4 月,北京市发布《北京市人力资源服务业创新发展行动计划(2023—2025 年)》	34%
13	2023 年 6 月 25 日,上海外服旗下"Global Desk"平台焕新上线(原 GPTP 全球专才平台升级),推出护航企业"出海"的资讯和服务平台——"Go Global"走出去咨询和服务平台	33%
14	2023 年 2 月 21 日,人力资源社会保障部办公厅关于印发《新就业形态劳动者劳动合同和书面协议订立指引(试行)》的通知	26%
15	2022 年 9 月 28 日,人力资源社会保障部向社会征求《人力资源服务机构管理规定(征求意见稿)》公开征求意见的通知	25%
16	2022 年 11 月 9 日,人力资源社会保障部、国家发展改革委、财政部、农业农村部、国家乡村振兴局关于进一步支持农民工就业创业的实施意见	24%
17	2022 年 12 月 2 日,第二届全国人力资源创新大赛云端颁奖典礼顺利举行	23%
17	2023 年 4 月 28 日,首届人力资源服务国际贸易交流合作大会在青岛市市北区举行	23%
19	2023 年 2 月 7 日,人力资源社会保障部办公厅关于进一步加强人力资源市场现场招聘会安全管理工作的通知	19%
20	2023 年 7 月 27 日,中国重庆人力资源服务产业发展研究院首届专家会暨"百名专家企业行"活动在重庆举行	18%
21	2022 年 9 月 2 日,"2022 年服贸会人力资源服务贸易高峰论坛"在北京成功举办	17%
21	2022 年 12 月 24 日,人力资源社会保障部等 11 部门关于开展 2023 年春风行动暨就业援助月的通知	17%
21	2023 年 3 月 9 日,全国人力资源服务业标准化技术委员会第三届二次工作会议在北京举行	17%
24	2022 年 8 月 16 日,中国(山东)首届人力资源服务创新大赛决赛在东营市成功举办	16%
25	2022 年 8 月 18 日,国家人力资源服务出口基地暨滨城人才大厦启动活动成功举行,京津冀人力资源服务与发展联盟正式宣布成立	15%
26	2023 年 5 月 5 日至 6 日,人力资源社会保障部在福州市召开人力资源流动管理工作座谈会	11%
27	2022 年 12 月 31 日,2022 年中国人力资源服务业博士后学术交流会在中国社会科学院大学召开	9%
28	2022 年 8 月 30 日,由中国人才交流协会人力资源服务业数字化研究工作委员会联合中智集团主办、HRoot 提供支持的"一切皆可量化"线上论坛成功举办	5%

排序	事件名称	总得票率
29	2023 年 1 月 18 日,东浩兰生集团服务上海高水平人才高地建设暨外服控股收购远茂股份交割仪式在上海市虹口区外服大厦成功举行	5%
30	2022 年 9 月 1 日至 5 日,2022 年服贸会人力资源服务主题活动在北京国家会议中心和首钢园区举办	3%

　　研究评定阶段的主要目标是对评选阶段的结果进行研究评定,在尊重公开投票结果的基础之上,咨询人力资源服务业领域资深专家的意见与建议,最终推选出 3 件政策类、3 件学术类、2 件行业类、2 件会议类事件,作为2022—2023 年度中国人力资源服务业十大事件。表 2-4-3 总结归纳了十大事件的名称、入选理由以及影响力指数。

表 2-4-3　　2022—2023 年度中国人力资源服务业十大事件

事件类型	事件名称	入选理由	影响力指数
政策类	2023 年 6 月 29 日,人力资源社会保障部公布《人力资源服务机构管理规定》	这是首部系统规范人力资源服务机构及相关活动的专门规章,其公布实施是健全人力资源市场法规体系、规范人力资源服务机构及相关活动的重要举措,对推进高标准人力资源市场体系建设、维护劳动者和人力资源服务机构等市场主体合法权益、促进高质量充分就业和优化人力资源流动配置具有重要作用	★★★★★
	2022 年 12 月 5 日,人力资源社会保障部关于实施人力资源服务业创新发展行动计划（2023—2025 年）的通知	指导各地深化人力资源服务供给侧结构性改革,培育壮大市场化就业和人才服务力量,为全面建设社会主义现代化国家提供有力支撑	★★★★★
	2022 年 9 月 23 日,人力资源社会保障部办公厅关于进一步做好人力资源服务许可告知承诺制工作的通知	进一步规范实施人力资源服务许可告知承诺制,提高市场主体办事的便利度和可预期性	★★★★★

续表

事件类型	事件名称	入选理由	影响力指数
学术类	2023 年 3 月,萧鸣政等著的《中国人力资源服务业蓝皮书2022》由人民出版社出版	该书宏观全面地展现了 2021 年 8 月 1 日至 2022 年 7 月 31 日这一时间段内中国人力资源服务业的发展现状、重点、亮点、问题和最新进展	★★★★★
	2022 年 7 月 28 日,中国劳动和社会保障科学研究院与社会科学文献出版社联合发布《人力资源蓝皮书:中国人力资源服务产业园发展报告(2022)》	该书全面总结了国家级人力资源服务产业园在产业集聚、政策创新、管理服务、信息化建设等方面取得的显著成效	★★★★★
	2022 年 10 月,于兴安、李志更主编的《人力资源蓝皮书:中国人力资源发展报告(2022)》由社会科学文献出版社出版	该书主要关注 2021 年初至 2022 年上半年我国人力资源发展的总体情况,分析未来一段时间人力资源发展面临的主要挑战和任务,提出促进人力资源发展的相关建议	★★★★★
行业类	2023 年 7 月 24—25 日,北京市人力资源和社会保障局举办人力资源服务创新发展大赛暨国家级人力资源服务产业园北京峰会	聚焦人力资源服务产业发展,打造人力资源服务精品品牌,搭建人力资源服务机构与市场资源交流互动平台,旨在扩大人力资源服务产业集聚和带动效应	★★★★★
	2023 年 5 月 19 日,北京国管所属北京国际人力资本集团上市仪式在上海证券交易所成功举办,股票代码600861 证券简称正式变更为"北京人力"	FESCO 通过重大资产重组,顺利登陆 A 股,亮相资本市场	★★★★★

续表

事件类型	事件名称	入选理由	影响力指数
会议类	2023 年 7 月 13 日,第二届全国人力资源服务业发展大会新闻发布会在深圳举行	人力资源社会保障部人力资源流动管理司、宣传中心,广东省人力资源社会保障厅、深圳市人民政府以及深圳市人力资源社会保障局负责同志出席发布会,介绍了第二届全国人力资源服务业发展大会的筹办有关情况并回答记者关心的问题	★★★★★
	2023 年 3 月 26 日,"2023 年中国人力资源服务业发展战略高端论坛暨研究成果发布会"在重庆举行	聚焦人力资源服务业高质量发展的成果展现与未来展望,采用线下线上结合方式举办,来自政界、企业界、学界与媒体界的领导、学者与同仁等近 100 多位专家学者及嘉宾出席论坛,线上收看人数接近 26 万人	★★★★★

二、十大事件述评

为了贯彻大事件评选过程中秉持的先进性、开拓性、推动性、典型性、影响性这五大标准,编委会以这五个标准为框架对十大事件分别进行述评,每个类别下以事件发生的时间先后为序。

(一) 政策类事件

1. 2022 年 9 月 23 日,《人力资源社会保障部办公厅关于进一步做好人力资源服务许可告知承诺制工作的通知》

事件提要:

2022 年 9 月 23 日,人力资源社会保障部办公厅印发《人力资源社会保障部办公厅关于进一步做好人力资源服务许可告知承诺制工作的通知》(以下简称《许可告知承诺制工作通知》)。

《许可告知承诺制工作通知》的出台背景是按照党中央、国务院关于深化"证照分离"改革部署要求,各级人力资源社会保障部门持续推行人力资源服务许可告知承诺制,不断优化人力资源市场营商环境,激发了人力资源服务领域市场主体发展活力;出台的目的是为进一步规范实施人力资源服务许可告知承诺制，提高市场主体办事的便利度和可预期性。

《许可告知承诺制工作通知》包括六个方面的内容。一是明确适用范围和对象。各级人力资源社会保障部门依法对申请从事职业中介活动的人力资源服务许可事项实行告知承诺，对申请人承诺其已具备法定条件的，经形式审查后当场作出审批决定。二是规范工作流程。省级人力资源社会保障部门要结合工作实际，研究制定或优化完善人力资源服务许可告知承诺办事指南、告知承诺书，并通过政府门户网站、政务服务平台、服务场所等渠道公布，方便申请人查阅、使用。不得擅自增加受理限制条件、增设办理环节，不得要求申请人重复或额外提供申请材料。三是加强事后核查。重点对企业承诺情况进行检查。各级人力资源社会保障部门可利用政务信息共享平台、人力资源市场管理信息系统等实施在线核查。开展现场核查的，要优化工作程序，加强业务协同。四是强化信用监管。各级人力资源社会保障部门要建立完善告知承诺信用信息归集共享机制，依法依规将履行承诺情况纳入信用记录，并实施相应激励或惩戒措施。五是推进工作协同。各级人力资源社会保障部门要加强对实施人力资源服务许可告知承诺制工作的统筹调度。建立实施告知承诺制工作的协同对接机制，及时共享有关数据信息，实现行政审批与核查监管工作的有效衔接，促进服务质量与监管效能同步提升。六是加强组织实施。要适时开展业务培训，确保经办人员准确掌握制度规程，提升业务办理能力。要加快推进信息化建设，提升告知承诺事项网上申请办理、在线核查监管等工作效能。

事件述评：

从先进性来看，许可告知承诺制是党中央、国务院重大决策部署，是深入推进简政放权、放管结合、优化服务改革的重点工作。2019年5月，国务院决定，在天津等13个省（直辖市）和公安部等5个国务院部门开展证明事项告知承诺制试点。2015年以来，国务院决定，在上海市浦东新区等地对部分涉企经营许可事项实行告知承诺制并逐步向全国复制推广。这些改革实践取得了积极成效，对减少证明事项、简化行政审批、方便企业和群众办事创业发挥了重要作用。2020年，国务院办公厅发布了《关于全面推行证明事项和涉企经营许可事项告知承诺制的指导意见》，以深化"放管服"改革、优化营商环境，激发市场主体发展活力和社会创造力。《许可告知承诺制工作通知》是特别针对人力资源服务业许可告知承诺制的指导性意见,有利于精简环节、提升效率,反映出行业的发展趋势和需求,能够大力促进行业的进一步发展。

从开拓性来看,《许可告知承诺制工作通知》属于人力资源服务领域"证照分离"改革的重要内容。2021年国务院发布《国务院关于深化"证照分离"改革进一步激发市场主体发展活力的通知》,附件1《中央层面设定的涉企经营许可事项改革清单(2021年全国版)》第151条、152条的改革事项分别是关于"劳务派遣经营许可"和"以技能为主的国外职业资格证书及发证机构资格审核和注册",《许可告知承诺制工作通知》要求明确许可告知承诺制的适用范围和对象、规范工作流程、加强事后核查、强化信用监管、推进工作协同、加强组织实施,并制定了《人力资源服务许可告知承诺办事指南》和《人力资源服务许可告知承诺书》两个规范文书进一步规范,有利于提高人力资源服务业的市场主体办事便利度和可预期性,有效激发市场主体活力,增加纳税主体数量,增加就业人数,更好地服务于就业优先战略、人才强国战略、乡村振兴战略的实施。

从推动性来看,《许可告知承诺制工作通知》是在国务院办公厅发布了《关于全面推行证明事项和涉企经营许可事项告知承诺制的指导意见》的背景之下制定并发出的,是一项针对人力资源服务领域传统行政审批制度的改革和创新。作为简化行政审批的重要方式,以承诺书代替申请材料或现场勘验等环节,能够大力推动减材料、减环节、减时限,降低人力资源服务业相关企业的制度性交易成本和准入性门槛,从制度层面解决了行业企业办事证明材料多、手续繁等问题,有利于激发人力资源服务领域市场主体发展活力,优化人力资源市场营商环境,培育出自我约束、诚信负责的营商环境,有助于企业在公平、透明、便捷的环境中自主决策、创新发展,享受政策红利,从而为人力资源服务业的高质量发展带来了机遇。

从典型性来看,《许可告知承诺制工作通知》围绕人力资源服务领域,以人力资源服务业的行业发展为目的,旨在进一步优化人力资源市场营商环境,激发人力资源服务领域市场主体发展活力,其内容与人力资源服务业直接高度相关,直接影响人力资源服务机构的当前及未来发展,推动人力资源服务业纵深发展。

从影响性来看,《许可告知承诺制工作通知》的发文主体为人力资源社会保障部办公厅,通知的出台具有广泛的社会影响力,引起了社会和行业的广泛关注。在搜索引擎上以"人力资源社会保障部办公厅关于进一步做好人力资源服务许可告知承诺制工作的通知"为关键词进行搜索,获得约931000条结果。《许可告知承诺制工作通知》发布以后,各省区市都结合部门和本地实际制定并发布了相应的政策性文件,并制定具体实施办法以贯彻落实。

2.2022年12月5日,《人力资源社会保障部关于实施人力资源服务业创新发展行动计划(2023—2025年)的通知》

事件提要:

2022年12月5日,人力资源社会保障部发布《人力资源社会保障部关于实施人力资源服务业创新发展行动计划(2023—2025年)的通知》(以下简称《创新发展行动计划的通知》),指导各地深化人力资源服务供给侧结构性改革,培育壮大市场化就业和人才服务力量,为全面建设社会主义现代化国家提供有力支撑。

《创新发展行动计划的通知》共包括八个部分的内容,对推动人力资源服务业创新发展明确了目标、举措、政策、要求。

(1)总体要求。阐明了该通知的指导思想、中心内容、出台目的等内容。

(2)培育壮大市场主体。其一,做强做优龙头企业。统筹规划人力资源服务业发展布局,到2025年重点培育形成50家左右经济规模大、市场竞争力强、服务网络完善的人力资源服务龙头企业。其二,支持"专精特新"发展。将人力资源服务业纳入国家优质中小企业梯度培育范围,到2025年重点培育形成100家左右聚焦主业、专注专业、成长性好、创新性强的"专精特新"人力资源服务企业,推动技术、资金、人才、数据等要素资源向创新企业集聚。

(3)强化服务发展作用。其一,扩大市场化就业和人才服务供给。开展人力资源服务机构稳就业促就业行动,聚焦高校毕业生、农民工等重点群体,大规模开展求职招聘、就业指导、政策咨询等服务。其二,强化制造业人力资源支持。坚持把服务实体经济作为着力点,搭建制造业等重点领域人力资源服务供需对接平台,推动人力资源服务深度融入制造业产业链。其三,促进人力资源市场协调发展。实施西部和东北地区人力资源市场建设援助计划,引导各类人力资源服务机构围绕乡村振兴开展专项招聘、供需对接、技能培训、劳务品牌建设等服务。

(4)建强集聚发展平台。其一,完善产业园功能布局。围绕国家区域重大战略和区域协调发展战略,到"十四五"末建成30家左右国家级人力资源服务产业园和一批有特色、有活力、有效益的地方人力资源服务产业园。其二,发展专业性行业性人才市场。围绕建设世界重要人才中心和创新高地,聚焦先进制造业、战略性新兴产业、现代服务业以及数字经济等重点领域,规划建设一批专业性行业性国家级人才市场。

(5)增强创新发展动能。其一,全面提升数字化水平。鼓励数字技术与人力资源管理服务深度融合,利用规模优势、场景优势、数据优势,培育人岗智能匹配、人力资源素质智能测评、人力资源智能规划等新增长点。其二,鼓励发展新业态新模式。培育发展高技术、高附加值人力资源服务业态,推动行业向价值链高端延伸。其三,强化企业创新主体地位。支持人力资源服务企业联合高校、科研院所及金融机构等,加强人力资源服务理论、商业模式、关键技术等方面的研发和应用。

(6)提升开放发展水平。其一,推进更高水平对外开放。贯彻外商投资法及实施条例,落实人力资源服务领域外商投资国民待遇,持续优化市场化法治化国际化营商环境。其二,发展人力资源服务贸易。开展"一带一路"人力资源服务行动,支持国内人力资源服务企业在共建"一带一路"国家设立研发中心和分支机构。

(7)夯实行业发展基础。其一,加强行业人才队伍建设。实施人力资源服务业万名领军人才培养计划,建立覆盖行业龙头企业高级管理人员、专业技术人员和大型企业人力资源部门负责人的领军人才库和专家智库。其二,完善统计监测制度。加强和改进行业统计调查,逐步健全以国民经济行业分类为基础,以市场主体、主要业态、经济指标、社会效益为主要内容的统计指标体系。其三,健全信用和标准体系。推进人力资源服务机构诚信体系建设,组织开展形式多样的诚信服务活动。

(8)营造良好发展环境。其一,加大支持力度。落实支持人力资源服务业发展的各项产业、财政和税收优惠政策,在国家重大建设项目库下设立人力资源服务产业发展专项。其二,规范市场秩序。深化"放管服"改革,依法实施人力资源服务行政许可和备案,进一步落实告知承诺制。其三,加强宣传引导。综合利用多种宣传方式,及时总结推广人力资源服务业在促进就业创业、优化人才配置和服务高质量发展中的积极成效。

事件述评:

从先进性来看,《创新发展行动计划的通知》是深入贯彻党的二十大精神,落实党中央、国务院关于发展人力资源服务业决策部署的最新举措,是2023—2025年人力资源服务业创新发展工作的重要指引。面对"十四五"时期的新机遇、新挑战,《创新发展行动计划的通知》紧紧围绕就业优先战略、人才强国战略和乡村振兴战略,坚持创新驱动发展,坚持有效市场和有为政府相结合,以产业引导、政策扶持和环境营造为重点,努力推动人力资源服务业创新发展。《创新发展行动计划的通知》主要的着力点有三个:一是产业引导,二是政策扶持,三是环境营造。《创新发展行动计划的通知》对人力资源服务业供给侧结构性改革、培育壮大市场化就业和人才服务力量、加快提升人力资源服务水平、进一步激发市场活力和发展新动能、促进劳动力和人才顺畅有序流动作出了统一安排和部署,有利于加快人力资源服务业高质量发展的步伐。

从开拓性来看,《创新发展行动计划的通知》围绕人力资源服务行业龙头企业、"专精特新"企业、市场化就业和人才服务供给、制造业人力资源支持、人力资源市场协调发展、产业园功能布局、专业性行业性人才市场、行业数字化发展、新业态新模式、企业创新主体地位、对外开放水平、人力资源服务贸易、行业人才队伍建设、统计监测制度、信用和标准体系、支持力度、市场秩序等人力资源服务业领域的重点难点问题提出了具体可行的政策、举措和要求。既注重解决长期性趋势性问题,又聚焦2023—2025年这一时间段内的短期目标。《创新发展行动计划的通知》强调并凸显出人力资源服务业的行业特征,将人力资源服务业高质量发展提升到为全面建设社会主义现代化国家提供有力支撑的高度,为人力资源服务业的未来发展指明了新的方向,有利于充分调动人力资源服务行业各种积极因素,实现创新发展,开创人力资源服务行业发展的新局面。

　　从推动性来看,《创新发展行动计划的通知》坚持以习近平新时代中国特色社会主义思想为指导,以产业引导、政策扶持和环境营造为重点,以加快提升人力资源服务水平为目标,提出要培育壮大人力资源服务市场主体,到 2025 年重点培育形成 50 家左右人力资源服务龙头企业和 100 家左右"专精特新"企业。扩大市场化就业和人才服务供给,开展人力资源服务机构稳就业促就业和市场化引才聚才行动,搭建制造业等重点领域人力资源服务供需对接平台,实施西部和东北地区人力资源市场建设援助计划。优化产业园功能布局,"十四五"末建成 30 家左右国家级人力资源服务产业园和一批地方特色产业园,聚焦重点领域高水平建设国家级人才市场。推进人力资源服务业数字化转型升级,支持人力资源服务领域平台经济健康发展,鼓励人力资源服务企业转化研发成果。提升人力资源服务业开放发展水平,开展"一带一路"人力资源服务行动,高质量建设人力资源服务出口基地。实施人力资源服务业万名领军人才培养计划,完善统计监测制度,健全信用和标准体系,夯实行业发展基础。《创新发展行动计划的通知》系统规划了 2023—2025 年人力资源服务业创新发展的行动和相关工作,勾勒出未来一个时期行业创新发展的蓝图,是 2023—2025 年人力资源服务业创新发展的系统指引,为行业机构与从业人员指明了发展方向和发展重点。

　　从典型性来看,《创新发展行动计划的通知》旨在落实党中央、国务院关于发展人力资源服务业决策部署,其内容涵盖了人力资源服务业全行业发展的各个方面,包括行业的市场主体、发展作用、发展平台、发展动能、开放发展、发展基础、发展环境,鼓励新业态新模式,为 2023—2025 年人力资源服务业走好创新发展道路指明了方向,勾画了蓝图,明确了目标以及路径,必将加快提高人力资源服务业整体水平,立足新发展阶段,贯彻新发展理念,融入新发展格局,持续构建专业化、信息化、产业化、国际化、融合化的人力资源服务业发展新体系。

　　从影响性来看,《创新发展行动计划的通知》是深入贯彻党的二十大精神,落实党中央、国务院关于发展人力资源服务业决策部署,积极促进高质量充分就业,强化现代化建设人才支撑的重要举措,是 2023—2025 年人力资源服务业创新发展的行动指南。《创新发展行动计划的通知》的出台和实施引起了行业的积极反响。在搜索引擎上以"人力资源社会保障部关于实施人力资源服务业创新发展行动计划(2023—2025年)的通知"为关键词进行搜索,获得约6950000条结果,中国网、人民网等新闻媒体均对此事件进行了报道。此外,《创新发展行动计划的通知》发布以后,各省、自治区、直辖市也都依据《创新发展行动计划的通知》因地制宜,制定了各自的人力资源服务业创新发展行动计划,从而进一步促进各地区的人力资源服务业高质量创新发展。

3. 2023年6月29日,人力资源社会保障部公布《人力资源服务机构管理规定》

事件提要:

2023年6月29日,人力资源社会保障部公布《人力资源服务机构管理规定》(以下简称《管理规定》),自2023年8月1日起施行。这是我国首部系统规范人力资源服务机构及相关活动的专门规章,其公布实施是健全人力资源市场法规体系、规范人力资源服务机构及相关活动的重要举措,对推进高标准人力资源市场体系建设、维护劳动者和人力资源服务机构等市场主体合法权益、促进高质量充分就业和优化人力资源流动配置具有重要作用。

《管理规定》共包括6章51条,对适用范围及监管部门职责、许可备案、活动规范、监督管理及法律责任作了全面规定。具体如下:

第一章"总则"。明确了《管理规定》制定的目的、依据、适用范围、主管机构。

第二章"行政许可和备案"。明确了经营性人力资源服务机构从事职业中介活动应当具备的条件、申请程序、申请材料、审批流程,以及经营性人力资源服务机构开展管理规定所列举的人力资源服务业务应当自开展业务之日起15日内向住所地人力资源社会保障行政部门备案,以及具体的备案事项。强调人力资源社会保障行政部门应当优化办理流程,推行当场办结、一次办结、限时办结等制度,实现集中办理、就近办理、网上办理,提升经营性人力资源服务机构申请行政许可、办理备案便利化程度。

第三章"服务规范"。规定了人力资源服务机构发布招聘信息应当真实、合法,应当建立招聘信息管理制度,对用人单位所提供材料的真实性、合法性进行审查,明确了人力资源服务机构在服务过程中的禁止行为,强调人力资源服务机构应当建立个人信息保护、个人信息安全检测预警等机制,应当建立和完善举报投诉处理机制,建立健全财务管理制度,不得向个人收取押金等。

第四章"监督管理"。人力资源社会保障行政部门根据法律法规的规定对人力资源服务机构进行监督管理。

第五章"法律责任"。明确了人力资源服务机构违反相关规定所应该承担的法律责任。

第六章"附则"。明确了《管理规定》施行时间等内容。

事件述评:

从先进性来看,《管理规定》是首部系统规范人力资源服务机构及相关活动的专门规章,适用于在我国境内从事人力资源服务活动的人力资源服务机构,构建了较为完整的人力资源服务机构综合管理制度体系。《管理规定》主要是针对当前人力资源服务领域非法职介、虚假招聘、泄露个人信息、违规收费等损害劳动者权益问题的发生而出台的,是加快构建全国统一大市场有关部署的重要内容,是维护人力资源市场秩序的务实举措,是推动人力资源服务业高质量发展的互信需要。旨在通过立法等手段进一步加强人力资源服务机构管理,进一步规范人力资源服务活动,以持续提升人力资源市场规范化水平,推进高标准人力资源市场体系建设,提高人力资源开发利用水平,维护劳动者和人力资源服务机构等市场主体合法权益,有助于实现高质量充分就业、优化人力资源流动配置,推动人力资源服务业快速健康高质量发展,更好服务经济社会高质量发展。

从开拓性来看,《管理规定》作为系统规范人力资源服务机构及其相关活动的首部专门规章,首次对人力资源服务机构的许可备案、服务规范、监督管理、法律责任作出了全方位的详尽规定,为人力资源服务机构的活动提供了全面的依据和准则。《管理规定》坚持保障权益,将维护劳动者合法权益作为根本要求贯穿规定全篇,全面强化对劳动者权益的保护。坚持放管结合,按照深化"放管服"改革要求,兼顾效率与安全,统筹宽进和严管,对人力资源服务许可和备案的条件、程序等进行了统一和完善,进一步简化材料、优化流程,提升经营性人力资源服务机构申请行政许可、办理备案便利化程度,优化人力资源服务领域营商环境。坚持问题导向,针对人力资源服务领域的重点难点问题,以提升管理效能和规范市场秩序为重点,划定服务活动"红线",明确禁止行为,统一原则和标准,明确规定了应担负的法律责任,并将人力资源服务业领域行之有效的经验、做法和经实践证明较为成熟的政策制度以部门规章的形式予以固化,为人力资源服务机构的高质量发展提供坚实的法治保障。

从推动性来看,《管理规定》适用于在我国境内从事人力资源服务活动的人力资源服务机构,对其从事职业中介活动的行政许可和开展其他经营性业务的行政备案进行了细化规定,进一步宽准入、减材料、优服务、提效能,优化市场营商环境,激发市场主体活力。《管理规定》对包括职业中介、人力资源供求信息的收集和发布、就业和创业指导、人力资源管理咨询、人力资源测评、人力资源培训、人力资源服务外包等人力资源服务活动、日常服务方式进行了系统性的规范,并确定了相应的法律责任。《管理规定》进一步完善监督检查方式,确定管辖权划分,健全事中事后监管机制,明确撤销注销许可情形及程序,为人力资源主管部门加强监督执法、提升管理效能提供了有力的制度支撑,将人力资源服务业全面纳入法治化轨道,推动人力资源服务机构依法依规开展人力资源服务活动,实现行业高质量发展。

从典型性来看,《管理规定》是人力资源社会保障部围绕实施就业优先战略、人才强国战略、乡村振兴战略,按照党中央、国务院关于加强人力资源市场建设管理工作部署要求,坚持促进行业发展和实施有效监管并重,持续提升人力资源市场规范化水平,推动人力资源服务业快速健康发展的重大举措;是第一个全面系统规范人力资源服务机构及其活动的部门规章,为人力资源服务业的发展提供框架性的政策支持和指引,有助于健全行业正向激励和优胜劣汰机制,持续扩大行业规模、增强服务能力,实现人力资源服务业高质量发展,更好发挥行业服务就业、服务人才、服务发展的积极作用,有利于人力资源服务业发展适应新形势、新要求,聚力实现高质量发展新突破,加快构建中国特色的人力资源服务产业体系。

从影响性来看,《管理规定》列入人力资源社会保障部立法计划以后,人力资源社会保障部广泛征求全国人社系统、人力资源服务机构、专家学者、行业协会和有关部门的意见建议。2022年9月,《管理规定》草案在政府网站面向全社会征求意见,根据意见建议对草案进行了修改完善从而最终形成,整个过程得到了行业和公众的广泛关注和支持。在搜索引擎以"人力资源服务机构管理规定"为关键词进行搜索,获得约22900000条结果。《管理规定》出台以后,新华社、人民网、中国网、新浪网等主流媒体均对此进行了报道,人社部人力资源流动管理司负责人还就《管理规定》有关问题回答了中国网记者提问。

(二) 学术类事件

1. 2022年7月28日,中国劳动和社会保障科学研究院与社会科学文献出版社联合发布《人力资源蓝皮书:中国人力资源服务产业园发展报告(2022)》

事件提要:

2022年7月28日,中国劳动和社会保障科学研究院与社会科学文献出版社联合发布了《人力资源蓝皮书:中国人力资源服务产业园发展报告(2022)》(以下简称《产业园发展报告2022》)。发布会采取线上会议和线下会议相结合的方式。相关政府部门主管领导、行业内相关代表等共约160人参加了此次发布盛会。

《产业园发展报告2022》是中国劳动和社会保障科学研究院组织、中国人力资源服务产业园联盟、中智现代人力资源管理研究院参与编写的第五部"人力资源(产业园)蓝皮书"。全书31章,共计27万字。回顾了近年来人力资源服务业取得的新成效,梳理了2021年行业相关重要会议、政策文件、重大活动精神。全面总结了国家级人力资源服务产业园在产业集聚、政策创新、管理服务、信息化建设等方面取得的显著成效。

《产业园发展报告2022》共分为六个部分。

第一部分为总报告,主题为"推动人力资源服务业集成创新发展",回顾了近年来人力资源服务业取得的新成效,总结了人力资源服务产业园集成创新发展的新格局,指出人力资源服务产业园建设存在的问题与不足,并提出了产业园高质量发展的对策建议。

第二部分为产业篇,主要分析了高质量发展下我国人力资源服务业发展机遇和数字化转型的问题。

第三部分为区域篇,对全国各地的产业园建设的优秀经验和做法进行了归纳总结。

第四部分为行业组织篇，凝聚了各地人力资源服务行业协会的成功经验和实践探索。

第五部分为借鉴篇，对典型国家和地区人才政策进行了分析。

第六部分为附录篇，包括大事记和后记。

事件述评：

从先进性来看，《产业园发展报告2022》汇集了22个产业园和多个人力资源服务行业协会在推动人力资源服务业和产业园建设方面的优秀经验和做法，回顾了近年来人力资源服务业取得的新成效，梳理了2021年行业相关重要会议、政策文件、重大活动精神，总结了人力资源服务产业园在产业集聚、政策创新、管理服务、信息化建设等方面取得的新成绩。全书分为总报告、产业篇、区域篇、行业组织篇、借鉴篇、附录六部分，全面展现了人力资源服务产业园的发展现状，对人力资源服务业的发展方向和未来趋势作出了预测，凝结着人力资源服务产业园和人力资源服务行业协会的成功经验和实践探索，能够为各地人力资源产业园建设、运营和发展提供理论、政策和实践参考，为推进人力资源服务业高质量发展贡献中国智慧，带动全行业朝向世界先进水平发展。

从开拓性来看，《产业园发展报告2022》是由中国劳动和社会保障科学研究院组织，中国人力资源服务产业园联盟和中智现代人力资源管理研究院参与编写的第五部"人力资源（产业园）蓝皮书"，呈现了科研院所对人力资源服务业发展的理论思考，全面、深刻、科学地展现我国人力资源服务产业园的发展脉络与发展特点。《产业园发展报告2022》认为人力资源服务业依托产业园实现了集聚发展，为实施就业优先战略、人才强国战略、乡村振兴战略提供了强有力的人力资源支撑，为加快建设实体经济、科技创新、现代金融、人力资源协同发展的产业体系奠定了基础。具体体现在顶层政策规划不断加强，国家层面对人力资源服务业和产业园发展作出战略部署，为行业发展指明了方向，使我国人力资源服务业迎来了新的历史机遇期；行业发展政策不断完善，人社部高度重视人力资源服务产业的发展，围绕促进人力资源服务业发展这一中心工作出台一系列全国性行业发展的政策文件，并制定相关的配套措施，从而促进我国人力资源服务业从无到有、从小到大,直到形成多元化、多层次的人力资源服务体系;法律制度体系不断健全,人力资源市场法律、法规建设取得突破性进展;行业持续快速健康发展,行业结构持续优化、发展新动能不断增强,形成公共服务与经营性服务并重、有形市场和无形市场并行的发展格局。

从推动性来看,《产业园发展报告2022》在全面梳理了人力资源服务产业园的发展现状和发展趋势的基础之上,进一步指出人力资源服务业的发展方向和未来趋势是要充分运用互联网、大数据、人工智能等科技创新技术来推进产业实施数字化转型,国家政策措施、产业发展环境、市场客户需求、企业内部创新、人力资源积累等内外因素都促使人力资源服务业实施数字化转型。转型的关键要素包括人才、工具、管理、场景等四个方面,转型的实施路径主要包括系统制定数字化转型方案、合理选择数字化转型模式、持续加强数字化转型保障这三个方面,从而完成自身的产业转型升级和发展,并进而带动其他相关产业实现转型升级和发展。《产业园发展报告2022》还分析了我国人力资源服务业的发展环境,认为行业面临的环境和条件发生了巨大变化,人力资源服务市场呈现出新的竞争格局。《产业园发展报告2022》的发布和出版能够为人力资源服务机构与从业人员提供精准有效的智力支持,推动行业立足新发展阶段、贯彻创新发展理念,形成集成创新发展的新格局。

从典型性来看,《产业园发展报告2022》以人力资源服务产业园为研究对象,对国家级人力资源服务产业园和人力资源服务行业协会的成功经验和实践探索进行了总结与归纳,回顾了人力资源服务业取得的成绩,全面展现了人力资源服务业的发展现状,并对人力资源服务业的未来发展趋势作出了思考与预测,指出国际国内环境对我国的人力资源服务业发展提出更高的要求。要提升人力资源服务的专业化、标准化、规范化、数字化、国家化水平。未来人力资源服务企业应善用资本杠杆推动行业高质量发展,通过并购获得技术、人才等知识资源,在并购过程中寻找协同效应。《产业园发展报告2022》指出未来我国人力资源服务业将进一步整合,科技将持续赋能企业人力资源服务的全业务环节,有助于社会公众全面了解我国人力资源服务产业园和产业的发展现状,又有助于人力资源服务机构、从业人员、相关领域的专家学者认识和把握未来发展的趋势,带动行业进一步实现集聚创新发展。

从影响性来看,《产业园发展报告2022》由中国劳动和社会保障科学研究院组织,中国人力资源服务产业园联盟和中智现代人力资源管理研究院参与编写。中国劳动和社会保障科学研究院是人力资源和社会保障部直属事业单位,主要承担就业创业、劳动关系、工资收入分配、社会保障等理论、政策及应用研究,是一流的国家级智库;中国人力资源服务产业园联盟成立于2015年5月15日,在中国(重庆)人力资源服务产业园的倡导下,由中国对外服务工作行业协会、北京人力资源服务行业协会和上海人才服务行业协会等人力资源服务行业协会及上海、重庆、中原、苏州、杭州、海峡6个国家级人力资源服务产业园共同发起成立,旨在探索人力资源服务产业创新发展的途径,推动我国人力资源服务产业园规划上档次、服务上台阶、发展上规模;中智现代人力资源管理研究院隶属于中智咨询,中智咨询连续九年入选中国管理咨询五十大机构,位列人力资源管理第一位。此外,在搜索引擎上以"人力资源蓝皮书:中国人力资源服务产业园发展报告(2022)"为关键词进行搜索,获得约273000条结果。《产业园发展报告2022》的发布与出版引起了广泛的社会关注,搜狐网、中国网等媒体对此进行了专题报道。

2.2022年10月,于兴安、李志更主编的《人力资源蓝皮书:中国人力资源发展报告(2022)》由社会科学文献出版社出版

事件提要:

2022年10月,于兴安、李志更主编的《人力资源蓝皮书:中国人力资源发展报告(2022)》(以下简称《发展报告2022》)由社会科学文献出版社出版。

《发展报告2022》由中国人事科学研究院组织编写,聚集我国人力资源发展重点领域,关注2021年初至2022年上半年我国人力资源发展的总体状况,分析未来走势。全书由总报告和六组专题报告组成。

第一部分总报告。介绍了2021—2022年中国人力资源状况及事业发展,全面系统地呈现了我国人力资源的总体情况和最新进展,分析了未来我国人力资源发展的主要任务。

第二部分人力资源状况篇。介绍了我国人力资源发展状况、老年人力资源开发、城镇劳动者科学素质与技能状况、教育人才发展状况、科技人力

资源发展特点、数字经济人才发展状况,并提出了相应的改进措施。

第三部分人才工作篇。总结了各地人才工作的主要进展和创新实践,介绍了人才评价制度改革的典型实践与总体进展,以及职业资格制度改革工作进展与发展态势。

第四部分公共部门人事管理篇。对公务员管理工作、事业单位人事制度改革、国企人事制度改革进行了回顾。

第五部分就业创业与劳动关系篇。系统梳理了我国促进就业创业、劳动关系治理的总体情况、典型做法和面临的新形势新任务。

第六部分人力资源服务业篇。对我国人力资源服务市场发展状况进行了深入的剖析,对人力资源培训服务的发展现状进行了总结并对趋势进行了分析,对 2021 年人力资源服务机构经营状况进行了调查分析,找出了存在的主要问题,提出了对策建议。

事件述评:

从先进性来看,《发展报告 2022》以 2021 年初至 2022 年上半年我国人力资源发展的总体情况为分析和研究对象,聚集了行业内 20 多位专家学者的研究成果,全面系统地呈现了我国人力资源发展的总体情况和最新进展,并基于我国经济目前面临的压力、人力资源构建新发展格局实现高质量发展的需求、人力资源事业发展过程中存在的问题等背景,在全面梳理、系统分析、调研总结的基础上,分析并提出了当前和今后一段时间我国人力资源发展面临的新挑战,指出促进我国人力资源发展的主要任务,包括强化新时代人才强国战略、优化就业结构、强化社会保障能力、夯实新就业形态劳动者权益保障、促进人力资源服务高质量发展等内容,从而为人力资源服务业的未来发展提供科学、合理的建议和指引,激发行业的创新与变革,提升社会公众对人力资源服务业的了解与关注,促进行业内外的交流与学习。

从开拓性来看,《发展报告 2022》专篇分析了人力资源服务业的状况,从基本情况、面临的问题与挑战、未来展望三个维度,总结分析人力资源服务业的发展基础、发展沿革、发展形势、发展态势、未来趋势,并对人力资源服务机构经营状况进行了调查分析。此外,人力资源状况篇、人才工作篇、就业创业与劳动关系篇等部分的内容也从国民经济和社会发展的角度、从人力资源和社会保障事业的角度对人力资源服务业的一些重要内容进行了阐释,能够为人力资源服务机构和从业人员提供参考和借鉴,有助于他们从更加宏观的角度来思考人力资源服务业发展的现状、探索人力资源服务业的未来,从国家经济社会发展、人力资源和社会保障事业发展的高度来找准行业的重点和痛点,寻找行业发展的新机遇。

从推动性来看,《发展报告2022》具有一定的宏观指导性和权威性,以近年来相关统计数据为依据,总结了我国人力资源发展状况,分析了人力资源基本状况、老年人力资源开发、城镇劳动者科学素质与技能提升的基本情况和发展态势,呈现了教育人才、科技人才以及数字经济人才队伍建设的主要实践与成效,总结了各地人才工作的基本状况、公务员管理改革和事业单位以及国企人事制度改革进展,系统梳理了就业创业和劳动关系治理的总体情况、典型实践及面临的形势任务,分析了基本养老保险、工伤保险、基本医疗保险制度的运行情况、改革进展与未来发展走向。关注当前我国人力资源服务市场发展、人力资源培训服务创新、人力资源服务企业经营发展的基本情况、主要成效与特点、主要问题与对策选择。《发展报告2022》对推动新时代人力资源服务业高质量发展具有重要的指导与参考意义,为人力资源服务机构与从业人员了解我国人力资源和人力资源服务业的发展现状提供了较为科学、专业、权威的信息,有助于他们根据相关信息推断产业发展趋势、作出科学的战略决策,找准市场空间,打造核心业务产品,全面提升核心竞争力,实现行业的高质量发展。

从典型性来看,自2012年中国人事科学研究院正式发布中国首部人力资源蓝皮书《中国人力资源发展报告（2011~2012）》开始,中国人事科学研究院已连续十一年发布我国人力资源发展报告,聚焦中国人力资源发展重点领域,关注中国人力资源发展全貌和未来走势。《发展报告2022》回应时代发展需求,强化对新形势、新问题、新挑战的关注,通过翔实数据、扎实调研、理性分析,从人力资源、人才工作、公共部门人事管理、就业创业、收入分配、劳动关系、社会保险、人力资源服务业等方面总结了过去一年中国人力资源发展的基本状况和特点,梳理了当前人力资源发展面临的主要问题与挑战,分析了今后一段时间人力资源发展的总体态势和走向。《发展报告2022》全面系统地反映了我国人力资源的发展现状,也深入地预测了未来可能的发展趋势,是兼具学术价值与实用价值的基础文献与思想成果,为人力资源服务机构和从业人员提供了参考和借鉴,及时准确地把握我国人力资源服务业发展动态,从宏观的角度思考和分析人力资源服务业的发展现状,并对其前景作出合理科学的预测。

从影响性来看,《发展报告 2022》由中国人事科学研究院组织编写,人事科学研究院是人力资源和社会保障部直属事业单位和国家级专业研究机构,主要承担人事制度改革、人才资源开发、人力资源管理和公共管理理论、制度、政策及应用研究。《发展报告 2022》的出版具有较为广泛的影响力,引起了较为广泛的关注,在搜索引擎上以"人力资源蓝皮书:中国人力资源发展报告(2022)"为关键词进行搜索,获得约 626000 条结果。

3. 2023 年 3 月,萧鸣政等著的《中国人力资源服务业蓝皮书 2022》由人民出版社出版

事件提要:

2023 年 3 月,萧鸣政等著的《中国人力资源服务业蓝皮书 2022》(以下简称《蓝皮书 2022》)由人民出版社出版。该书编写指导单位为人力资源和社会保障部人力资源流动管理司,编写组织单位为北京大学人力资源开发与管理研究中心。这是自 2007 年以来北京大学人力资源开发与管理研究中心出版发行的第 16 本蓝(白)皮书。《蓝皮书 2022》继续秉承推动人力资源服务业更好更快发展的宗旨,对 2021 年 8 月 1 日至 2022 年 7 月 31 日年度中国人力资源服务业的发展状况进行了深入调查、系统梳理。

《蓝皮书 2022》共分为三个部分。

第一部分为年度报告篇,共分为三章。第一章主要展示和分析了 2021年 8 月至 2022 年 7 月对中国人力资源服务业有重大影响的法律法规政策及其新变化。亮点在于对政策背景的阐释及对政策的解读,使读者能够深刻理解并及时把握人力资源服务业发展变化的新趋势和新动向。第二章人力资源服务业发展与创新,以发展特点、创新之处和发展亮点三个维度为考察视角,分析了 2021—2022 年度全国人力资源服务行业整体发展态势。第三章人力资源服务业的先进经验与案例,从国内挑选了本年度贡献比较突出、经验先进的人力资源服务业机构与案例。

第二部分为专题报告篇,包括六章。第一章是人力资源服务业各省区市重视度与关注度分析,在 2021 年蓝皮书的基础上,全面更新了数据和资

料,按照政府、企业与社会组织、公众与媒体的逻辑顺序优化了分析结构,增加了通过社会组织数量、注册企业数量等视角透视重视度与关注度。第二章是人力资源服务业发展环境指数与各省区市水平排名,通过横向分析与纵向分析,充分揭示全国31个省区市人力资源服务业发展环境的现状及变化趋势。第三章是各省区市人力资源服务业发展竞争力评价与排名,积极对接当前国家战略和相关政策。第四章是人力资源服务行业十大事件评选,较好地覆盖了人力资源服务业发展的各个维度。第五章中外人才高地比较与评价分析,为新设章节,构建了人才高地评价指标体系。第六章是国外人力资源服务业的发展与趋势,对国际人力资源服务业进行了全面系统的回顾与梳理,并针对中国人力资源服务业的发展提出了建议。

第三部分为2021年8月至2022年7月中国大陆出版发表的有关中国人力资源服务业方面的研究成果名录,其中还专门收集了有关人力资源服务业研究方面的博士、硕士论文。

事件述评:

从先进性来看,《蓝皮书2022》持续关注并解读、分析了中国人力资源服务业整体变化的特点与发展趋势。包括16年来对中国人力资源服务业有重大影响的法律法规政策及其新变化,人力资源服务业机构、业态与人员的变化趋势与特点,中国各地人力资源服务业发展水平的变化趋势与特点,中国人力资源服务业十大事件的变化趋势与特点,中国人力资源服务业研究成果的变化趋势与特点等。《蓝皮书2022》持续关注我国人力资源服务业业态发展面临的新形势、新挑战、新亮点、新机遇,关注各地人力资源服务业发展环境与发展水平,关注人力资源服务业的先进经验与典型案例,构建人才高地评价体系并对其进行了打分和排名,基于结果进行分析且提出有针对性的建议,还通过对比中国与美国、日本、英国人力资源服务业发展现状,提出了面向国际的发展建议。《蓝皮书2022》充分深入地反映出我国人力资源服务业的发展全貌和发展路径,有助于带动行业向世界先进水平发展。

从开拓性来看,《蓝皮书2022》收集了2021年8月至2022年7月我国人力资源服务业相关重要法律法规政策,对政策背景及政策内容进行了阐释,对重要政策对人力资源服务业的影响进行了解读,使读者能够深刻理解并及时把握人力资源服务业发展变化的新趋势和新动向;挑选并介绍了本年度贡献比较突出、经验先进的人力资源服务机构与案例;通过大数据方法和文本分析方法对主流社交媒介、纸质媒介、网站、各省政府工作报告以及相关政策法规、规划文件进行数量统计和内容分析,揭示我国各省区市对人力资源服务业重视程度及发展情况;对我国各地人力资源服务业发展环境、发展水平的量化评价指标体系进行了创新修订,并且依据相关数据进行了评价,通过横向分析与纵向分析,充分揭示了全国 31 个省区市人力资源服务业发展环境的现状及变化趋势;优化人力资源服务业发展水平评价指标体系和数据来源,对个别地区进行了深度分析,并对排名浮动较大的地区进行了较往年更为全面而细致的原因分析。以上内容有助于人力资源服务机构、从业人员从整体上把握人力资源服务业的发展脉络,找寻人力资源服务业的发展规律并探寻未来发展方向。

从推动性来看,《蓝皮书 2022》完整呈现 2021—2022 年度人力资源服务业发展的特点与亮点,指出 2021—2022 年度人力资源服务业主要创新之处在于推进服务融合创新、推进协同协作创新、推进行业集聚创新、推进机构培育创新,发展亮点在于高端发展产业链不断延伸,产业业态不断细分及专业化发展加快,应用新型技术行业融合创新不断增强,人力资源服务业市场从行政转向法治发展。选取了西部人力资源龙头企业——重庆市人才大市场集团作为典型案例,对其发展脉络、主要特色、经验与挑战进行了分析。通过对各省区市人力资源服务业发展环境水平进行指数分析、横向对比、纵向对比,发现各省区市人力资源服务业发展环境存在一定的差异性,其中广东、江苏、北京处于领先水平,海南、西藏呈现出蓬勃发展的向好态势,东北、中西部地区劲头不足,需要警惕环境吸引力、竞争力减弱等问题的出现,并提出了相应的改进建议。《蓝皮书 2022》对中国人力资源服务业的系统、全面、深度的研究有利于深入了解行业发展现状、探究发展瓶颈、探索未来趋势,有助于在人力资源服务领域培育新增长点、形成新动能,从战略上推动人力资源服务业的快速发展、变革与创新,为国民经济持续健康发展作出应有的贡献。

从典型性来看,《蓝皮书 2022》以习近平新时代中国特色社会主义思想为指导，深入贯彻党的二十大精神，以人力资源服务业为核心和关键词，围绕人力资源服务业的发展现状、重点、亮点、问题和最新进展，采用了对比分析、大数据分析、案例呈现、指标体系等科学方法宏观、科学、全面地展现了人力资源服务业的发展态势，并根据研究结果提出了相应的对策与建议，兼具科学性、权威性与操作性，代表了当前我国人力资源服务业研究的最新进展，能够为人力资源服务业走中国式现代化的发展道路提供精准有效的智力支持，既有助于相关机构与从业人员从宏观上把握我国人力资源服务业的发展现状、特点与趋势，了解其与经济社会发展对行业要求的水平以及世界先进水平之间的差距，也有助于相关机构与从业人员了解人力资源服务业面临的机遇与挑战，并根据对策建议采取相应的有效措施，从而进一步推动人力资源服务业的高质量发展，更好发挥人力资源服务业对实施人才强国战略、建设世界重要人才中心和创新高地的助推作用。

从影响性来看，《蓝皮书2022》的编写指导单位为人力资源社会保障部人力资源流动管理司，编写组织单位为北京大学人力资源开发与管理研究中心，中心主任萧鸣政教授是我国人力资源领域的知名学者。自2006年开始，萧鸣政教授带领北京大学人力资源开发与管理研究中心研究团队与上海市对外服务有限公司合作，共同进行中国人力资源服务业发展问题研究，自2007年11月发布我国第一部《中国人力资源服务业白皮书》至今，已连续16年出版《中国人力资源服务业白（蓝）皮书》。《蓝皮书2022》的出版与发布具有广泛的社会影响力，引起了积极的社会反响。在搜索引擎上以"中国人力资源服务业蓝皮书2022"为关键词进行搜索，获得约719000条结果；人民网、新京报等媒体对《蓝皮书2022》的出版进行了专题报道；《蓝皮书2022》编写过程中吸收了来自人力资源社会保障部人力资源流动管理司张文森司长等领导提出的一系列指导性意见。此外，蓝皮书的顾问委员会、专家委员会汇聚了我国人力资源服务业的顶级专家、学者，能够充分发挥智力密集优势，把握时代发展脉搏，凝聚学界理念共识，进一步引领我国各地政府与社会努力改善人力资源服务业发展环境，加大对于人力资源服务业的关注、支持与发展，加快实现人力资源服务业高质量发展。

（三）行业类事件

1. 2023 年 5 月 19 日，北京国管所属北京国际人力资本集团上市仪式在上海证券交易所成功举办，股票代码 600861 证券简称正式变更为"北京人力"

事件提要：

2023 年 5 月 19 日，北京国管所属北京国际人力资本集团（以下简称FESCO）上市仪式，在上海证券交易所成功举办，股票代码 600861 证券简称正式变更为"北京人力"（以下简称"北京人力上市"）。

根据《北京国际人力资本集团股份有限公司关于重大资产重组实施进展的公告》，截至 2023 年 4 月 24 日，本次交易的独立财务顾问（主承销商）中信建投证券股份有限公司，已收到募集资金人民币 1596696897.60 元。根据公司重大资产重组事项实施进展情况，公司的主营业务发生了重大变化，由"批发和零售业"变更为"综合人力资源服务"，公司名称已由"北京城乡商业（集团）股份有限公司"变更为"北京国际人力资本集团股份有限公司"，并于 2023 年 5 月 6 日取得新换发的《营业执照》，公司证券简称于 2023 年 5 月 19 日起由"北京城乡"变更为"北京人力"。

事件述评：

从先进性来看，党的二十大报告提出要深入实施人才强国战略，《人力资源社会保障部关于实施人力资源服务业创新发展行动计划（2023—2025年）的通知》指出要做强做优龙头企业，支持龙头企业通过兼并、收购、重组、联盟、融资等方式，调整优化市场结构，提高企业核心竞争力和产业集中度；支持龙头企业发挥人才优势、技术优势和创新优势；鼓励拓宽人力资源服务机构投融资渠道。本次更名"北京人力"重组上市，意味着上市公司正式切换到前景广阔的人服赛道，进一步拓宽其融资渠道，增强风险抵御能力，降低筹融资成本，大幅增强成长空间与盈利能力。FESCO 借此实现与资本市场的直接对接，拓宽融资渠道，加强业务与技术优化升级，不断做强做优做大，反映出人力资源服务业资本化的发展趋势，回应了国家战略需求与政策导向，发挥了领军企业的标杆作用，带动全行业朝向世界先进水平发展。

从开拓性来看，FESCO 是中国第一家人力资源服务机构，是中国体量最大的综合性人力服务企业之一。FESCO 品牌享誉全球，是中国人力资源服务行业领军企业,服务于数万家客户、数百万中外人才,服务网络覆盖全国 400 余座城市,触达 100 余个国家和地区。作为行业知名骨干龙头企业,FESCO 一直引领着中国人力资源行业的发展;作为专业的人力资源综合解决方案提供商,以前沿的服务与先进的技术,为各种组织和企业提供全方位人力资源解决方案。近年来,FESCO 响应数字经济转型趋势,提前进行信息化布局、加速推动互联网化、数字化转型。此次重组上市,使得公司的主营业务发生了重大变化,由"批发和零售业"变更为"综合人力资源服务"。根据公告,本次募集资金主要用于"FESCO 数字一体化建设项目",包括创新研发与数字体验中心建设、数字一体化平台建设等,以助力公司进一步提升数字服务能力,智慧赋能人力资源服务。可见,北京人力上市是中国人力资源服务业发展的里程碑,有利于全面提升人力资源服务业的数字化水平和人力资源服务业整体竞争力,扩大行业规模,引领行业提速增效,加速驶入高质量发展快车道。

从推动性来看,FESCO 具有先发优势、客户资源优势及规模效应,目前已与一大批包括华为、滴滴出行、顺丰速运、阿里巴巴、国家电网、中粮、三星、IBM、微软、辉瑞制药、施耐德电器等在内的优质的行业龙头企业在人力资源服务方面建立了稳定的合作关系;具有综合服务优势,已积累丰富的产品模块,可满足不同客户群体的多样性需求并能有效发挥协同优势;响应数字经济转型趋势,提前进行信息化布局,具有强大的技术应用优势,已推出包括 FESCO APP(员工自助服务平台)、易北京 APP(国际人才一站式智慧服务平台)、工惠通 APP 等终端应用及平台系统,加快推动互联网化、数字化转型。北京人力上市有助于 FESCO 充分发挥自身资源优势,推动人力资源服务业与资本的深度结合,通过加强人力资源服务与大数据、云计算、人工智能等新兴技术的深度融合,提升数字服务能力,加速实现业务数据化、运营智能化,推动人力资源服务业实现数字化转型,加快行业发展与变革的进程。

从典型性来看,随着人力资源服务业的纵深发展,人力资源服务行业的市场活力不断被激发。同时,随着人口红利消退、产业升级及结构转型,企业对高端人才的需求与日俱增,人力资源服务业不断发展和进化,人力资源服务机构规模持续扩大。近年来中国人力资源服务市场规模快速增长,未来企业端对于专业人力资源服务的需求将不断释放。政策利好支持以及社会、经济的全面发展对人才获取及管理需求的增加为人力资源服务行业带来快速发展机遇。北京人力上市不仅是中国人力资源服务行业的里程碑,更是北京市国资贯彻落实党中央、国务院深化国有企业改革精神的重要举措和路径,有利于FESCO运用上市公司平台资源,按照上市公司治理的要求规范运作,深化市场化改革,推动企业专业化、数字化和国际化发展,更好地满足企业和人才的需要,更好地服务实体经济、促进就业;可以充分利用上市公司平台探索新业务转型、寻求新利润增长,提升企业盈利能力和综合实力,通过健康可持续的经营和优秀的业绩表现,打造优秀上市公司,更好地回馈客户、股东和社会,更好地服务首都对外扩大开放战略和国际化人才战略,为经济社会高质量发展提供有力的人才智力支撑。

从影响性来看,北京人力上市引起了积极的社会反响。在搜索引擎上以"北京国际人力资本集团上市仪式,在上海证券交易所成功举办"为关键词进行搜索,获得约5980000条结果;新华网、人民网均对此作出了专题报道,证券日报网、上海证券报等专业媒体均对其进行了专业分析。FESCO拥有悠久的人力资源专业化服务历史、丰富的市场经验以及完备的服务资质,在业界极具竞争力和品牌价值。作为中国体量最大的人力资源综合解决方案提供商之一,FESCO客户资源深厚,先发优势显著,服务于数万家客户、数百万中外人才,服务网络覆盖全国,服务的客户涵盖了信息通信、新能源、新材料、航空航天、生物医药、智能制造等众多领域,服务领域包括用工管理、人事代理、商业外包、健康管理、财税薪酬、弹性福利、管理咨询、国际人才服务、高端人才寻访等多重领域。作为国内首家专业的人力资源服务机构,FESCO率先完成人力资源全产业链布局,成长为国内最大且最具综合实力的人服企业之一,是行业第一家取得国家高新技术企业认证的综合人力资源服务公司,已获国际信息安全管理体系(ISO27001)认证,目前95%以上服务实现数智一体化。北京人力上市将增加市场和公众对人力资源服务行业的关注度,助力FESCO持续加码数字化建设,进一步提升数字服务能力,智慧赋能人力资源服务。

2. 2023年7月24—25日，北京市人力资源和社会保障局举办人力资源服务创新发展大赛暨国家级人力资源服务产业园北京峰会

事件提要：

2023年7月24—25日，北京市人力资源和社会保障局在北京国际会议中心举办人力资源服务创新发展大赛暨国家级人力资源服务产业园北京峰会（以下简称"北京峰会"）。北京峰会由北京市人力资源和社会保障局、北京市朝阳区政府指导，北京市朝阳区人力资源服务促进会主办。人力资源社会保障部、北京市人社局、北京市朝阳区政府等政府部门，全国各人力资源产业园、经营性人力资源服务机构、企业、院校代表、专家学者等汇聚一堂，围绕人力资源服务产业发展开展高峰对话。

大会设立了北京市人力资源服务创新发展大赛、峰会开幕式、"展翼未来　才子朝阳"促进高校毕业生就业招聘会、主题论坛、参观走访交流等环节。7月24日上午，北京市人力资源服务创新发展大赛在北京国际会议中心开赛。大赛面向北京市人力资源服务机构，全市共12支队伍进入决赛。决赛通过路演和答辩的形式比赛，经专家现场评审打分，将遴选出优秀人力资源服务创新项目，最终评选出一等奖1个、二等奖2个、三等奖4个及社会公益奖、最具投资价值奖、最具成长空间奖各1个。北京外企人力资源服务有限公司（简称FESCO）的工惠通·智慧工会服务平台在激烈角逐中脱颖而出，荣获"北京市人力资源服务创新发展大赛一等奖"和"最具成长空间奖"，将代表北京市参加全国人力资源服务创新创业大赛。

7月24日下午，在峰会开幕式上，北京市发布了市、区人力资源服务业发展成果。同时，还在现场签约成立全市首家人力资源服务出口基地以及首个北京市人力资源服务产教联合体和朝阳区职业培训产业园。京津冀三地国家级人力资源产业园也将签订跨区域战略合作协议。同时设立分会场，组织"展翼未来　才子朝阳"促进高校毕业生就业招聘会，吸引了爱立信（中国）、中信银行、盈科律师事务所等60余家企业现场招聘。

7月25日上午，峰会邀请人力资源行业的专家学者、行业领军人物等，组织开展"海外人才引进与行业创新""新市场下人力资源外包的发展趋势"两场主题论坛。7月25日下午，峰会组织参会人员前往中国（北京）人力资源服务产业园朝阳园区、北京快手科技有限公司进行参观走访交流。

事件述评：

从先进性来看，《关于推进新时代人力资源服务业高质量发展的意见》指出，人力资源服务业发展要"以促进就业为根本"；《人力资源社会保障部关于实施人力资源服务业创新发展行动计划（2023—2025年）的通知》指出要"开展人力资源服务机构稳就业促就业行动，聚焦高校毕业生、农民工等重点群体，大规模开展求职招聘、就业指导、政策咨询等服务"，"建立人力资源服务产业园交流协作机制，推进人力资源服务区域协同和开放合作"；《北京市人力资源服务业创新发展行动计划（2023—2025年）》指出要"搭建合作发展平台，与外省市优质人力资源服务产业园开展学习交流"，"围绕中国国际服务贸易交易会人力资源服务主题活动、全国人力资源服务业发展大会、京津冀人力资源服务地方标准大赛等品牌活动，做好全媒体宣传"。北京峰会顺应国家和北京市政策导向，回应社会关切，充分发挥北京市在人力资源服务业领域的先发优势，搭建高端合作交流平台，积极促进高质量充分就业，强化现代化建设人才支撑，有助于带动提升人力资源服务业的整体发展水平，在全国形成产业共生共创的良好生态。

从开拓性来看，北京峰会聚焦人力资源服务产业发展，征集人力资源服务机构在业态模式创新、技术跨界融合、服务实体经济等方面具有较大创新突破的项目，充分展示北京市人力资源服务业发展成果，遴选出一批优质人力资源服务创新项目，发掘出一批优秀人力资源服务团队。通过项目培育、融资对接、合作推广等方式，助力形成一批具备经济和社会效益、可复制可推广的项目成果，打造人力资源服务精品品牌，搭建人力资源服务机构与市场资源交流互动平台。有助于实现要素资源共享、优势互补，加强数据互联互通，推动产业链的升级和延伸；有助于加快发展现代人力资源服务业，推进人力资源服务业标准化、品牌化建设，推动以人力资源管理为核心的企业管理创新和以人力资源服务为代表的服务贸易创新发展。

从推动性来看，北京峰会以"以人力资源服务引航，助高质量就业在朝阳"为主题，邀请国内外领军企业和创新团队，分享经验、互学共鉴，探讨人力资源服务业数字化发展，分享人力资源服务业创新成果应用，组织开展"海外人才引进与行业创新""新市场下人力资源外包的发展趋势"两场主题论坛。"海外人才引进与行业创新"主题论坛由锐仕方达承办，论坛上特邀朝阳区高层次人才服务中心陈蕾进行朝阳区人才引进政策解读，北京市经信局中小企业部邓静宇进行北京市专精特新企业资质申报解读。同时，行业知名专家学者、企业代表也作为特邀嘉宾出席本次论坛并结合各自领域的成功经验和最新成果进行主题分享，为行业创新提供更为深入的思路和未来方向。此外，北京峰会设立分会场，组织"展翼未来　才子朝阳"促进高校毕业生就业招聘会，充分发挥了人力资源服务机构的核心职能，提升了人力资源服务产业园和整个行业的整体形象，也推动整个行业以促进就业为根本，进一步挖掘和发挥人力资源服务行业促就业的重要作用。

从典型性来看，北京峰会现场签约成立北京市首家人力资源服务出口基地以及首个北京市人力资源服务产教联合体和朝阳区职业培训产业园，京津冀三地四家国家级人力资源产业园签订了达成战略合作协议，鼓励本土服务机构通过新建、收购、合作等方式，在友园开设子公司和分支机构；支持企业创新应用大数据、云计算、区块链等新兴信息技术，有利于促进三地政策互通和人才流动，打造产业园联合品牌 IP，推动京津冀区域人力资源服务业进一步开放发展，以"集团化"开拓国际市场，强化人力资源服务出口的竞争力。北京市以此次活动为契机，挖深挖透全行业资源，充分发挥"政府+市场"的优势，擦亮首都人力资源服务"金名片"，发挥北京市在全国人力资源服务业发展的表率作用。

从影响性来看，北京峰会具有广泛的社会影响力，引起了积极的社会反响。在搜索引擎上以"北京市人力资源服务创新发展大赛暨国家级人力资源服务产业园北京峰会"为关键词进行搜索，获得约 9800000 条结果。主办单位北京市朝阳区人力资源服务促进会成立于 2017 年 9 月 8 日，由东方慧博、北京外企、上海外服（北分）、中智职业、罗盛咨询、科锐国际、前程无忧、诚通人力、智联招聘、阿姨来了、九方猎博、举贤网、京阳劳务、爱侬养老、神州人才 15 家理事单位共同发起并成立。北京市朝阳区 GDP 占全国经济发展总量的 3%，2022 年朝阳经营性人力资源服务机构数量达到 1500 家，营业收入超 1100 亿元人民币。相关进出口贸易总额达 6.06 亿美元，税收达 55 亿元人民币，从业人员超过 3.5 万人，服务各类人力资源 2000 余万人次，一大批国内外知名机构落户朝阳。2022 年中国（北京）人力资源服务产业园朝阳园区正式挂牌开园，被国家商务部、人社部认定为全国首批、全市首家人力资源服务出口基地,对于促进就业、打造区域经济社会发展新引擎产生了积极而重大的影响。北京峰会举办期间,主办方与各个参与单位充分利用新闻媒体、官网官微等开展宣传报道,多渠道推广活动咨询和成效,努力营造全社会重视、关心、支持人力资源服务业发展的浓厚氛围,从而极大地扩大了活动影响力,提升了人力资源服务行业形象,提高了行业的社会认知度。

(四) 会议类事件

1. 2023 年 3 月 26 日,"2023 年中国人力资源服务业发展战略高端论坛暨研究成果发布会"在重庆举行

事件提要:

2023 年 3 月 26 日,"2023 年中国人力资源服务业发展战略高端论坛暨研究成果发布会"(以下简称"高端论坛")在重庆举行。高端论坛由北京大学人力资源开发与管理研究中心、重庆市人力资源和社会保障局、重庆市南岸区人民政府、重庆经济技术开发区管理委员会共同主办,北京大学政府管理学院与中国人力资源开发研究会人才测评专业委员会协办,重庆人才大市场集团有限公司、中共重庆市南岸区委宣传部、南岸区人力资源和社会保障局、重庆经济技术开发区创新创业服务中心承办。

萧鸣政教授代表北京大学人力资源开发与管理研究中心、《中国人力资源服务业蓝皮书》项目组作专题报告,还系统介绍了《中国人力资源服务业蓝皮书 2022》的研究成果与创新特色。在报告中,萧鸣政教授重点对我国各省区市人力资源服务业重视度与关注度、各省区市人力资源服务业发展环境评价排行榜、各省区市人力资源服务业综合发展水平评价排行榜与发展潜力评价排行榜成果进行了介绍,以翔实的数据和图表精彩呈现 2022 年度我国人力资源服务业的整体发展状况。

在高端论坛上,北京大学人力资源开发与管理研究中心、政府管理学院联合研究项目组基于大数据分析,评选并发布了"2021—2022 年度蓝皮书先进典型标杆企业""2021—2022 年度全国人力资源服务业发展前六强""2021—2022 年度发展进步评价前六强""2021—2022 年度全国人力资源服务业发展进步标杆地区""2021—2022 年度全国人力资源服务业发展环

境评价前十强""2021—2022 年度全国人力资源服务业发展潜力评价前十强"等榜单。

高端论坛线上线下同步举行，涵盖开幕式、评价结果与榜单发布、专家主题发言、先进机构证书颁发、先进代表经验交流发言、代表提问互动与论坛总结闭幕等环节，持续三个半小时，线上收看人数超 26 万人。

事件述评：

从先进性来看，党的二十大和习近平总书记在二十届中央财经委员会第一次会议上的讲话为人力资源服务业的发展指明了方向，提供了根本遵循，明确人力资源服务业在建设现代化产业体系、推动人口高质量发展中的定位，要求行业要立足新发展阶段，贯彻新发展理念，服务构建新发展格局，围绕实施就业优先战略、人才强国战略、乡村振兴战略，以促进就业为根本，进一步提高人力资源服务水平。在深入贯彻落实党的二十大精神，积极发展高端服务业、走高质量发展道路的背景下，高端论坛回应新发展格局下人力资源服务业高质量发展的要求，针对人力资源服务业发展所面临的新形势、新任务、新机遇、新挑战，汇聚政府、企业、高校、行业协会、媒体的专家和代表，搭建行业的思维碰撞、沟通交流平台，为促进人力资源服务业朝向世界先进水平实现高质量发展提供智库支持。

从开拓性来看，高端论坛在党的二十大胜利召开的大背景之下，从中国式现代化的要求出发，着重关注未来中国人力资源服务业高质量发展与中国式现代化的关系，关注全国及各省、各区域人力资源服务业的发展状况，思考中国人力资源服务业发展战略，在人力资源服务业的发展历程中具有重大意义。与会专家深入探讨了新发展格局下人力资源服务业高质量发展的路径与方法，中国人事科学研究院院长余兴安对中国式现代化宏大背景下人力资源服务业的"中国式"道路予以归纳。北京市人力资源服务协会秘书长沈志歆指出了人力资源服务业高质量发展迎来的新机遇主要表现为明暗两条线，明线是伴随着大客户需求提升，中国持续开拓海外人才市场，积极参与全球人力资源服务贸易竞争；暗线是构筑双循环市场格局，寻找下沉支点，全力打造人力资源服务业统一大市场。明暗双线相互交织，共同为经济高质量发展提供人力支持和人才保障。高端论坛采用理论指导实践的路径，既引领了人力资源服务业的理论研究前沿，又总结和启发了行业实践,对行业发展和理论研究极具承上启下、承前启后的启发与指导意义。

从推动性来看,高端论坛以人力资源服务业高质量发展和中国式现代化为主题,汇聚了政府、企业、行业、学界的嘉宾,从多元角度展开思考与阐述。政府代表对人力资源服务业高质量发展作出了回顾和总结,对未来的发展提出了要求和展望,对广东、浙江、湖北、贵州等地人力资源服务业发展的现状、成就和做法予以介绍和回顾,包括政策体系不断完善、简政放权更加深入、市场秩序更加规范、产业结构不断优化、行业主体不断壮大等,构建"政策先行、平台发力、活动汇聚、监管到位"四位一体的高质量人力资源服务业发展体系;行业和学界代表对人力资源服务业的教学与研究成果进行了汇报和展现,总结了人力资源服务业发展的中国式道路和新机遇;企业代表结合自身实际系统回顾了相关的发展历程和成绩、经验。高端论坛有助于进一步加强交流合作、提升服务水平、发挥行业作用,为人力资源服务业高质量发展注入强劲动力。

从典型性来看,高端论坛以人力资源服务业为主题,聚焦中国式现代化,与会嘉宾来自与人力资源服务业密切相关的政府机构、企业界、行业协会和学界。在开幕式环节,李祥伟副司长代表国家人力资源社会保障部流动管理司致辞发言,并以《推动人力资源服务业高质量发展》为题作开场报告;在成果与蓝皮书发布环节,萧鸣政教授代表北京大学人力资源开发与管理研究中心、《中国人力资源服务业蓝皮书》项目组作专题报告;在专家主题发言环节,中国人事科学研究院院长余兴安以《人力资源服务业的"中国式"道路》为题作主旨发言。交流汇聚学者研究、协会研究、政府理论研究、企业实践研究的真知灼见,反映出政府、高校、行业、企业等多个主体对人力资源服务业的重视程度,有利于提升相关研究水平,赋能人力资源创新发展,进一步推动我国人力资源服务业高质量发展。

从影响性来看,高端论坛体现出北京大学人力资源开发与管理研究中心、行业发展协会、行业领军企业加大对人力资源服务行业发展、新业态融合、市场需求开发等领域的研究力度,是北京大学人力资源开发与管理研究中心 2007 年以来持续 16 年关注人力资源服务业、坚持对人力资源服务业进行高质量研究的成果展示。高端论坛引起了人力资源服务业行业内外广泛的关注,在搜索引擎上以"2023 年中国人力资源服务业发展战略高端论坛暨研究成果发布会"为关键词进行搜索,获得约 3100000 条结果。高端论坛搭建了人力资源服务业的高端研究、交流平台,来自政、学、研、企的领导、学者等近 100 多位嘉宾线上线下出席论坛。据不完全统计,线上收看人数超 26 万人,人民网、中国网、搜狐新闻、北京大学新闻网等媒体均对"高端论坛"进行了翔实的报道。

2. 2023 年 7 月 13 日,第二届全国人力资源服务业发展大会新闻发布会在深圳举行

事件提要:

2023 年 7 月 13 日上午,第二届全国人力资源服务业发展大会新闻发布会(以下简称"新闻发布会")在深圳举行。

发布会上,人力资源社会保障部流动管理司司长张文淼介绍了全国人力资源服务业发展以及本届大会情况,并就下一步推动行业发展回答了记者提问。广东省人力资源社会保障厅、深圳市人民政府、深圳市人力资源社会保障局负责同志围绕大会筹备、推动粤港澳大湾区人力资源服务业发展介绍了有关情况。

本届大会由人力资源社会保障部、广东省人民政府共同主办,以"激发人力资源动能,汇聚强国建设力量"为主题,共设置四项重点活动。一是人力资源服务业高质量发展研讨活动;二是人力资源服务供需洽谈对接和展示活动;三是人力资源服务创新创业和技能大赛;四是粤港澳大湾区青年人才招聘活动,以推动人力资源服务业高质量发展,为促进高质量充分就业、强化现代化建设人才支撑发挥更大作用。

事件述评:

从先进性来看,新闻发布会由人力资源社会保障部流动管理司、宣传中心,广东省人力资源社会保障厅、深圳市人民政府以及深圳市人力资源社会保障局召开,是人力资源服务业较高规格的一次新闻发布会。发布会的主要内容是介绍第二届全国人力资源服务业发展大会筹办的有关情况并回应社会关切的问题。新闻发布会强调要加快构建实体经济、科技创新、现代金融、人力资源协同发展的产业体系,在人力资本服务等领域培育新增长点、形成新动能。同时,近年来,我国人力资源服务业发展取得长足进步,2021 年,人力资源和社会保障部、重庆市人民政府共同举办了第一届全国人力资

源服务业发展大会,取得了良好成效。为深化拓展大会品牌效应,打造行业展示交流和创新发展平台,人力资源和社会保障部、广东省人民政府决定共同举办第二届全国人力资源服务业发展大会。主办方举行新闻发布会的目的是推介本届大会,充分调动社会各方面积极性,为大会的顺利召开营造良好的氛围,形成不断升温、亮点纷呈的宣传态势,引领全社会进一步关心支持人力资源服务业发展,从而更加有力有序地做好大会的筹备工作。

从开拓性来看,在新闻发布会上,人力资源社会保障部流动管理司司长张文森介绍了举办第二届全国人力资源服务业发展大会的背景、人力资源服务业的发展现状、第一届全国人力资源服务业发展大会取得的效果、本届大会的主办方、本届大会的主题以及大会的四项重点活动,邀请人力资源服务机构、专家学者、用人单位、协会学会积极参与,通过大会的舞台展现新时代人力资源服务业风采,请社会各界给予关心支持,请媒体界的朋友积极关注和报道。新闻发布会是第一次专门为人力资源服务业发展大会而举办的新闻发布会,充分体现出人力资源社会保障部与广东省人民政府对此次大会的重视程度,也有助于传播党和政府在人力资源服务业领域的政策主张、引领舆论导向。

从推动性来看,在新闻发布会上,张文森司长对人社部在推动行业发展方面的政策措施进行了权威性的预告,强调人社部将强化政策支持,培育壮大市场主体,重点培育一批示范带动作用强的龙头企业,支持人力资源服务机构“专精特新”发展,加强行业人才队伍建设,开展人力资源服务机构稳就业促就业行动,形成合力,建强产业集聚平台,高水平建设国家级人力资源服务产业园、人才市场,打造创新要素和人才集聚高地。“新闻发布会”为社会各界了解行业动态、把握行业政策、传播行业声音、促进行业合作提供了重要载体和有力平台,能够积极推动引领人力资源服务业实现高质量发展。

从典型性来看,新闻发布会的召开标志着第二届全国人力资源服务业发展大会筹备进入新阶段,大会的主题是“激发人力资源动能,汇聚强国建设力量”,大会包括四项重点活动:一是人力资源服务业高质量发展研讨活动。交流新发展格局下行业发展的机遇和挑战,展望未来趋势,开展深入研讨。二是人力资源服务供需洽谈对接和展示活动。组织优质项目在大会期间签约,设置行业发展成就展,为行业创新发展技术成果、优秀产品提供交流合作平台。三是人力资源服务创新创业和技能大赛。面向全行业征集人力资源服务创新创业项目、技术和产品,组织金融机构开展投融资洽谈。举办粤港澳大湾区人力资源服务技能大赛,提升行业人才队伍专业化、职业化水平。四是粤港澳大湾区青年人才招聘活动。组织粤港澳大湾区重点企事业单位、人力资源服务龙头企业,面向高校毕业生及海外留学生等举办招聘活动,同时提供直播带岗、在线面试、人才测评等服务,全面提升招聘服务综合性效能。新闻发布会集中展示、广泛宣传了人力资源服务业的发展成效,回答了媒体关注的问题,为大会的召开奠定了良好的舆论基础,形成全社会重视、支持行业发展的良好氛围。

从影响性来看,新闻发布会由人力资源和社会保障部、广东省人民政府联合召开,人力资源社会保障部人力资源流动管理司、广东省人力资源社会保障厅、深圳市人民政府相关负责同志出席发布会,规格高、分量重、信息量大。介绍了第二届全国人力资源服务业发展大会以及人力资源服务业发展总体情况,回答了媒体提问,邀请了媒体参加 11 月的发展大户,以更加及时、全面、深入地报道大会、推广大会,引领全社会进一步关心支持人力资源服务业发展的浓厚氛围。在搜索引擎上以"第二届全国人力资源服务业发展大会新闻发布会"为关键词进行搜索,获得约 6700000 条结果。人民网、中国网等媒体以及人社部和广东省政府网站均对新闻发布会进行了报道。

第五章　国外人力资源服务业
发展情况分析与启示

【内容提要】

随着全球经济摆脱新冠疫情影响而逐步复苏,国际人力资源服务业也在不断调整中获得新发展。美国、日本、英国作为三个人力资源服务业发展较为先进的国家,其产业及产业主体发展历程与发展情况值得深入研究和借鉴。本章基于文献和数据,介绍了当前全球人力资源服务业的发展情况,重点从历史沿革、法规政策、行业主体发展经验和发展现状等方面对美国、日本、英国的人力资源服务业进行了全面剖析。结合我国人力资源服务业发展情况,本章提出中国人力资源服务业需要多赛道培养龙头企业,抓紧灵活用工腾飞契机,注重产业与技术融合,同时发挥行业协会的积极作用,促进产业整体向好向善发展。

Chapter 5　Analysis and Enlightenment of the Development of International Human Resource Service Industry

【Abstract】

With the gradual recovery of the global economy from the impact of the COVID-19, the international human resource service industry is also making new developments through continuous adjustment. The United States, Japan, and the United Kingdom are three benchmark countries in the human resources service industry, whose development history and development of their industries and industrial entities are worthy of in-depth study and reference. Based on literature and data, this chapter introduces the current development of the global human resource service industry, focusing on the human resource service industry in the United States, Japan, and the United Kingdom from the aspects of historical evolution, laws and policies, industry main body development experience and development status with a comprehensive analysis. Combined with the development of human resource service industry of China, this chapter proposes that human resource service industry of China needs to cultivate leading enterprises in multiple tracks, seize the opportunity of flexible employment, focus on the integration of industry and technology, and at the same time give full play to the positive role of industry associations to promote the overalldevelopment of the industry.

　　自 19 世纪末至今,人力资源服务业在国际范围内已日趋成熟并形成了相对稳定的市场经济模式。根据世界就业联合会(World Employment Confederation,WEC)最新发布的 2023 年世界经济报告显示,得益于旅游和餐饮业的逐步回暖、远程工作模式的启用以及各国防疫政策的逐步放松,在经历了新冠疫情对全球经济的严重冲击而出现的大幅下滑后,2021 年全球经济和劳动力市场活动触底反弹,人力资源服务行业总营收同比增长 22.8%,达到 5790 亿欧元,基本与国际货币基金组织公布的全球 GDP 增长势头同步(同比增长 6.2%)。WEC 对人力资源服务业的业务形态进行了划分,包括中介服务(Agency Work)、直接招聘(Direct Recruitment)、职业管理服务(Career Management)、管理外包服务(Managed Services Providers,MSP)和招聘流程外包(Recruitment Process Outsourcing,RPO)①。其中,中介服务业

———————

　　① 根据国际劳工组织《1997 年私营就业机构公约》(第 181 号公约)的定义,中介服务是一种三边雇佣关系的服务,雇用工人以使他们可以分配给第三方,他们可以是自然人或法人("用户企业"),由其分配任务并监督这些任务的执行。直接招聘服务是指不通过第三方中介作为雇佣关系一方的情况下,提供就业匹配的服务,包括高端人才寻访等。职业管理服务是使工作、技能和业务绩效能够以一种综合的方式并以长远的眼光来看待的服务,包括换岗、职业过渡、调动以及其他发展活动。管理外包服务是指公司可以通过该服务来管理组织的临时员工计划,包括总体计划管理、报告和跟踪、供应商选择和管理、订单分配以及账单的服务。招聘流程外包是指第三方专家通过拥有和管理部分或全部招聘流程以及相关的招聘供应链合作伙伴关系来承担客户的招聘部门的角色。

务是人力资源服务行业中占比最大的部分,其全球营业额在 2020 年下降 7%后,到 2021 年增长 13.7%,达到 4175 亿欧元。直接招聘业务在 2021 年增长 20.8%,达到 710 亿欧元。管理外包服务市场增长四分之一,达到 1640 亿欧元,创历史新高。招聘流程外包业务增长 21.6%,达到 63 亿欧元。与此同时,继 2020 年职业管理行业因劳动力市场的人员流动需求而增长 14%后,随着经济的逐步复苏,劳动者寻求新工作的需求相应减少,该类业务于 2021 年萎缩 20%,下降至 17 亿欧元。从地区分布情况看,15 个最大的临时中介服务市场所在国家和地区[①]创造了全球中介服务业务板块 92%的营收,其中大多数在 2021 年实现了两位数增长。其中,美国作为最大的市场,同比增长了 13.8%,英国同比增长 15%,中国同比增长 32%。15 个最大的直接招聘市场所在国家和地区创造了全球范围内 94%的营收,其中美国同比增长 28%,英国和爱尔兰均增长 50%,中国同比增长 34%,新西兰、印度、加拿大和韩国的直接招聘业务在 2021 年均实现了两位数增长。同时,除立陶宛、罗马尼亚、爱沙尼亚和墨西哥这四个国家受新出台的"禁止人员外包"法律影响以外的大多数国家,其人力资源服务机构安置的劳动者数量都出现了中速到高速的增长,在全球范围内为劳动力市场共安置了 6200 万人,同比增长 8%。

从 WEC 统计数据看,美国、日本、英国三国长期占据全球人力资源服务业营收前三名,并且保持了较好的增长势头。本章将从发展历程和发展现状这两个方面对上述三个国家的人力资源服务业发展情况进行具体介绍和分析,并对中国人力资源服务业的未来发展提出相关建议。

一、美国人力资源服务业发展概况

(一)美国人力资源服务业发展历程

美国人力资源市场中其实并不存在人力资源服务业或人力资源服务机构的整体概念,但存在公共就业服务和私营就业服务之分。美国的公共就

---

① 分别为美国、日本、英国、德国、澳大利亚、法国、荷兰、意大利、加拿大、瑞士、比利时、中国、西班牙、印度、奥地利。

业服务是一种满足临时有限的公共服务需求的紧急服务。美国政府早在1890年就设立了政府自主的就业机构,一方面为失业的非技术工人提供工作,另一方面在此劳动力分配过程中收集相关产业信息。1933年《瓦格纳-佩泽法案》(*Wagner-Peyser Act*)生效,为美国建立健全的公共就业体系奠定基础。美国联邦政府建立了专门的公共就业服务机构,作为社会福利机构的常设分支机构,旨在将寻求工作的个人与寻求人员的雇主聚集在一起,以此改善国家劳动力市场的运作,并且发挥协助制定工作要求、将求职者的技能经验与招聘机构的工作要求相匹配、协助有特殊招聘需求的雇主、安排招聘会、协助雇主分析难以填补的工作订单、协助组织重组、帮助雇主处理裁员等工作[①]。该机构在二战后的经济复苏中起到了重要作用,负责为许多政府资助的工作项目雇用和安置了大批劳动力。1954年,美国劳工部的人力资源管理局成立,负责管理联邦政府的职业培训和工人离职计划、联邦向各州提供的公共就业服务计划拨款以及失业保险福利,美国公共就业服务得到进一步发展。1975年,人力资源管理局更名为就业和培训管理局。总体而言,公共就业机构对劳动力市场的组织统筹为劳动者直接或间接提供了经济保障。

而在私营就业服务方面,1893年,弗雷德·温斯洛(Fred Winslow)在美国创办了世界上第一家私营职业介绍机构,标志着美国私营就业服务业的诞生。直到二战结束,美国私营就业服务才真正发展成为一个产业,这是因为战争发生极大地刺激了经济、就业、生产等快速发展,对工人和服务的需求日益增加,由此也产生了大量劳务派遣需求,私营就业服务机构得以快速发展。1947年,全球人力资源巨头万宝盛华(Manpower)在美国成立,开创了短工供应模式,人力资源服务进一步发展,并在20世纪70年代自称为世界最大的临时派遣服务公司。从20世纪90年代开始,随着第三产业在GDP中的占比逐渐提升并占据主导地位,美国人力资源服务业进入了快速发展阶段。据不完全统计,截至2021年底,美国人力资源服务行业上市企业占全球总量的39%,其中市值超过100亿元人民币的人力资源服务行业上市企业共

---

① 《2023年人力资源服务业行业专题报告:美国人力资源服务市场历经百年发展规范成熟》,2023年1月9日,https://www.vzkoo.com/read/202301093d04c454ea6c69d2353a07e3.html。

有22家,远高于排名第二的日本6家和排名第三的英国4家①。

从各个分支业态发展情况看,美国人力资源服务市场在灵活用工、直接招聘和人力资源技术服务这三个方面具有较为显著的优势。首先,美国是灵活用工模式的发源地,从罗斯福时期出台《国家劳资关系法》确立解雇保护制度起,灵活用工模式就开始显现,后在20世纪70年代经济"滞胀"背景下高速发展,为劳动者带来更高的薪酬,并且在进入90年代后随着接受度的提升和制造业的发展而出现爆发式增长。灵活用工在美国主要应用于服务业和制造业,与传统劳务派遣等外包模式相比,需要人力资源服务机构参与的用人流程贯穿了外包岗位的招聘、管理、培训等全部流程,为用工企业节省成本、规避风险,因此对人力资源服务机构的交付、管理能力都提出了更高的要求。在疫情背景下,灵活办公模式受到广泛应用,且美国已经有一定数量的大型知名企业宣布允许部分员工永久远程办公,动态团队管理模式有望得到更多采用,因此灵活用工模式前景广阔。其次,直接招聘即"猎头"行业也起源于二战后的美国,以搜罗精英人才为我所用,从而在短期内推动了美国经济的快速发展。但是该业态在美国人力资源服务企业中高度分散,以扩大市场份额为目的的兼并收购发生得十分频繁,因公司解体的分立同样频发,而有竞争力的企业多数倾向于全球化布局。且近年来猎头对人才信息的垄断受到社交招聘网站等技术服务的冲击,中层管理职位的需求数量有所下降,直接招聘公司开始更多关注高层管理人员的相关业务并提高了平均收费,同时也致力于内部软件的开发和候选人系统的维护。最后,美国人力资源技术服务市场潜力巨大,2021年全球上市人力资源软件类企业市值排名前10位的公司中,美国有9家。当前,人力资源软件产品可供使用方在工资发放、招聘管理、人才培训等业务场景使用,对任务进行自动化操作和管理,大大提升了工作效率。整体上看,美国人力资源服务业在多业态中根据市场现实需要与发展不断改进升级,为美国经济发展作出了巨大贡献。

作为人力资源服务市场中的另一重要力量,美国具有高度发达的人力

---

① 《2021HRflag全球上市人力资源服务公司50强》研究报告,http://global50.hrflag.com/zongshu。

资源行业协会组织,包括美国人力资源管理协会(The Society for Human Resource Management,SHRM)、美国人才发展协会(Association for Talent Development,ATD)、国际人力资源管理协会(International Public Management Association for Human Resources,IPMA-HR)等。这些行业协会一方面在行业自律、标准制定、人员培训和行业管理等领域起到协商互利的作用;另一方面作为会员企业和人力资源管理者代表,可以通过游说国会的方式来制定或修改有利于行业利益的法律,因此在美国的人力资源服务规范与监管方面具有特殊影响力。

(二) 美国人力资源服务业发展现状

近十年来,美国人力资源服务业发展良好,长期位于世界前列。虽然在新冠疫情的冲击下,美国人力资源服务业中部分业态营收出现短期较大幅度的下滑,但是这并没有从根本上撼动美国地区在行业中的领先地位。2017年至2021年,美国市场人力资源服务业营收总额在全球人力资源服务业中占最大份额,平均年营收约为1750亿美元,虽然在2020年受疫情和经济形势影响出现小幅下滑,但在2021年迅猛增长。如表2-5-1所示,美国人力资源服务业中包含三类较为重要的业态,即中介服务、直接招聘服务和职业管理服务。其中,中介服务占据最大份额,在2017年至2019年期间保持较为稳定的发展态势,但由于疫情冲击,在2020年第二季度发生了较为明显的业态收缩,随后触底反弹,在2021年第二季度基本恢复到疫情前水平。直接招聘服务一般面向中高端人才市场,由于美国经济大环境的持续低迷,2017年以来该领域出现了持续下滑的态势,但这一情况在2021年发生了一定的转变,出现了回暖的趋势。而职业管理服务由于其反周期性,在美国市场的业务量和营业额在疫情发生后,2020年依托于再就业服务需求的增长而大幅上升,但在2021年随着劳动者需求的减少而出现了断崖式下跌。

表 2-5-1　美国人力资源服务业业态营收情况

(单位:十亿美元)

业态/年份	2017	2018	2019	2020	2021
中介服务	139.59	134.12	136.79	131.72	208.00

续表

业态/年份	2017	2018	2019	2020	2021
直接招聘服务	27.94	27.56	24.65	18.94	22.02
职业管理服务	0.78	0.67	0.66	0.95	0.36
总计	168.31	162.35	162.10	151.61	230.38

资料来源:根据世界就业联合会 2019—2022 年世界经济报告整理。

截至 2020 年底,全美共有人力资源服务机构 2.5 万家,在各地运营办事处共 4.9 万个,内部员工约 35 万人,平均机构员工人数为 14 人。美国市场通过人力资源服务机构实现就业人数在 2020 年被中国反超前,一直位于全球第一位,在 2017 年至 2021 年这五年间,总计 7600 万人次,平均每年约为 1520 万人次。

在美国社会中,存在大量临时工和合同制员工,这是美国人力资源服务业最主要的服务人群,也是最重要的收入来源。如表 2-5-2 所示,近五年来,临时工与合同制员工招聘配置领域带来的收入基本与中介服务营收持平,该领域同样在 2020 年陷入低谷后发生了爆发式上升,在 2021 年同比增长 17.9%。在疫情发生前,全美平均每年约有 1600 万临时工和合同制员工通过人力资源服务实现就业,在疫情期间大幅下降,这一数据在 2020 年约为 1241 万人,2021 年降至约 999 万人,到 2022 年回升至约 1095 万人,同年临时工和合同制员工业务营收上升至 1591 亿美元。而根据美国人员配置协会 2023 年 6 月发布的数据显示,2023 年第一季度,美国人力资源服务机构共帮助 258 万名临时工和合同工实现就业,比 2022 年第四季度减少约 31 万人,营收额为 374 亿美元,同比下降 1.5%。这一方面存在季节性周期因素的影响,即季度营收一般在第一季度下降,而到第四季度达到峰值;另一方面受到经济增长速度放缓的影响,员工工作岗位收缩幅度较大,从 2022 年第四季度到 2023 年第一季度下降了 10.8%。但是,业内人士仍对行业前景持保守乐观态度,认为劳动力就业需求仍高于疫情期间的水平,招聘配置领域相关机构预期全美该领域 2023 年第三季度收入将同比增长 3.0%,全年销售额将比 2022 年增长 2.1%。

表 2-5-2　近五年美国人员招聘配置领域营收情况

（单位：十亿美元）

领域/年份	2017	2018	2019	2020	2021
临时工与合同制员工	134.16	137.70	136.85	121.80	144.48
岗位搜索与职业介绍	21.84	24.30	24.15	18.20	23.52
总计	156	162	161	140	168

资料来源：根据美国人员配置协会和美国商务部公开数据整理。

从先进企业层面看,万宝盛华集团(Manpower Group)作为全球排名前五、全美排名第一的人力资源服务企业,主要业务包括灵活用工、人才寻猎、人才管理和劳动力咨询等相关服务,覆盖美洲、欧洲、亚太中东等地区,2022财年总营收约为 198 亿美元,按固定汇率计算年度营收增长 5%,调整后税息折旧及摊销前利润约为 6.98 亿美元。其面临的挑战和机遇包括:(1)经济波动:随着企业调整其劳动力计划,经济衰退或不确定性可能会影响对人力资源服务的需求。(2)技术颠覆:新技术和求职招聘在线平台的出现可能会影响传统的人员配置模式。(3)同行竞争:劳动力解决方案行业竞争激烈,传统参与者和新数字平台都在争夺市场份额。

威达信(Marsh & McLennan Companies)是一家全球专业服务公司,业务涉及风险管理、保险经纪、咨询和人才管理领域。该公司总部位于纽约市,由几家主要子公司组成,其子公司之一的美世咨询(Mercer)是全球领先的人力资源管理咨询和机构投资顾问公司,同样具有 75 年的历史,提供与人力资源咨询、人才管理、员工福利、退休规划和健康管理相关的广泛服务,目前拥有员工约 2.5 万人,覆盖全球 130 个地区市场。在全球范围内与各种规模和行业的组织合作,包括但不限于金融服务、卫生保健、制造业、零售业、政府部门、NGO 组织等,帮助他们有效管理员工队伍并增强员工服务,2021 财年总营收为 52.54 亿美元,同比增长 6.62%。其面临的挑战和机遇包括:(1)应对监管变化:帮助客户应对与福利、薪酬和就业实践相关的不断变化的法规。(2)健康与保健创新:创新健康与保健计划,以解决不断变化的工作环境中员工的福祉。(3)技术集成:将技术解决方案集成到咨询服务中,以增强数据分析、决策和客户参与。(4)适应远程工作:解决远程工作趋势对人才管理、员工福利和人力资源实践的影响。

安德普翰(Automatic Data Processing, Inc., ADP)是一家综合性全球云人力资本管理(HCM)解决方案提供商,成立于1949年,主要业务包括薪酬外包服务、人力资源解决方案、员工福利管理、考勤跟踪等,帮助大中小型企业有效管理与劳动力相关流程,目前拥有员工6万名,分布于140个国家及地区。该公司2023财年总营收约为180.12亿美元,同比增长9%,调整后EBITDA约为44.68亿美元,同比增长24.8%。其面临的挑战和机遇包括:(1)同行竞争:人力资本管理和薪资服务行业竞争激烈,许多参与者提供类似的服务,安德普翰必须不断使自己脱颖而出,以留住并吸引客户。(2)技术创新:创新是该公司的工作核心,需要走在技术趋势的最前沿,提供尖端的解决方案,为客户提供价值并增强其人力资源流程。(3)数据安全和隐私:由于该公司涉及的员工数据较为敏感,例如工资和福利数据等,因此确保强大的数据安全性并遵守数据隐私法规是一项较为严峻的挑战。(4)用户黏性和满意度:确保较高的客户满意度和黏性对于基于订阅的业务模式至关重要。

二、日本人力资源服务业发展概况

(一) 日本人力资源服务业发展历程

20世纪70年代前,日本推行终身雇佣制,以稳定劳动力队伍,应对劳动力供不应求的现实情况。后随着产能过剩、环境污染过重、房地产价格泡沫过多等问题日益严峻,加之全球性的经济危机和日本国内劳动力参与率降低,众多企业面临经济危机,裁员频发,企业对临时性的、非正式的劳动力雇佣需求激增,开始大量使用不规范的劳务派遣员工,反而促进了日本人力资源服务业的规范和发展。民间自发、政府指导、法律规范下的各类行业协会在日本人力资源服务产业发展过程中起到了相当程度上的积极作用。日本人力资源服务行业协会(Japan Association of Human Resource Services Industry, JHR)成立于2012年,是日本国内主要的私营人力资源服务行业协会资助和运营的跨协作组织,由五个日本国内民间人力资源服务行业组织组成,主营包括招聘广告、就业安置、劳务派遣、劳务外包等,理事由各行业组织和在日本劳动领域专家组成,其主要任务是制定和实施跨行业政策、提高整个人力资源服务行业的社会地位。五个会员组织具体如下。

（1）全国就业信息协会，成立于1985年，自2012年4月起转型为公益社团法人，目前共有正式会员企业61家，支持会员企业15家。该协会以协会章程和《招聘广告的道德规范和发布标准》为基础，持续积极致力于优化招聘广告业务，为劳动者提供高度可靠的职位信息，目标是通过富有创造性的商业活动振兴劳动力市场，提供多样化的就业机会，构建每个劳动者都能充分发挥自己能力的充满活力的社会。

（2）日本人才派遣协会，成立于1986年，初始会员企业共50家，目前已扩展至821家。该协会主要使命是为劳务派遣业务的规范经营和健康发展提供咨询、指导和帮助，为劳务派遣员工和潜在员工提供教育培训、职业能力培养，支持劳务派遣员工职业生涯发展，促进政府、企业等利益相关者间的交流合作。

（3）日本行政人员招聘协会，成立于2000年，自1971年以来一直作为一个志愿组织活跃于就业安置活动中。1999年《就业保障法》的重大修订为该协会的工作提供了重要保障和指导。该协会主要会员组织为针对白领员工就业介绍的招聘机构，其工作使命是帮助劳动者找到最好的工作场所，帮助企业获得最好的人力资源，帮助整个行业的振兴、提高效率。

（4）日本BPO协会，成立于1989年，以合同、派遣业务的妥善、健全管理，以及劳动者的稳定就业、改善待遇为目的开展活动，目前有正式会员企业92家。该协会的宗旨是确保制造业等行业工人的安全和适当的劳动管理，并培训这些行业所需的技术工人，从而为社会的发展作出贡献。

（5）日本NEOA协会，是技术服务类企业的行业协会，通过派遣和外包专业工程师等技术类人才的业务形式提供设计和开发技术，为客户、会员公司及其员工提供值得信赖的品牌价值，致力于改善行业健康状况和完善法律法规，促进制造业行业发展。该协会共有正式会员企业8家。

劳务派遣业务是日本人力资源服务业的重要组成部分之一。根据日本总务省2021年发布的劳动力调查数据，日本非高层管理人员岗位的劳动者共计5671万人，其中包括3594万全职雇员、1461万兼职雇员、280万合同工，以及142万劳务派遣人员（约占2.5%），文职人员和制造业相关工人超过了劳务派遣人员的半数，且女性人数基本是男性的两倍，30岁末至50岁初抚养孩子的女性人数居多,男性则大部分年龄在 60 岁以上。截至 2021 年 6 月,授权办事处共有 4.25 万个,2020 财年年销售额为 86209 亿日元(约合 4357.36 亿人民币)。1986 年 7 月,日本颁布实行了《劳动者派遣法》,确保公平待遇、就业稳定措施、采取职业发展措施的义务(即所谓"同工同酬"),灵活用工市场得到解放;同年 12 月经劳动大臣许可,成立了日本办公处理服务协会,即现在的日本人才派遣协会。除《劳动者派遣法》外,劳务派遣企业和用工企业都要遵守一系列劳动相关法律,包括《劳工标准法》(1947,规定工作条件最低标准的法律)、《劳动合同法》(1947,规定企业与职工之间劳动合同基本规则的法律)、《工人赔偿保险法》(1947,规定工作或通勤期间受伤、疾病、残疾和死亡赔偿制度的法律)、《最低工资法》(1956,规定最低工资以保障员工生活稳定的法律)、《劳动措施综合促进法》(1966,规定全面推进劳动政策、企业应对的防止权力骚扰等劳动者就业稳定、职业培训和福利等基本政策)、《工业安全与健康法》(1972,规定工作环境标准以确保员工安全和健康的法律)、《平等就业机会法》(1986,采取措施以使妇女过上充实的工作生活,同时尊重女性,不受性别歧视)、《兼职/定期雇佣法》(2020,规定实施确保同一公司内全职员工和其他员工之间平等待遇和工作条件的措施的法律)等。这些法律法规随着社会经济的发展在颁布实施后分别进行了相应的修订,共同保障了日本劳动力市场的稳定和人力资源服务业特别是灵活用工市场的平稳发展。

(二) 日本人力资源服务业发展现状

日本在近年一直位于全球人力资源服务业营收总额前三的行列,仅次于美国,与英国交替占据第二位,但限于总体经济规模,人力资源服务业体量约为美国的三分之一。2017 年至 2021 年,日本市场人力资源服务业一直保持相对平稳发展,即使在新冠疫情期间也维持了小幅增长。如表 2-5-3 所示,日本人力资源服务业中份额最大的中介服务业务在 2018 年小幅下降后呈现良好的扩张态势,这与劳务派遣类服务在日本各行各业中普遍使用具有密切联系,在日本国内人口总量下降的背景下,妇女、年轻人、老年人和其他有工作意愿和工作能力但受到以长期就业和资历体系为中心的传统就业制度阻碍者更多地受益于此类服务。直接招聘服务在日本属于就业安置服务中的一部分,疫情前,通过直接招聘实现就业的人员一直处于增长的情况,但是疫情期间由于经济大环境的严峻态势,劳动者主动离职寻求新工作的意愿降低,2021年该领域不可避免地出现了一定的下滑。职业管理服务的发展情况较为稳定,同样存在反周期性,一般出现在劳动者被解雇时,用人部门和劳动者个人需要相应支持,为指导其职业生涯的下一步做好准备,因此在经济回暖和政策支持的情况下,2021年日本职业管理服务领域营收下降较为明显。总体看,日本市场通过人力资源服务机构实现就业人数在2017年至2021年这五年间总计2124万人次,平均每年约为425万人次。

表2-5-3　日本人力资源服务业业态营收情况

（单位：十亿美元）

业态/年份	2017	2018	2019	2020	2021
中介服务	58.83	54.77	57.40	72.11	80.12
直接招聘服务	3.51	3.73	4.83	5.27	4.42
职业管理服务	0.25	0.21	0.21	0.21	0.10
总计	62.59	58.71	62.44	77.59	84.64

资料来源：根据世界就业联合会2019—2022年世界经济报告整理。

从先进企业层面看,瑞可利（Recruit Holdings Co.,Ltd.）在日本处于一家独大的地位,成立于1960年,总部位于东京,以广泛的服务而闻名。它最初是一家招聘广告公司,后来将业务扩展到多元化的业务组合,包括人力资源服务、房地产、旅游业等,其中人力资源服务内容涵盖招聘广告与招聘服务、劳务派遣、人力资源技术解决方案、职业发展服务等。目前共有员工5.8万人,分布于60余个国家和地区。瑞可利的业务战略包括三点:一是简化招聘,让人们更容易、更快捷地找到工作;二是帮助企业更智能地工作,通过SaaS解决方案提高客户企业的绩效和生产力;三是共同繁荣,基于所有利益相关者共享的可持续增长,对社会和地球产生积极影响。2022财年,该公司总营收34295.19亿日元（约合234.20亿美元）,同比上升19.4%,调整后税息折旧及摊销前利润为5450.43亿日元（约合37.22亿美元）,同比上升6.5%,税前利润为3677.67亿日元（约合25.11亿美元）,同比下降 3.9%。从该企业成长历史看,主要包含三条线索:一是业务领域拓展,从一本面向大学生的求职杂志起家,于 1962 年开发了"丝带模型"(Ribbon Model),创建了连接企业客户与个人用户的平台,扩大了人力资源业务范围,并将业务扩展到生活领域。二是数字化转型,该公司在计算机的使用还受到限制的时候就开始使用计算机,将数字化付诸实践以提高效率;在 20 世纪 90 年代从纸质杂志转向在线媒体,随后转向移动平台,通过开发在线预订系统等突破性工具,改变了个人用户和企业客户的互动方式;当前也通过开发 SaaS 解决方案继续推动数字解决方案的发展。三是全球化,进入 21 世纪后开始拓展全球业务,制定了并购(M&A)战略,成功地将人力资源业务扩展到美国、欧洲、澳大利亚等地。此后于 2012 年收购美国职位搜索引擎 Indeed 公司,于 2018 年收购美国在线求职信息网站 Glassdoor 公司,成功建立了人力资源技术战略业务部门(SBU),引领了公司的整体发展。瑞可利近年来发展势头迅猛,已接连超越万宝盛华和瑞企德科(The Adecco Group)成为全球第二大人力资源服务企业,其商业模式值得借鉴。

善诚科技(TechnoPro Holdings)成立于 2012 年,是日本最大的以技术为中心的解决方案服务集团,在日本和海外拥有 24000 名工程师和研究人员,专注于提供熟练的工程专业人员来支持客户的技术需求。其主要业务模式分为两大类:一是工程咨询与服务,帮助客户应对技术挑战、开发新产品和改进流程;二是技术人员配置,包括招聘流程外包、工程师安置、技术类人员直接招聘、教育与培训服务等。2023 财年总营收为 1998.51 亿日元(约合 13.65 亿美元),同比增长 11.8%,营业利润为 218.38 亿日元(约合 1.49 亿美元),同比增长 5.8%。作为一家相对年轻且不以人力资源服务为最主要的营收业务的、具有专业服务领域的企业,其优势是打通了人才使用的上下游产业,在本身拥有一批专业技术人才的基础上,完成人才招聘、培训、外包等人力资源业务,具有一定的创新性。其面临的挑战与机遇包括:(1)技能短缺:对专业工程技能的需求常常超过供应,在竞争激烈的工程领域寻找并留住顶尖人才可能具有挑战性。(2)市场竞争:工程和技术服务行业与提供类似服务的其他公司竞争激烈,使他们的产品脱颖而出并向客户展示价值至关重要。(3)客户关系:与客户建立牢固的关系并持续满足他们的技术需求对于保留客户和长期成功至关重要。(4)远程工作和协作:适应工作动态的变化(例如远程工作)以及与客户和顾问保持有效的协作是关键考虑因素。

三、英国人力资源服务业发展概况

(一) 英国人力资源服务业发展历程

英国人力资源服务业的发展同样包含公共和私营两个部分,并且具有较为悠久的历史。为解决英国国内的失业问题,亨利·罗宾逊(Henry Robinson)早在 1650 年就向英国政府提出了建立公共就业机构——"联络与会面局"(Bureau of Address and Encounter)的建议,为雇主和工人之间建立更好的联系,但是遭到了英国议会的拒绝。随后他自己创办了一家职业介绍所,但好景不长,不久就因经营不善而倒闭。到了 1871 年,社会改革家和就业活动家阿尔萨格·海·希尔(Alsager Hay Hill)在伦敦创立了第一个劳工交易所,后根据 1902 年《劳工局(伦敦)法案》扩大建立了官方许可的劳动力交易市场,随后根据自由党政府通过 1909 年《劳动交换法》推广到全国。目前英国提供就业援助的公共机构称为就业中心升级版(Jobcentre Plus),隶属于英国工作与养老金部(Department for Work and Pensions)。

Robinson Gabitas & Sling 是英国第一家知名的私人职业介绍所,由约翰·加比特(John Gabitas)于 1873 年创立,其主要业务是为英国公立学校招聘校长,随后私营职业介绍所作为新兴产业在英国逐渐发展起来。到了二战前的大萧条时期,让工人就业不仅成为政府的优先事项,而且成为英国经济复苏的必需。1930 年,位于伦敦的一群志同道合的优质职业介绍所聚集在一起,成立了第一个得到官方认可的招聘行业贸易机构——伦敦职业介绍所联合会(the London Employment Agencies Federation,LEAF),以保护劳动力市场。该组织以橡树叶为标志,其成员逐渐扩展到伦敦以外的地区,并成为全国性组织,后更名为就业机构联合会(the Employment Agencies Federation,EAF)。1984 年,该联合会更名为招聘和就业服务联合会(the Federation of Recruitment and Employment Services,FRES)。招聘行业在 20 世纪末和 21 世纪初经历了快速发展,在 2008 年经济衰退到来之前,行业总收入从1993年的30亿英镑增加到2007年8月的270亿英镑,行业协会的会员数量也在此时急剧增加。与此时间线同步发生的是,就业顾问协会(the Institute of Employment Consultants, IEC)于1963年成立,作为就业咨询行业个人的自愿协会,其目的是提高其成员的知识、技能和声誉,获得了以教育为目的的慈善地位。随着招聘和就业服务联合会(代表公司)和就业顾问协会(代表个人)之间的合作不断加强,两个组织最终于2000年合并,成立了招聘与就业联合会(Recruitment and Employment Confederation, REC),此时英国招聘行业价值约为240亿英镑。

当前,在英国人力资源服务业中,招聘类业务为英国经济贡献约430亿英镑,占产业总营收约七成的比例,招聘和就业联合会作为其主要行业协会,是目前英国最大的招聘专业机构,代表了超过3300家招聘企业和10500名个人招聘人员。该协会深根于招聘行业,为优秀的招聘人员发声,通过提供法律建议、业务支持和培训来帮助招聘人员和招聘企业。根据该协会发布的2021—2022年招聘行业报告,行业在经历了2020年的疫情冲击和政策缩紧后,于2021年伊始展现出其灵活性和创新性,企业客户和候选人均接受了"与新冠共存"的概念,适应了新的工作方式,实现了强劲反弹。而在通货膨胀、能源价格波动和政治动荡的新形势下,该协会仍然对2023年的行业发展情况作出了较为乐观的预期,并承诺为其企业和个人会员提供进一步的战略劳动力规划和职业发展指导。

(二) 英国人力资源服务业发展现状

如前文所述,英国人力资源服务业营收情况常年与日本竞争全球第二的位置。2017年至2021年,英国市场人力资源服务业营收总额随经济发展情况的变化处于波动上升的趋势。如表2-5-4所示,英国人力资源服务业的中介服务业务与美国类似,占据最大份额,在2017年至2019年期间保持较为稳定的发展态势,但由于疫情冲击,同样在2020年发生了较为明显的业态收缩,随后在2021年有较为明显的增长,超过了疫情前水平。2021年英国直接招聘服务在经历了疫情前后的波动下滑后,已经恢复到了2017年的水平。而职业管理服务一直占据比较小的份额,在前四年间没有太大的变动,到2021年与全球情况一致,略有下降。据部分数据统计,英国市场通过人力资源服务机构实现就业人数在 2018 年约为 111 万人次,随后逐年上升,至 2021 年达到 210 万人次,与当年日本情况持平。

表 2-5-4　英国人力资源服务业业态营收情况

(单位:十亿美元)

业态/年份	2017	2018	2019	2020	2021
中介服务	38.30	41.38	47.30	40.28	62.56
直接招聘服务	6.04	6.80	5.71	3.95	6.04
职业管理服务	0.15	0.14	0.14	0.15	0.11
总计	44.49	48.32	53.15	44.38	68.70

资料来源:根据世界就业联合会 2019—2022 年世界经济报告整理。

从先进企业层面看,怡安(Aon plc)总部位于英国伦敦,是一家全球专业服务公司,提供与风险管理、保险、再保险、退休、健康和人力资源咨询相关的广泛解决方案。在人力资源服务方面,该公司主要帮助客户利用人力资本分析作出更好的决策,包括通过人才和奖励分析帮助客户在吸引、留住员工方面作出更好的决策,通过健康和福利分析优化福利支出和激励保障效果,通过养老金和退休分析最大限度地保持员工需求和公司产品之间的一致性。2022 财年该公司总营收为 124.79 亿美元,同比增长 2%,营业收入 36.69 亿美元,同比增长 76%,员工总量超过 5 万人,分布于 120 多个国家和地区。其面临的挑战和机遇包括:(1)监管环境:应对复杂的监管环境以及保险和金融监管的变化可能会带来挑战。(2)技术集成:将技术解决方案集成到运营中,以增强数据分析、客户参与和风险评估。(3)客户关系:在竞争激烈的行业中建立和维持牢固的客户关系,以提高保留率和交叉销售机会。(4)人才发展:吸引和留住风险评估、精算科学和数据分析等领域的专业人才。(5)全球扩张:将服务扩展到新市场,同时适应不同的文化、法律和监管环境,机遇与挑战并存。

瀚纳仕(Hays plc)是英国最大的专门从事招聘业务的人力资源服务企业,成立于 1968 年。2022 年起重新将企业定位为"领导合作伙伴",为客户提供一整套综合服务,目前在 33 个国家和地区拥有员工 1.32 万人。其业务运营模式是将求职者与雇主联系起来,通过提供人力资源解决方案来满足客户的劳动力需求,主要流程包括:(1)客户参与:与客户密切合作,了解他们的人员需求、公司文化和具体工作要求。(2)候选人搜寻和选择:通过各种渠道寻找候选人,包括数据库、在线平台和合作伙伴,根据资格、技能以及与客户需求的兼容性来评估候选人。(3)安置和入职:一旦确定了合适的候选人,就会促进安置过程,涉及面试、谈判和候选人入职。其主要安置的候选人年薪约为 3 万至 15 万英镑,以白领和专业人士为主,行业涉及 21 个专业领域,主导领域包括技术、生命科学、工程以及建筑和房地产等。2022 财年总营收为 65.89 亿英镑(约合 83.01 亿美元),同比增长 19%,净费用收入为 11.89 亿英镑(约合 14.98 亿美元),同比增长 32%,营业利润为 2.10 亿英镑(约合 2.65 亿美元),同比增长 128%。其面临的挑战和机遇包括:(1)客户关系:与客户建立牢固而持久的关系,以增加回头客和推荐。(2)业务扩展:加速包括技术、工程、生命科学、绿色经济等未来最具吸引力的招聘领域的结构性增长,推动新/现有市场(包括法国、西班牙、加拿大和美国)的灵活就业类业务收入进一步增长。(3)数字化转型:适应技术进步,包括在线平台、人工智能和数据分析,以改善候选人搜寻和客户参与度。(4)多元化的劳动力:通过向客户提供多元化的候选人来满足对多元化和包容性日益增长的需求。

四、国外人力资源服务业发展对中国的启示

(一) 中国人力资源服务业发展现状

近年来,我国人力资源服务业持续健康发展。根据人力资源社会保障部公开数据显示①,截至 2021 年底,全国共有各类人力资源服务机构 5.91 万家,从业人员 103.15 万人,年营业收入 2.46 万亿元(约合 3419.40 亿美元),比 2020 年分别增长 29.08%、22.31%、20.89%,当年全行业为 3.04 亿人次劳动者提供了各类就业服务,为 5099 万家次用人单位提供了专业支持,行业规模不断扩大,稳就业促发展作用日益增强。同时,在技术应用方

---

① 《人力资源服务业持续健康发展》,中国政府网,2022 年 5 月 28 日,见 https://www.gov.cn/xinwen/2022-05/28/content_5692806.htm。

面有所提升,传统业态与新一代信息技术广泛融合,网络招聘、培训服务应用度提高。产业园体系不断完善,依托中心城市、围绕主导产业、服务实体经济,全国共建成 24 个国家级人力资源服务产业园,集聚人力资源服务企业 4120 家,入驻园区企业年营收 4063 亿元,成为人力资源服务业创新发展高地,对推动产业转型升级、促进区域协调发展发挥了重要作用。在对外开放方面,贯彻《外商投资法》,持续扩大人力资源市场开放,一批人力资源服务企业加快"走出去",积极拓展海外市场。

聚焦于具体人力资源服务机构层面,我国人力资源服务相关企业数量不断增加,呈现稳定发展趋势,但以中小型机构为主,龙头企业较为缺乏。根据 2021 财年数据显示,全球前 100 强上市人力资源服务企业中,美国占据 40 个席位,日本、中国分别占 19 个和 18 个席位,英国占 12 个席位,然而前 10 位除第一位为荷兰企业任仕达(Randstad)外,均为美、日、英三国企业,且前 50 位中中国企业仅占 3 席,分别为上海外服、科锐国际和人瑞人才;从营收总额看,18 家中国企业仅占前 100 强总额的 3%,且不及 19 家日本企业的 25%①。由此可见,虽然我国人力资源服务业在不断丰富产业链和新业态,成长速度较快,但是在市场主体和服务能力方面与老牌强国相比仍然存在较大差距。结合《人力资源服务业创新发展行动计划(2023—2025 年)》,未来我国人力资源服务业需要进一步在企业培育、服务能力提升和服务重点突出、集聚性平台建设、创新性和对外开放性提升、人才队伍及制度标准建设等方面不断探索与完善,从而促进产业平稳快速发展,助力劳动力市场高质量充分就业,为国民经济水平提升提供重要支撑和保障。

(二) 中外人力资源服务业发展前景比较与分析

1. 中外人力资源服务业发展优势与挑战

如表 2-5-5 所示,2017—2021 年间中国在人力资源服务业发展方面取得了显著的进展,其中在直接招聘服务领域,成为仅次于美国市场的全球第

① HRflag:《全球上市人力资源服务公司 100 强 2022 营收榜》,见 http://global100.hrflag.com/zongshu。

二大服务市场。然而,在中介服务方面,中国市场虽然保持了增长势头,但相比于美国、日本、英国、荷兰等西方传统市场,仍存在较大差距;同时,在职业管理服务方面,也未能进入全球前十的行列。

具体而言,中国市场的优势主要体现在四个方面。一是市场规模,中国庞大的人口和新兴经济体为人力资源服务提供了巨大的市场。二是劳动力人口,中国拥有庞大且多元化的劳动力,包括技术工人和非技术工人。三是经济增长势头,经济的快速增长推动了对劳动力解决方案的需求,包括临时工和人才管理。四是政府支持,中国政府一直在推动劳动力市场改革和加强人力资本开发的举措。同时,也存在诸多挑战。一是监管复杂性,对于国内外人力资源服务提供商来说,应对中国复杂的劳动法律法规都具有挑战性。二是技能不匹配,尽管劳动力规模庞大,但可用技能与雇主要求的技能之间可能存在差距。三是质量控制,在广阔而多样化的市场中确保一致的服务质量可能很困难。四是文化差异,文化差异会影响人力资源实践,在海外市场开拓的过程中,需要中国企业提供更多为当地情况量身定制的工作方案。

美国市场的发展优势在于:一是产业成熟,服务提供商众多。二是创新和技术,美国在使用和开发人力资源技术和在线平台方面处于领先地位。三是劳动力市场的灵活性,零工经济和灵活用工为人力资源服务提供商创造了机会。四是人才库的建立,美国拥有各种技能和专业知识的多元化人才库。同时,在挑战方面,一是竞争为最大的因素之一,人力资源服务行业内的激烈竞争使企业难以脱颖而出。二是监管方式的变化,各州的劳动法律和法规可能有所不同,从而增加了复杂性。三是劳动力多元化,在人们对劳动关系中的政治敏感性日益增强的当下,管理文化多元化的劳动力需要更多细致入微的策略。四是法律挑战,与劳工实践和就业问题相关的诉讼可能会对市场中的各方带来不同风险。

日本市场的优势在于:一是劳动力质量,日本以其高技能和纪律严明的劳动力而闻名。二是经济相对稳定,国家稳定的经济维持了市场对人力资源服务的持续需求。三是劳动力短缺,日本人口老龄化导致劳动力短缺,使得市场对人才获取和管理服务的需求不断增加。日本市场面临的挑战集中在文化因素、监管环境和创新技术采用方面。一方面日本传统的工作场所文化和实践可能会阻碍现代人力资源方法的快速采用,实际发展中也可以看到与其他一些国家相比,日本对创新人力资源技术的采用较为缓慢;另一方面日本的劳动法律和法规非常复杂且具有限制性,整体监管较为严格,也在一定程度上限制了行业的发展。

英国和荷兰作为欧洲的两个代表性国家,其市场优势具有相似之处,即具有较强的灵活性,零工经济盛行,兼职工人、合同制工人等比例较高。此外,英国具有多元文化的劳动力,能够满足不同行业和全球范围内客户的需求;而荷兰拥有一支熟练且受过良好教育的劳动力队伍,同时,其强大的技术和通信基础设施为人力资源服务的发展提供了巨大的支持。在面临的挑战方面,英国市场主要集中在脱欧后可能带来的经济波动、监管环境、劳动力流动等方面的变化和不确定性;荷兰市场则存在行业内某些领域市场饱和、劳动法律法规相对复杂、本地化定制化服务难度较大等问题。

表 2-5-5　五国人力资源服务业业态营收情况对比表

（单位:十亿美元）

国家	业态	2017 年	2018 年	2019 年	2020 年	2021 年
美国	中介服务	139.59	134.12	136.79	131.72	208.00
	直接招聘服务	27.94	27.56	24.65	18.94	22.02
	职业管理服务	0.78	0.67	0.66	0.95	0.36
	总计	168.31	162.35	162.10	151.61	230.38
日本	中介服务	58.83	54.77	57.40	72.11	80.12
	直接招聘服务	3.51	3.73	4.83	5.27	4.42
	职业管理服务	0.25	0.21	0.21	0.21	0.10
	总计	62.59	58.71	62.44	77.59	84.64
英国	中介服务	38.30	41.38	47.30	40.28	62.56
	直接招聘服务	6.04	6.80	5.71	3.95	6.04
	职业管理服务	0.15	0.14	0.14	0.15	0.11
	总计	44.49	48.32	53.15	44.38	68.70

国家	业态	2017 年	2018 年	2019 年	2020 年	2021 年
荷兰	中介服务	15.84	18.15	19.47	17.38	23.10
	直接招聘服务	—	0.44	0.44	0.44	1.66
	职业管理服务	0.15	0.22	0.22	0.24	0.14
	总计	15.99	18.81	20.13	18.06	24.90
中国	中介服务	4.07	—	5.28	5.17	18.70
	直接招聘服务	7.37	8.36	9.79	9.24	12.43
	职业管理服务	—	—	—	—	—
	总计	11.44	8.36	15.07	14.41	31.13

资料来源:根据世界就业联合会 2019—2022 年世界经济报告整理,存在部分年份数据缺失情况。

2. 中国市场的发展差距

(1)市场成熟度和市场渗透率。在国家经济扩张和劳动力市场变化的推动下,中国的人力资源服务业一直在快速增长。然而,与提到的其他国家相比,该行业仍然相对年轻,并且仍在不断发展。与更成熟的市场相比,人才管理和劳动力咨询等各种人力资源服务的市场渗透率可能较低。美国、日本、英国、荷兰这些国家拥有完善、成熟的人力资源服务业,为企业提供多元化服务的历史悠久,市场渗透率更高,提供的服务范围更广、更复杂。

(2)技术采用与创新。中国以其在包括人力资源服务在内的各个领域对技术的快速吸纳和使用而闻名。然而,在先进人力资源技术和平台的广泛使用方面可能仍存在差距。美国、英国、荷兰一直处于人力资源技术采用的前沿,为人才获取、管理和发展提供先进的解决方案,尤其是美国,在人力资源技术方面拥有浓厚的创新文化。日本与其他国家相比在人力资源领域的技术采用相对较慢,部分原因在于其传统的工作文化,然而在该领域存在增长潜力。

(3)劳动力多元化和多元文化。中国的劳动力基本同质化,这一点与日本类似,但日本容纳国际人才的需求日益增长,为人力资源服务的发展提供了机遇。美国、英国、荷兰由于其多元文化社会和作为国际商业中心的角色,拥有高度多元化的劳动力,这种多样性要求人力资源服务能够适应各种文化的细微差别并保持敏感。尽管中国正变得更加全球化，全球影响力日益扩大，语言障碍和文化差异仍然是"走出去"过程中不可避免问题，因此在满足多样化的人才需求和国际业务方面仍可能面临挑战。

（4）服务质量与标准化。在中国这样一个广阔而多元化的市场中，确保人力资源服务质量始终如一是一项挑战。在更成熟的市场中，既定的行业标准和实践有助于提高服务质量的一致性。同时，其他四国的监管环境总体上更加稳定和可预测，人力资源服务提供商更容易运营。

与其他国家相比，上述差异仍然会影响中国人力资源服务行业的相对成熟度和复杂性。值得关注的是，近年来，中国的人力资源服务行业一直在迅速发展，并缩小了其中一些差距，政府改革劳动法规、技术进步和加强全球一体化的努力正在促进人力资源服务业的发展。差距不一定是仅仅带来负面作用，同样代表着成长和发展的机会。

（三）面向国际的中国人力资源服务业发展建议

1. 多赛道培养龙头企业

龙头企业作为行业"领头羊"，其企业实力与业务水平能够在一定程度上反映一个国家在人力资源服务业发展中的实际情况。我国人力资源服务企业目前仍普遍存在业务单一、体量较小、管理相对不够规范等问题，本土品牌较少，主要业务收入来自于人事代理服务，即基础性的人事福利流程外包服务，而在国际人力资源服务业意义上的营收较高的业态，如灵活用工、人才寻猎、招聘服务外包等，尚存在较大增长空间。同时，虽然近年来可以较为欣喜地看到我国上市企业中体量较大的企业的主营业务以灵活用工和在线招聘为主，市场活跃、营收高速增长，但是与美、日、英三国横向对比，则可以看到其中的差距。美国市值超过百亿人民币的上市公司多线开花，在人力资源管理软件、灵活用工、招聘流程外包、薪酬福利外包、在线招聘、人才寻猎等领域均有亮眼表现，龙头企业活跃在各个细分领域，各有所长，例如以灵活用工业务起家，同时发展人才寻猎服务、招聘流程外包服务和人才管理服务的万宝盛华，以薪酬外包服务为主、基于云系统为用户提供人力资本解决方案的安德普翰（ADP），深耕人力资源管理咨询和管理培训领域的威达信（Marsh & Mclennan），致力于高效人才寻猎服务的光辉国际（Korn

Ferry),以及以 SaaS 模式起家的人力资源管理软件供应商 Workday。日本有占据垄断地位的瑞可利,该企业以校园招聘起家,以人才寻猎、招聘流程外包为主营业务,通过收购欧美国家的领先企业不断扩张商业版图。Persol 则致力于灵活用工领域,从日本国情出发,初衷是解决女性就业问题,在日本国内培养了大批忠实客户,上市后通过不断并购进军亚太市场。善诚科技集团深耕细分市场,专注于技术类人才派遣业务,通过推进研发外包、建筑管理外包、日本国内其他业务和海外业务四大版块建立"品牌矩阵"。类似的,英国企业怡安(Aon)和韦莱韬悦(WTW)均在人力资源管理咨询和管理培训领域具有亮眼成绩,瀚纳仕(HAYS)和米高蒲志(PageGroup)则致力于人才寻猎服务。

上述企业的发展历程中有许多我国企业可以借鉴之处:一是在成立初期服务定位差异化显著,既有横向业态的细分,也有垂直领域的划分。二是在发展过程中顺应时代需求不断创新升级,根据劳动力市场情况和目标客户群体动向调整企业经营策略,提升服务品质,增强用户黏度,通过内生增长推动企业快速成长。三是在发展到一定规模、形成一定影响力后,通过兼并、收购、重组、联盟、融资等方式在传统优势服务之上扩充新业态、扩大海外市场,一般早期并购方向为灵活用工,后期则偏向于数字化方向,通过不断创新提升企业核心竞争力,进一步提升企业规模。

2. 抓紧灵活用工腾飞契机

灵活用工在国际上包括劳务派遣、劳务外包、临时合同聘用等用工形式,在美、日、英等国的人力资源服务业中占较大比重。一般而言,灵活用工的业务在发展初期存在一定的抗周期性,欧洲、美国、日本的灵活用工均诞生和迅速发展于经济萧条时期,用人部门需要大量廉价的、非正式的劳动力支撑组织发展,以不规范的劳务派遣为主。而随着人口老龄化趋势加剧、第三产业整体占比提升、国家法规政策逐渐完善和放松、社会接受度逐渐提升,灵活用工业务也将发展成熟而转变为顺周期性业务,突出其灵活性和保障性兼具的特征。当前我国宏观环境比较有利于灵活用工业务的发展。一是在宏观经济方面,短期内受到疫情和国际经济形势的影响,整体经济增速有放缓的趋势,就业率是受到重点关注的民生问题之一;二是在产业结构方面,第三产业成为目前主要的经济增长点;三是在人口结构方面,人口红利逐渐消退，人口老龄化问题日益严峻，用工成本逐渐攀升；四是政策法规方面，对劳动者的福利保障性法规日趋完善，执行力度较大，且对灵活用工行业及灵活就业的扶持力度加大。这也共同带来了社会认知方面的转变，民众在"推"和"拉"这两方面力的因素的作用下，一方面在"就业难"的压力下产生了大量的灵活就业需求，另一方面感受到不同就业形式之间的福利保障方面差距有所缩小，因此对灵活就业的接受度有所提升。

当前灵活用工的业务优势在我国人力资源服务企业中已经逐步显现，如科锐国际、人瑞人才、万宝盛华大中华等以灵活用工为主营业务的企业近年来都取得了营收上的高速增长。从长期发展角度，我国政府需要为灵活用工领域提供更多的法律与政策保障，激发市场活力，提升民众灵活就业意愿，推进相关企业合规转型。人力资源服务企业应当抓住这一契机，可以考虑将部分经营重心转向灵活用工业务领域，在基础性的外包业务方面通过开发系统性产品的方式提升业务效率和利润率，在招聘流程外包方面减少恶性竞争，在劳务派遣业务方面通过差异化战略深耕垂直领域，打造企业品牌。

3. 注重产业与技术融合

人力资源系统服务作为人力资源服务业的上游服务产业，为美国的人力资源服务产业带来了巨大利润空间，且行业集中度较高，排名靠前的安德普翰和 Workday 等营收能够占到该领域总收入的近五成。现有人力资源软件按功能分类可以分为一般的 HRM 解决方案和特定任务的 HR 解决方案，可以在包括人员基本数据管理、招聘流程管理、薪酬绩效管理、培训规划管理等大部分人力资源管理场景中适用。此外，云计算技术和人工智能技术的逐步应用和推广覆盖也为人力资源服务业带来了积极影响，使得人力资源管理成本更低、效率和灵活度更高、智能化更为显著。

在疫情影响下，企业采用软件和平台来管理人力资源的意愿越发强烈，尤其是中小企业的需求日益突显，在人员外包和人力资源软件使用的成本效益对比之下，人力资源软件的性价比似乎更胜一筹，能够为中小企业的工作带来极大的便利。当前我国人力资源系统服务呈现出外资软件与本土软件两大阵营竞争的趋势，以肯耐珂萨（Kenexa）、安德普翰、克罗诺思（Kronos）为首的外资强势品牌，和以北森、用友、金蝶、德生科技为首的本土品牌在市场竞争中日趋白热化,需要本土企业在扩大现有的精准把握国内用户需要的、贴合业务实际的优势的基础上,通过人才培养与引进、增强融资能力与运营能力等方式进一步提升技术研发实力,从而为用户提供更为优质的服务,扩大品牌影响力。

4. 发挥行业协会的积极作用

如前文所述,在美、日、英等国,人力资源服务行业协会是推动人力资源市场发展的重要组成部分,在百年之间顺应时代发展而发展,在法律允许和政府指导范围内,于政策解读、行业内部标准制定、会员间沟通协商、提供必要的法律援助与法律支持、维护市场秩序等诸多方面作出了突出的贡献。目前我国在人力资源领域建立了国家级和省市层面的行业协会,在一定程度上发挥了桥梁纽带作用,谋求和维护会员及行业的合法权益,促进人力资源市场规范有序发展,为经济社会发展提供人力资源保障。但是,相比而言,由企业自发自主组织形成的、有较长历史积淀的、具有全国性影响力的人力资源服务业行业协会较为缺乏,在分类领域具有实际影响力的行业协会也为数不多,在消除行业乱象、提升行业市场地位和国际影响力、促进行业发展方面还有较大的提升空间,因此需要行业内部共同努力,为我国人力资源服务业的整体发展作出更多贡献。

第三部分
成 果 篇

人力资源服务业相关学术
成果整合汇总

　　本篇力求全面收集 2022 年 8 月 1 日至 2023 年 7 月 31 日年度期间发表的有关中国人力资源服务业的科研成果,最后所查阅到的文献,包括全部公开发表的学术期刊文章 33 篇、学位论文(硕士、博士)3 篇、出版著作 8 部、报刊新闻 53 篇,共计 97 篇。①

一、著　　作

　　[1]《重庆人力资源服务业发展报告》编委会编著:《重庆人力资源蓝皮书:重庆人力资源服务业发展报告(2021)》,重庆大学出版社 2022 年 12 月版。

　　[2]池洋漾主编:《人力资源服务概论》,劳动社会保障出版社 2023 年 1 月版。

　　[3]王光荣、郭皓主编:《梅园论剑:人力资源服务业前沿话题思辨》,上海科学技术出版社 2023 年 1 月版。

　　[4]萧鸣政等著:《中国人力资源服务业蓝皮书 2022》,人民出版社 2023 年 3 月版。

　　[5]杨皎平著:《人力资源服务业发展问题研究》,吉林大学出版社 2023 年 4 月版。

　　[6]范围、白永亮等著:《人力资源服务业管理理论与实务》,首都经济贸易大学出版社 2023 年 4 月版。

　　[7]高霞等著:《人力资源服务管理》,清华大学出版社 2023 年 7 月版。

―――――――――

　　①　以下均按照时间先后顺序排列。

[8]周小刚著:《人力资源服务企业竞争力演化和产业结构升级研究》,经济科学出版社 2023 年 7 月版。

二、学术期刊文章

[1]《推动人力资源服务业高质量发展 助力劳务品牌建设》,《中国人力资源社会保障》2022 年第 8 期。

[2]任洪梅:《做优高层次人才服务》,《人力资源》2022 年第 16 期。

[3]李燕萍、李乐:《人力资源服务业高质量发展评价指标体系及测度研究——基于 2012—2020 年中国数据的实证》,《宏观质量研究》2022 年第 5 期。

[4]马贵舫:《湖南省人力资源服务业高质量发展论析》,《产业创新研究》2022 年第 17 期。

[5]赵根良:《我国人力资源服务业研究热点及展望》,《内江科技》2022 年第 9 期。

[6]张玉芳:《四川积极构建新时代人力资源服务业高质量发展政策支撑体系》,《四川劳动保障》2022 年第 9 期。

[7]赵根良:《SWOT 视角下安徽省人力资源服务业高质量发展路径研究》,《中小企业管理与科技》2022 年第 19 期。

[8]吴双:《基于新业态下我国人力资源服务产业链影响因素研究》,《辽宁科技学院学报》2022 年第 5 期。

[9]邓蕾:《多方合力打造劳动力市场升级版》,《华兴时报》2022 年第 4 期。

[10]庞雁菱:《后疫情时代广西人力资源服务业发展研究》,《中小企业管理与科技》2022 年第 21 期。

[11]万利、刘甲坤、赵大伟:《人力资源服务业高质量发展的新特点和方略》,《现代企业》2022 年第 12 期。

[12]郭大卫:《架构新模型破解就业两难困境——区块链技术在针对人力资源服务业两难局面时具有的积极性作用研究》,《商业观察》2022 年第 35 期。

［13］杨剑、洪曼莉、江铭瑜等:《国内人力资源服务业研究综述——基于 CNKI 2002—2022 年的文献分析》,《黑龙江科学》2022 年第 23 期。

［14］吴悦、何欣桐、陈江华:《数字经济背景下安徽人力资源服务业高质量发展研究》,《蚌埠学院学报》2023 年第 1 期。

［15］吴双:《新业态下大连人力资源服务业创新驱动发展模式研究》,《沈阳工程学院学报(社会科学版)》2023 年第 1 期。

［16］田伯韬、孙红伟、谌俊峰:《襄阳市:人力资源服务业引航助跑促就业》,《中国就业》2023 年第 1 期。

［17］董良坤:《人力资源服务业演进的体系范式:美国经验及其启示》,《中国人事科学》2023 年第 2 期。

［18］崔绍文、马怀民、《构建"四联"新模式推动实现人力资源服务业与工业产业"联姻"共进》,《山东人力资源和社会保障》2023 年第 3 期。

［19］杨剑、洪曼莉、李诗薇等:《东莞市人力资源服务业发展现状及对策分析——基于波特钻石模型》,《现代商业》2023 年第 8 期。

［20］郭新立:《菏泽市人力资源服务业优化发展调研》,《山东人力资源和社会保障》2023 年第 5 期。

［21］肖增杰、刘艾迎、王玗若等:《平台经济下人力资源服务标准化建设路径探究》,《中国标准化》2023 年第 10 期。

［22］翟晨羽、王全纲、贺晓东等:《数字经济人力资源服务产业园建设路径研究——以江苏省常州市为例》,《商展经济》2023 年第 10 期。

［23］欧阳元:《基于价值共创人力资源服务业数字化转型动因与策略研究》,《辽宁科技学院学报》2023 年第 3 期。

［24］赵根良、刘学玲:《人力资源服务业助力乡村人才振兴的逻辑、困境和路径》,《中小企业管理与科技》2023 年第 12 期。

［25］邓焕烁:《新时代公共就业服务与人力资源服务业协同发展研究》,《厦门特区党校学报》2023 年第 3 期。

［26］欧阳元:《价值共创视角下人力资源服务业数字化转型发展》,《武汉商学院学报》2023 年第 3 期。

［27］张艺卓:《赋能聚力 创新引领 全面提升人力资源服务业发展质效》,《山东人力资源和社会保障》2023 年第 7 期。

三、学位论文(硕士、博士论文)

[1]Febriola Yolivia(杨蕙浍)：《印尼苏北省人力资源服务业问题与对策研究》，硕士学位论文，湖北大学，2022年11月29日。

[2]涂珍珍：《省级人力资源服务业政策过程优化研究》，硕士学位论文，南昌大学，2022年12月10日。

[3]王梁子豪：《基于AMO理论的BM人力资源服务公司高绩效工作系统构建研究》，硕士学位论文，山东师范大学，2023年6月1日。

四、报刊新闻

[1]孟晓蕊：《因新承变上"云端"——北京大学人力资源开发与管理研究中心主任萧鸣政谈数字化转型》，《中国劳动保障报》2022年8月2日第1版。

[2]关晨歆：《人才活力竞迸发　创新源泉正涌动》，《东营日报》2022年8月16日第1版。

[3]杨樯：《推进人力资源服务业高质量发展》，《中国组织人事报》2022年8月17日第4版。

[4]房立俊、川仁轩、李京：《四川以规划引领人社事业高质量发展》，《中国组织人事报》2022年8月23日第4版。

[5]《共促人才新产业振兴　共谋建设新园区良策　共汇发力新赛道动能》，《四平日报》2022年8月29日第6版。

[6]张璇：《奏响人力资源服务业"黄河大合唱"》，《中国组织人事报》2022年8月30日第4版。

[7]赵泽众：《打造更多"齐鲁鲲鹏"》，《中国劳动保障报》2022年9月2日第3版。

[8]叶海晨、赵敬羚、金秋玥：《让人力资源更好服务经济社会发展》，《中国劳动保障报》2022年9月2日第3版。

[9]张燕青：《从五方面推进人力资源服务业发展》，《包头日报》2022

年9月4日第1版。

[10]曾俊、李兴强、陈云飞:《答好人力资源更好发展三问》,《扬州日报》2022年9月5日第2版。

[11]周鹏、宋任飞:《共促人才新产业振兴 共谋建设新园区良策 共汇发力新赛道动能》,《协商新报》2022年9月6日第3版。

[12]赵泽众:《"山城"开启人力资源服务"新赛道"》,《中国劳动保障报》2022年9月6日第1版。

[13]杨勤:《中国人力资源服务贸易释放新活力》,《中国劳动保障报》2022年9月6日第1版。

[14]王占国、高鹏飞:《为莞企人力资源效能提升赋能》,《东莞日报》2022年9月6日第A05版。

[15]京仁轩:《引领人力资源服务业扩大开放》,《中国组织人事报》2022年9月8日第4版。

[16]杨勤:《服务有"数""智"理有术》,《中国劳动保障报》2022年9月17日第3版。

[17]廖振杰、张恭浩楠:《前7月全省人力资源服务产业1301户规上企业营收逾528亿》,《四川经济日报》2022年9月21日第2版。

[18]济仁轩:《济南:支持人力资源服务业提档升级》,《中国组织人事报》2022年9月27日第4版。

[19]李景:《数字转型构筑人才服务高地》,《经济日报》2022年10月6日第5版。

[20]张孙小娱、潘孝源:《计划实施"3+2"跃升创优行动》,《烟台日报》2022年10月13日第3版。

[21]邓蕾:《多方合力打造劳动力市场升级版》,《华兴时报》2022年10月20日第4版。

[22]张孙小娱、魏思睿:《建一流产业园区 创发展新局面》,《烟台日报》2022年11月10日第3版。

[23]庄瑞玉、刘一蔚:《人才立根本 科技开新局》,《深圳特区报》2022年11月21日第A05版。

[24]王宝杰、韦雨丹:《广西南宁"三推动"让行业驶入快车道》,《中国

劳动保障报》2022 年 11 月 25 日第 5 版。

　　[25]王永:《展精锐风采 竞创新实力》,《中国劳动保障报》2022 年 11 月 25 日第 5 版。

　　[26]余秋兰、韦雨丹:《打造服务新高地 释放产业新活力》,《南宁日报》2022 年 12 月 2 日第 4 版。

　　[27]黄乔:《抓人才引培 促就业创业 强人才服务》,《重庆日报》2022 年 12 月 18 日第 1 版。

　　[28]王子玺:《抢抓"黄金内湾"机遇 东莞人力资源服务产业迈出探索脚步》,《东莞日报》2022 年 12 月 21 日第 A06 版。

　　[29]王东丽:《精准发力,为青年铺路架桥》,《中国劳动保障报》2023 年 1 月 7 日第 3 版。

　　[30]房立俊:《踔厉奋发　人事工作启新程》,《中国组织人事报》2023 年 1 月 16 日第 6 版。

　　[31]贺威:《"政策+平台+品牌+人才"促进人力资源服务业高质量发展》,《湖南日报》2023 年 1 月 17 日第 2 版。

　　[32]贡宪云:《推动河北人力资源服务业高质量发展》,《河北日报》2023 年 1 月 29 日第 2 版。

　　[33]帅晓敏、王南桢:《我市着力培育人力资源服务业市场主体》,《攀枝花日报》2023 年 1 月 30 日第 1 版。

　　[34]杨勤:《让专精特新"小巨人"澎湃"大能量"》,《中国劳动保障报》2023 年 2 月 1 日第 3 版。

　　[35]游翀:《人力资源服务行业 创新发展进入快车道》,《中国劳动保障报》2023 年 2 月 10 日第 5 版。

　　[36]周程祎:《"职业伯乐"全球引才》,《解放日报》2023 年 2 月 13 日第 1 版。

　　[37]苏仁轩:《打造人才发展现代化先行区》,《中国组织人事报》2023 年 2 月 15 日第 3 版。

　　[38]赵为:《人力资源服务业发展谱新篇》,《中国劳动保障报》2023 年 3 月 5 日第 3 版。

　　[39]贺威、武倩:《建强用好这座"桥"》,《湖南日报》2023 年 4 月 7 日

第 2 版。

[40]郑瑶:《一栋楼激活"第一资源"》,《雅安日报》2023 年 4 月 18 日第 1 版。

[41]李淼、王友序、郭腾杰:《以人才之笔绘就高质量发展蓝图》,《烟台日报》2023 年 4 月 28 日第 3 版。

[42]黄亚楠、胡志鹏、马启飞:《创新举措　助雁翱翔》,《安阳日报》2023 年 5 月 9 日第 1 版。

[43]赵为、王传旗:《聚流成川　英才"留连"》,《中国劳动保障报》2023 年 5 月 9 日第 6 版。

[44]陈琛、任博文:《实施就业优先、人才强省战略服务高质量发展》,《联合日报》2023 年 5 月 23 日第 3 版。

[45]黄红芳:《人力资源服务向精细化要效益》,《新华日报》2023 年 5 月 28 日第 3 版。

[46]陈晨:《唱响新时代人力资源服务"黄河大合唱"》,《青海日报》2023 年 6 月 11 日第 4 版。

[47]李定、刘一蔚:《人力资源服务机构落户最高奖 800 万元》,《南方日报》2023 年 6 月 30 日第 A12 版。

[48]任社宣:《为促进人力资源服务业高质量发展提供坚实法治保障》,《中国劳动保障报》2023 年 7 月 1 日第 2 版。

[49]缪晓琴:《创新人力资源服务创造更大"人才红利"》,《中国改革报》2023 年 7 月 10 日第 5 版。

[50]占悦:《打造完整国际国内人力资源服务体系》,《文汇报》2023 年 7 月 12 日第 4 版。

[51]李明宇:《精准匹配成"就"事"业"》,《中国劳动保障报》2023 年 7 月 14 日第 4 版。

[52]缪晓琴:《创新发展人力资源服务上海激发"人才红利"》,《中国改革报》2023 年 7 月 21 日第 5 版。

[53]孟晓蕊:《人力资源服务行业应当跟上"大数据"趋势——访北京大学人力资源开发与管理研究中心主任萧鸣政》,《劳动保障世界》2023 年 7 月 24 日第 1 版。

参考文献

1. 萧鸣政等：《中国人力资源服务业蓝皮书(2019)》，人民出版社 2020 年版。

2. 萧鸣政等：《中国人力资源服务业蓝皮书(2020)》，人民出版社 2021 年版。

3. 萧鸣政等：《中国人力资源服务业蓝皮书(2021)》，人民出版社 2022 年版。

4. 萧鸣政等：《中国人力资源服务业蓝皮书(2022)》，人民出版社 2023 年版。

5. 莫荣主编：《人力资源蓝皮书：中国人力资源服务产业园发展报告(2022)》，社会科学文献出版社 2022 年版。

6. 于兴安主编：《中国人力资源发展报告(2022)》，社会科学文献出版社 2022 年版。

7. 孙建立：《人力资源服务业高质量发展：成效、问题与对策》，《中国劳动》2019 年第 3 期。

8. 王书柏：《后疫情时代我国人力资源服务业发展趋势研究》，《内蒙古社会科学》2021 年第 2 期。

9. 闫翠丽、梁留科、刘晓静、王文静：《基于因子分析的城市旅游竞争力评价——以中原经济区 30 个省辖市为例》，《地域研究与开发》2014 年第 1 期。

10. 萧鸣政：《中国人力资源服务业及其新时代价值与发展》，《企业经济》2020 年第 7 期。

11. 李燕萍、李乐：《人力资源服务业高质量发展评价指标体系及测度研究——基于 2012—2020 年中国数据的实证》,《宏观质量研究》2022 年第 5 期。

12. 时博:《从党的二十大报告展望人力资源服务业高质量发展的战略机遇》,《人力资源服务》2022 年第 12 期。

13. 王涛:《人力资源管理数字化转型:要素、模式与路径》,《中国劳动》2021 年第 6 期。

14. 王敏:《数字技术在新时代人力资源管理中的应用》,《科技管理研究》2021 年第 15 期。

15. 侯增艳:《我国人力资源服务出口基地现状与路径研究》,《人力资源服务》2022 年第 5 期。

16. 莫荣、陈玉萍:《国外人力资源服务业的发展》,《第一资源》2013 年第 4 期。

17. 董小华:《人力资源服务业发展问题初探》,《中国人力资源开发》2013 年第 5 期。

18. 侯增艳:《我国人力资源服务产业园区发展状况及对策研究》,《经济研究参考》2014 年第 56 期。

19. 杨伟国:《构建优质高效的人力资源服务业新体系》,《人力资源服务》2023 年第 2 期。

20. 王晓萍:《以高质量充分就业助力中国式现代化》,《中国人力资源社会保障》2023 年第 6 期。

21. 莫荣、李付俊:《实施就业优先战略,助力中国式现代化》,《人口与经济》2023 年第 2 期。

22. 游翀:《塑造现代化人力资源　促进人口高质量发展》,《中国劳动保障报》2023 年 8 月 4 日。

23. 田永坡:《以人力资源服务业高质量发展助力人才强国战略》,《中国青年报》2021 年 10 月 22 日。

24. 马双、汪恽:《人力资源服务业促进高质量发展》,《社会科学报》2023 年 7 月 18 日。

25.《重磅政策"礼包"释放推动民营经济高质量发展强烈信号——访国务院发展研究中心企业研究所所长、研究员袁东明》,《中国经济时报》

2023 年 7 月 24 日。

26. 王宏：《准确把握,科学落实〈意见〉的新要求新举措》,人力资源和社会保障部网站,见 http://www.mohrss.gov.cn/xxgk2020/fdzdgknr/zcjd/zcjdwz/202210/t20221013_488427.html。

27. 莫荣：《构建高质量充分就业政策体系》,2023 年 3 月 1 日,见 https://baijiahao.baidu.com/s? id = 1759117858774197137&wfr = spider&for = pc。

28.《着力提高人口资源利用率——访中国劳动和社会保障科学研究院院长莫荣》,2023 年 5 月 26 日,见 http://www.sdhrdpa.com/web/article? aid = 100948。

29.《萧鸣政院长接受中国教育电视台采访,畅谈招聘年龄歧视问题的破解之道》,2023 年 2 月 10 日,见 https://gbarc.gdufe.edu.cn/2023/0210/c8361a170450/page.htm。

30.《萧鸣政接受采访对"人力资源服务业数字化"提出相关建议》,2023 年 2 月 20 日,见 https://news.gdufe.edu.cn/39704。

31.《人社部人力资源流动管理司负责人就〈人力资源服务机构管理规定〉答记者问》,2023 年 7 月 30 日,见 https://www.gov.cn/zhengce/202307/content_6895467.htm。

32. 田永坡：《服务贸易助推人力资源服务领域更高水平的开放》,《中国劳动保障报》2022 年 9 月 20 日。

33.《让区域性人力资源服务协作迸发新活力》,2023 年 5 月 29 日,见 https://www.clssn.com/2023/05/29/wap_9918043.html。

34.《2023 年中国人力资源服务业发展战略高端论坛在渝举办》,2023 年 3 月 31 日,见 https://www.clssn.com/2023/03/31/wap_9916388.html。

35.《2022 年度人力资源和社会保障事业发展统计公报》,2023 年 6 月 19 日,见 http://www.mohrss.gov.cn/SYrlzyhshbzb/zwgk/szrs/tjgb/202306/W020230620362129217161.pdf。

36.《人力资源服务机构管理规定》,见 http://www.mohrss.gov.cn/xxgk2020/gzk/gz/202306/t20230630_502242.html。

37.《第二届全国人力资源服务业发展大会新闻发布会在深圳举行》,

http://www. mohrss. gov. cn/SYrlzyhshbzb/jiuye/gzdt/202307/t20230720 _ 503210. html。

38.《北京市举办人力资源服务创新发展大赛暨国家级人力资源服务产业园北京峰会》，见 https://www. beijing. gov. cn/ywdt/gzdt/202307/t20230721_3190508. html。

39.《2023 年中国人力资源服务业发展战略高端论坛举办》，见 http://society.people.com.cn/n1/2023/0327/c1008–32651992. html。

40.《北京人力上市仪式圆满成功，FESCO 正式登陆 A 股》，见 https://www.fesco.com.cn/newsDetails.html？id＝105972。

责任编辑：李媛媛
封面设计：胡欣欣

图书在版编目（CIP）数据

中国人力资源服务业蓝皮书：中国人力资源服务业发展研究报告.2023/
萧鸣政 等 著. —北京：人民出版社，2024.3
ISBN 978－7－01－026307－6

Ⅰ.①中…　Ⅱ.①萧…　Ⅲ.①人力资源-服务业-研究报告-中国-2023
Ⅳ.①F249.23

中国国家版本馆 CIP 数据核字（2024）第 023102 号

中国人力资源服务业蓝皮书：中国人力资源服务业发展研究报告（2023）
ZHONGGUO RENLI ZIYUAN FUWUYE LANPISHU：
ZHONGGUO RENLI ZIYUAN FUWUYE FAZHAN YANJIU BAOGAO（2023）

萧鸣政 等 著

人 民 出 版 社 出版发行
（100706　北京市东城区隆福寺街 99 号）

北京九州迅驰传媒文化有限公司印刷　新华书店经销

2024 年 3 月第 1 版　2024 年 3 月北京第 1 次印刷
开本：710 毫米×1000 毫米 1/16　印张：17.5
字数：269 千字

ISBN 978－7－01－026307－6　定价：86.00 元

邮购地址 100706　北京市东城区隆福寺街 99 号
人民东方图书销售中心　电话（010）65250042　65289539

《迈向成功——建设竞争性社团的五大策略》

中国科学技术出版社

ISBN 978-7-5046-7427-2

定价：38.00 元

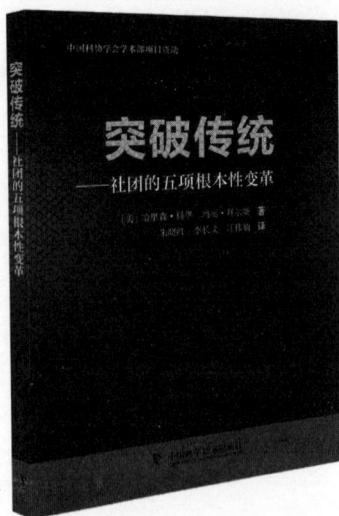

《突破传统——社团的五项根本性变革》

中国科学技术出版社

ISBN 978-7-5046-7838-6

定价：38.00 元